PORTES DE
COMMUNICATIONS

Sous la direction de
Claude Romney et Estelle Dansereau

PORTES DE COMMUNICATIONS

Études discursives et stylistiques de l'œuvre de Gabrielle Roy

Les Presses de l'Université Laval
1995

*Les Presses de l'Université Laval reçoivent chaque année
du Conseil des Arts du Canada et du ministère
de la Culture du Québec une aide financière
pour l'ensemble de leur programme de publication.*

Données de catalogage avant publication (Canada)

Vedette principale au titre :

Portes de communications : études discursives et stylistiques de
l'œuvre de Gabrielle Roy

Comprend des références bibliographiques.

ISBN 2-7637-7409-1

1. Roy, Gabrielle, 1909-1983 - Style. 2. Roy, Gabrielle, 1909-1983
- Critique et interprétation. I. Romney, Claude. II. Dansereau, Estelle, 1945 -   .

PS8535.095Z874 1995	C843' .54	C95-940707-3
PS9535.095Z874 1995		
PQ3919.R69Z67 1995		

Conception graphique de la couverture : Norman Dupuis
Photographie : Alain Stanké

Distribution de livres Univers
845, rue Marie-Victorin
Saint-Nicolas (Québec)
Canada G0S 3L0
Tél. : (418) 831-7474 ou 1-800-859-7474
Téléc. : (418) 831-4021

Remerciements

Un ouvrage collectif comme celui-ci doit son existence à la précieuse collaboration de nombreuses personnes, les plus importantes étant d'abord les auteures et auteurs des articles. Nous tenons à les remercier de leur bienveillance et de leur esprit critique. Notre chaleureuse reconnaissance à Violette Clemente, à Lise Léger et à Alwynne Wise pour la compétence de leur assistance technique dans la préparation du texte et à Hilary Munro pour l'aide qu'elle nous a apportée dans la recherche. Suzanne Allaire, des Presses de l'Université Laval, nous a fourni des conseils inestimables pour la mise au point du manuscrit. La publication de ce volume n'aurait pas non plus été possible sans l'octroi de subventions, l'une provenant de l'Endowment Fund de l'Université de Calgary et l'autre accordée par la Faculté des humanités.

Cet enfant rare entre les hommes, celui qui ouvre leurs yeux, celui qui ouvre aussi entre eux de grandes portes soudaines de communications.

Gabrielle Roy,
La montagne secrète,
Montréal, Beauchemin, p. 133.

Introduction

En rassemblant des études pour la plupart inédites, et consacrées exclusivement à un aspect en général négligé jusqu'ici par les critiques qui se sont penchés sur l'œuvre de Gabrielle Roy, le présent recueil vise à combler une lacune. En effet, il y a de cela quinze ans, Socken (1979 : 214-215) déplorait déjà la rareté des études consacrées à la langue et au style de l'écrivaine : « La seule lacune importante concerne l'absence d'une analyse solide et systématique de l'utilisation que fait Gabrielle Roy de la langue ». Dans l'ensemble, et à l'exception de quelques cas critiques comme ceux de Shek et Bessette, l'idée préconçue que son style est « naturel » et « traditionnel » a découragé pendant bien trop longtemps les recherches qui auraient pu se pencher sur son art d'écrire (1979 : 214-215 ; traduction libre). Aux deux exceptions citées par Socken, il faudrait ajouter, nous semble-t-il, pour cette époque, les noms de Brochu (1974) et de Belleau (1980).

Quelques années plus tard, Chadbourne relevait la même tendance dans son analyse des textes critiques parus entretemps : « [L]a plupart se contentent de suivre une voie de recherche assez traditionnelle portant sur le symbolisme, la genèse, la réception ou la comparaison avec d'autres auteurs » (1984 : 600). L'article de Chadbourne figurait d'ailleurs dans un numéro spécial d'*Études littéraires* (17, hiver 1984), constituant un hommage à Gabrielle Roy, quelques mois après sa disparition. Suivit, encore cinq ans plus tard, un autre dossier sur l'écrivaine, dans *Voix et images* (14(3)), au printemps 1989. Enfin, troisième volet du triptyque des revues, un numéro spécial des *Cahiers franco-canadiens de l'Ouest* était publié en 1991.

La remarque formulée par Socken puis reprise par Chadbourne s'appliquait tout autant aux textes inclus dans ces trois recueils : sur les vingt-trois articles et essais qu'ils comprennent, trois seulement se livrent à une étude discursive ou stylistique. Ainsi, Francœur (1984) présente une analyse intéressante de l'écriture descriptive de *Ces enfants de ma vie* : elle utilise des formules quasi mathématiques pour établir, par exemple, la régularité avec laquelle chaque description d'enfant s'accompagne d'un jugement favorable ou défavorable de la part de la narratrice. Pour sa part, Brochu (1984) procède plutôt à une sorte de macroanalyse en dégageant le « schème organisateur » de *La montagne secrète*. Enfin, Brault (1989) jette les jalons d'une étude sur les moyens employés par l'écrivaine pour donner à ses écrits intimistes, en particulier, une certaine tonalité.

En tout, un dénombrement des articles et des thèses touchant de près ou de loin au discours et au style de l'auteure (Dansereau et Munro : en préparation) ne fournit qu'une vingtaine de titres, ce qui demeure bien maigre par rapport à la multitude d'écrits critiques qu'a suscités son œuvre depuis la première publication de *Bonheur d'occasion*.

Quant aux ouvrages complets de critique publiés depuis 1984, malgré leur diversité, ils ne traitent généralement pas non plus du discours ni du style de Gabrielle Roy. Il convient de mentionner les ouvrages de Novelli (1989) qui entame une analyse de la réception critique de l'œuvre régienne parue entre 1945 et 1960 afin de tracer le passage d'une écriture réaliste fortement engagée vers la perspective plus intimiste et autobiographique des textes manitobains. Pour Babby (1985), le spectacle et le langage spéculaire fonctionnent comme système de signification dans une analyse des textes moins étudiés portant sur des considérations thématiques, structurales et linguistiques.

Parmi les nombreuses approches pratiquées récemment par les critiques, signalons deux tendances se montrant particulièrement prometteuses : la sémiotique et le féminisme. Dans le but de dégager une thématique du couple, Pierrette Daviau (1993) reprend dans son livre, paru alors que nos auteures et auteurs avaient déjà remis leurs manuscrits, ses analyses sémiotiques exemplaires de « l'entité couple », basées sur les portraits physiques, psychologiques et comportementaux des personnages régiens. Implicitement, cette étude met en valeur la représentation de la femme, tout comme celle de Harvey (1993) qui, s'attachant spécialement à la place du Manitoba dans l'œuvre régienne, organise son étude autour de trois étapes thématiques du texte autobiographique – l'enfance, l'adolescence et l'âge adulte – et fait ressortir la sensibilité particulièrement féminine de l'œuvre. Il suffit de considérer la contribution marquante de critiques telles que Bourbonnais (1990, 1992), Lewis (1985a, 1985b), Saint-Martin (1992), Smart (1988) et Whitfield (1990, 1992) (pour ne nommer que les mieux connues) qui se penchent sur des questions comme la représentation de la femme, l'autobiographie féminine, l'univers féminin et la relecture pour apprécier les nouvelles orientations mettant différemment en valeur l'œuvre régienne.

On peut d'ailleurs s'interroger sur les raisons du relatif manque d'intérêt à l'égard de la langue et du style de Gabrielle Roy. La première qui vient à l'esprit serait que la qualité du fond de son œuvre a éclipsé celle de la forme. Comme on le sait, la place qu'occupe Gabrielle Roy parmi les écrivains de langue française de sa génération se situe au tout premier rang. Or, si le talent d'un homme ou d'une femme de lettres se mesurait jadis surtout au contenu de sa production, on s'est depuis rendu compte que son adresse à utiliser les outils mis par la langue à sa disposition contribue dans une très large mesure à la valeur de son œuvre et au succès qu'elle remporte tant auprès du public qu'auprès des critiques.

Pourtant, dès la parution en 1945 de *Bonheur d'occasion*, premier roman couronné, faut-il le rappeler, par le Prix Fémina, Gabrielle Roy s'est attiré les remontrances d'un certain nombre de détracteurs qui ne se sont pas privés de monter en épingle les faiblesses de son écriture. D'après Novelli (1989 : 20-21), les attaques contre son style ont marqué la critique dès cette époque et, par la suite, sa réputation d'écrivain important mais de piètre styliste n'a cessé de la poursuivre. Pour sa part, Socken (1979 : 228) estime que les jugements négatifs portés sur la manière de Gabrielle Roy résultent davantage d'une impression que d'une véritable analyse. Il nous a donc semblé qu'il était grand temps de mettre en évidence les qualités de la langue et du style de la romancière.

D'autant plus qu'il existe des preuves que Gabrielle Roy soignait tout particulièrement le style de ses écrits. Les études sur la genèse de l'œuvre régienne n'en sont encore qu'à leurs débuts et la publication tant attendue de l'édition critique ne manquera pas de mettre en lumière une multitude de faits nouveaux à ce sujet. D'ores et déjà, pourtant, Dansereau (1992) a montré que les corrections apportées aux versions successives tendent à un resserrement, une précision accrue de l'écriture. Gabrielle Roy, comme la plupart des grands écrivains, était préoccupée par les questions de langue et ce souci transparaît dans ses ouvrages romanesques, ainsi que l'a souligné Babby (1985). L'auteure elle-même a relaté dans son autobiographie la joie que lui procurait de temps en temps, alors qu'elle faisait ses premiers pas dans la carrière littéraire, une phrase qui « semblait avoir presque atteint cette vie mystérieuse que des mots pourtant pareils à ceux de tous les jours parviennent parfois à capter à cause de leur assemblage comme tout neuf » (Roy, 1988 : 137). Quelle justesse dans cette description du talent de l'artiste maître de son style ! L'enfilage de mots tout simples, ordinaires même, de façon à produire une phrase où ils prennent vie, c'est bien en cela que consiste la magie de l'écriture. Ailleurs, dans un passage souvent cité de la nouvelle intitulée « La voix des étangs », Gabrielle Roy rapporte la peine ressentie par la mère de la jeune Christine — qui n'est autre que le double de l'auteure — à l'annonce que sa fille va la quitter pour suivre sa vocation d'écrivain, métier dur s'il en est, puisque s'accomplissant dans la solitude la plus complète, il sépare des autres. Et l'apprentie qu'était alors Christine se rendait compte de l'immensité de sa dette à l'égard de sa mère : « Elle m'avait enseigné le pouvoir des images, la merveille d'une chose révélée par un mot juste et tout l'amour que peut contenir une simple et belle phrase » (Roy, 1955 : 246). C'est donc à sa mère à elle que Gabrielle Roy était redevable des fondements de son art, comme des principes moraux et spirituels que chacun reçoit normalement de celle qui l'a mis au monde.

Cet art indéniable de l'écriture de Roy, certains des critiques les plus marquants de son œuvre n'ont pas manqué de l'illustrer, comme nous l'avons déjà indiqué. C'est aussi pour démentir les propos des détracteurs de sa langue et de son style que nos collaborateurs et collaboratrices participent moins de la critique qui cherche à saisir un sens ou une thématique que de celle qui désire relever non seulement les stratégies de décodage rendues possibles par le texte, mais aussi les enjeux de l'interprétation. Le présent ouvrage introduit un mélange éclectique d'approches critiques sans prétendre à l'exhaustivité. En laissant à nos auteures et auteurs la liberté de définir pour elles-mêmes et eux-mêmes l'orientation de leur analyse (à condition qu'elle soit basée sur le langage) – ce qui explique l'emploi d'une terminologie parfois différente –, nous les invitons à nous surprendre et à nous impressionner. Nous n'avons pas été déçues.

Quelles sont certaines de ces approches critiques et sur quels principes se fondent-elles ? Quatre domaines qui influencent particulièrement la critique d'aujourd'hui – la narratologie, la linguistique, la sémiotique et la stylistique – ont déjà prouvé leur utilité pour l'analyse littéraire. Cependant, avec les changements qui continuent à se produire dans les théories du langage, chacune de ces sciences se découpe en de nombreuses orientations différentes. Nos auteures et auteurs adhèrent moins à l'une ou l'autre de ces tendances qu'à certains principes de base sur le rôle de la langue et de la communication dans les textes narratifs. La narratologie et l'analyse du discours figurent tout particulièrement dans leurs études.

Si la narratologie a beaucoup évolué depuis que Gérard Genette et Mieke Bal ont rendu accessibles ses principes pour le décodage des signes narratifs, leurs études sur la narration et le discours continuent d'alimenter notre critique. À mesure que se sont raffinés les concepts pour étudier la manière de raconter les événements d'un texte narratif, les emprunts faits à la sémiotique et à la linguistique ont réussi à mettre l'accent sur le discours et surtout sur l'énonciation. La stylistique, bien que parfois décriée depuis quelque temps, n'a pas été oubliée non plus dans notre recueil, car elle peut encore rendre de nombreux services à l'analyse littéraire, à condition de se débarrasser de certaines de ses méthodes poussiéreuses ainsi que de celles de l'ancienne rhétorique. En somme, afin d'avancer des interprétations qui prennent en compte « le mode de fonctionnement des discours » narratifs (Maingueneau, 1991 : 9), nos auteures et auteurs se sont penchés tout particulièrement sur l'identification de systèmes ou de structures qui, lorsque mis en évidence, suggèrent l'infinie richesse des textes.

De fait, l'aspect autobiographique de l'œuvre régienne reste aussi pertinent dans ces études sur le langage qu'il l'a été pour les études thématiques. Rien d'étonnant, donc, que trois de nos collaboratrices et collaborateurs se soient intéressés aux écrits intimement liés à la vie de l'auteure. Un examen de la rencontre du « moi/je » dans la texture de l'autobiographie de Gabrielle Roy permet à Paul Dubé de constater que *La détresse et l'enchantement* déjoue les attentes du lecteur quand il la lit comme un texte producteur d'une vie et non comme une vie à l'origine du texte. De son côté, en étudiant, dans une optique radicalement différente puisque féministe, certains des récits autobiographiques de la maturité de Gabrielle Roy, Lori Saint-Martin s'inspire de la théorie psychologique de la maternité proposée par Nancy Chodorow et Carol Gilligan pour explorer les valeurs féminines liées à la mère dans trois recueils de nouvelles : *Rue Deschambault, La route d'Altamont* et *De quoi t'ennuies-tu, Éveline ?* Enfin, s'appuyant sur les concepts de la narratologie, Cynthia Hahn examine les courts écrits homodiégétiques (reportages, anecdotes, récits fictifs) publiés tout au début de la carrière de l'écrivaine à la recherche d'une voix.

Une fois trouvée, cette voix permet à l'auteure d'affirmer sa présence dans ses narrations. Parmi les études de la structure discursive, celle de Madeleine Frédéric scrute successivement la modalisation, le discours intérieur, les commentaires métanarratifs, la présentation des personnages et des lieux narratifs de *Bonheur d'occasion* et d'*Alexandre Chenevert* pour montrer le contrôle exercé par l'instance narrative. Dans le prolongement de cette thèse, Vincent Schonberger porte son attention sur le discours idéologique du roman protestataire qu'est *Alexandre Chenevert*, où l'auteure, loin d'être parfaitement objective, conteste l'ordre établi par le truchement de son personnage.

L'analyse du fonctionnement discursif dans *De quoi t'ennuies-tu, Éveline ?*, qu'effectue Lucie Guillemette, révèle que le voyage dépasse la simple fonction référentielle grâce au rapport étroit établi entre le temps et l'espace. Estelle Dansereau, quant à elle, récupère les structures discursives et narratives qui caractérisent la vision multiculturelle de Roy pour considérer les paradigmes oppositionnels d'inclusion et d'exclusion qu'on trouve dans *La rivière sans repos* et certaines nouvelles d'*Un jardin au bout du monde*.

Deux autres de nos collaborateurs prennent pour objet le discours du couple dans le premier roman régien. Jo-Anne Elder s'inspire de recherches antérieures sur la représentation du visuel (Brochu, 1974 ; Smart, 1988) pour se livrer à une analyse systématique des signes du visuel. Ainsi se dégage une image de Florentine comme femme-objet, « femme fragmentée et violentée ». Andrew Gann explore l'organisation du discours du couple que forment Florentine et Emmanuel et dont les mouvements constituent un commentaire muet de leur activité (ou plutôt inactivité) langagière : entre eux, les « portes de communications » demeureront fermées à jamais.

Les deux dernières études du recueil traitent du style de Gabrielle Roy et, plus spécialement, de la cohésion et de la cohérence du discours. Dans le cadre de la structuration sémantique, concept emprunté à Greimas, Pierre-Yves Mocquais étudie la place des lexèmes « prairie » et « plaine » à l'intérieur du système lexical de notre auteure et note que leur utilisation contribue à la profonde cohérence de l'œuvre. Claude Romney, enfin, s'intéresse à la syntaxe de la phrase et, en particulier, à l'inversion du sujet facultative, procédé stylistique qui plonge le lecteur au cœur de la diégèse, tout en renforçant la cohésion du discours sur le plan linguistique et la cohérence sur le plan des idées.

Les essais qui composent ce recueil sont donc extrêmement variés, tant par leur approche à l'égard d'un aspect particulier de l'œuvre régienne, tout en privilégiant cependant l'analyse discursive et stylistique, que par le choix des textes qu'ils abordent, depuis les premiers écrits de jeunesse jusqu'à l'autobiographie posthume. Ce qui fait la cohérence du livre, c'est l'œuvre même de Gabrielle Roy, qui, toujours mystérieusement séduisante, continuera sans nul doute à ouvrir pour ses lectrices et lecteurs des « portes de communications ». Puisse la voie tracée par ces études être suivie par d'autres qui contribueront elles aussi à prouver que limpidité et richesse ne s'excluent pas et que, bien au contraire, leur alliance confère un cachet particulier à la langue et au style de la grande écrivaine.

Claude Romney et Estelle Dansereau

N. B. Dans tous les textes du recueil et dans la mesure du possible, l'emploi de la forme masculine, par exemple « narrateur » ou « lecteur », renvoie à la fonction correspondante, comme celle de narrer ou de lire, et non à des personnes, hommes ou femmes. Lorsqu'il s'agit de la narratrice ou de la lectrice, en tant que femmes, que leur présence soit explicite ou non, c'est la forme féminine qui est utilisée. L'usage qui est fait de « narrateur » et « narratrice », ainsi que de « lecteur » et de « lectrice », et de termes semblables où il existe un choix entre formes féminine et masculine, est donc délibéré.

RÉFÉRENCES

Babby, Ellen Reisman (1985). *The Play of Language and Spectacle : A Structural Reading of Selected Texts by Gabrielle Roy*. Toronto : ECW Press.

Belleau, André (1980). *Le romancier fictif : essai sur la représentation de l'écrivain dans le roman québécois*. Sillery : Les Presses de l'Université du Québec.

Bourbonnais, Nicole (1990). « Gabrielle Roy : de la redondance à l'ellipse ou du corps à la voix », *Voix et images*, 46 : 95-106.

Bourbonnais, Nicole (1992). « Gabrielle Roy : les figures du temps », dans François Gallays *et al* (dir.), *Le roman contemporain au Québec, 1960-1985*. Montréal : Fides, 411-426.

Brault, Jacques (1989). « Tonalités lointaines (sur l'écriture intimiste de Gabrielle Roy) », *Voix et images*, 42 : 387-398.

Brochu, André (1974). *L'instance critique : 1961-1973*. Ottawa : Leméac.

Brochu, André (1984). *« La montagne secrète* : le schème organisateur », *Études littéraires*, 17 (3) : 531-544.

Chadbourne, Richard (1984). « Essai bibliographique : cinq ans d'études sur Gabrielle Roy, 1979-1984 », *Études littéraires*, 17 (3) : 597-609.

Dansereau, Estelle (1992). « Des écrits journalistiques d'imagination aux nouvelles littéraires de Gabrielle Roy », *Francophonies d'Amérique*, 2 : 115-127.

Dansereau, Estelle et Hilary Munro (en préparation). « Bibliographie commentée des études sur le style et le discours de Gabrielle Roy ».

Daviau, Pierrette (1993). *Passion et désenchantement : une étude sémiotique de l'amour et des couples dans l'œuvre de Gabrielle Roy*. Montréal : Fides.

Francœur, Marie (1984). « Portrait de l'artiste en pédagogue dans *Ces enfants de ma vie* », *Études littéraires*, 17 (3) : 545-562.

Harvey, Carol J. (1993). *Le cycle manitobain de Gabrielle Roy*. Saint Boniface : Éditions des Plaines.

Lewis, Paula Gilbert (1985a). « Feminism and Traditionalism in the Early Short Stories of Gabrielle Roy », in *Traditionalism, Nationalism and Feminism : Women Writers of Québec*. Westport CT : Greenwood, 27-35.

Lewis, Paula Gilbert (1985b). « Trois générations de femmes : le reflet mère-fille dans quelques nouvelles de Gabrielle Roy », *Voix et images*, 10 (3) : 165-176.

Maingueneau, Dominique (1991). *L'analyse du discours : introduction aux lectures de l'archive*. Paris : Hachette.

Novelli, Novella (1989). *Gabrielle Roy : de l'engagement au désengagement*. Rome : Bulzoni.

Roy, Gabrielle (1980) [1955]. « La voix des étangs », dans *Rue Deschambault*. Montréal : Stanké, 241-247.

Roy, Gabrielle (1988) [1984]. *La détresse et l'enchantement*. Montréal : Boréal.

Saint-Martin, Lori (1992). « Mère et monde chez Gabrielle Roy », dans Lori Saint-Martin (dir.), *L'autre lecture : la critique au féminin et les textes québécois*, t. 1. Montréal : XYZ, 117-137.

Smart, Patricia (1988). *Écrire dans la maison du père : l'émergence du féminin dans la tradition littéraire du Québec*. Montréal : Québec/Amérique.

Socken, Paul (1979). *Gabrielle Roy : An Annotated Bibliography*. Toronto : ECW Press.

Whitfield, Agnès (1990). « Gabrielle Roy as Feminist : Re-Reading the Critical Myths », *Canadian Literature*, 126 : 20-31.

Whitfield, Agnès (1992). « Altérité et identité : tensions narratives dans *Ces enfants de ma vie* de Gabrielle Roy », dans Louise Milot et Jaap Lintvelt (dir.), *Le roman québécois depuis 1960 : méthodes et analyses*, Québec : Les Presses de l'Université Laval, 167-180.

Les trois numéros spéciaux de revues consacrées à Gabrielle Roy :

« Gabrielle Roy » (1989). *Voix et images*, 42.

« Gabrielle Roy : hommage » (1984). *Études littéraires*, 17 (3).

« Gabrielle Roy : voies nouvelles » (1991). *Cahiers franco-canadiens de l'Ouest*, 3 (1).

Énoncé et énonciation:
la rencontre du «moi/je» dans
La détresse et l'enchantement

Paul Dubé

⸻

> *Le récit autobiographique ne peut pas ne pas dire qu'il se dit; toute possibilité d'un statut de vérité est subordonnée à ce dire du dire qui, précisément, relativise la vérité en la faisant dépendre de l'expression plus que de l'impression, d'une subjectivité active et non passive, du mode de témoignage plutôt que de la position de l'observateur: l'intimité est un caractère* formel *du récit autobiographique autant et plus qu'un caractère thématique.*

(Coste, 1982: 250)

> *Serait-ce que la beauté, le bonheur pour le poète, c'est dans cette substance invisible qu'on peut appeler l'imagination, qui ne peut s'appliquer à la réalité passée que nous rend la mémoire et qui flotte seulement autour de la réalité passée qui se trouve prise dans une réalité présente. De sorte qu'entre l'œil qui la voit, qui la voit aujourd'hui et autrefois, flotte cette imagination divine qui est peut-être notre joie et que nous trouvons dans les livres et si difficilement autour de nous.*

(Proust, 1971: 399)

Destin du discours? Discours du destin?

Une première lecture de l'autobiographie de Gabrielle Roy, conjuguée, cela va de soi dans l'esprit des lecteurs et lectrices, avec les ouvrages précédents de fiction autobiographique, nous emmène irrésistiblement à accepter la première proposition. Cependant, soit par intuition ou/et soit par le doute issu de certains facteurs objectifs relatifs à l'histoire de ce destin, une relecture plus serrée et pénétrante nous fait plutôt pencher vers la deuxième proposition dont les motifs, semble-t-il, renvoient à une détresse d'être que l'œuvre réalisée est appelée à conjurer. Or, cela n'apporte dans une certaine mesure qu'une confirmation « volumineuse » de cette problématique existentielle se trouvant au cœur des œuvres de fiction autobiographique de la grande écrivaine, que Belleau a si bien identifiée pour *Rue Deschambault* et *La route d'Altamont*.

Ainsi, pourquoi continuer/clore une œuvre que l'on dit largement autobiographique par une autobiographie qui semble répéter le même paradigme de la dialectique régienne de l'œuvre et de la vie ? Voilà la première question posée ici et peut-être la moindre, car, comme le dit Coste, le discours autobiographique installe une problématique dans le jeu des rapports complexes qui existent dans la série « identitaire » que l'autobiographie met forcément en place dans la riche texture de son texte littéraire, comme c'est le cas ici. Il sera donc surtout question d'étudier ces rapports dans le jeu des « je » (énoncé/énonciation), de les voir à l'œuvre dans l'histoire racontée et dans certains actes de discours, et de cueillir leur résonance par rapport à l'esthétique, à l'œuvre et à la vie de Gabrielle Roy.

Autobiographie et fiction autobiographique

La Petite Poule d'Eau, paru en 1950, a fait éclater toutes les attentes des lecteurs comme des éditeurs de Gabrielle Roy. Après le retentissant succès de *Bonheur d'occasion* cinq ans plus tôt, on attendait impatiemment le « prolongement » de ce livre qui devait confirmer le talent de l'auteure et continuer l'écriture régienne dans la veine du roman réaliste qui l'avait si bien servie. L'auteure elle-même, dit-on, se sent sommée de poursuivre son œuvre sur cette première lancée et, selon François Ricard, s'y met dès 1946 ou 1947 pour produire sept ou huit ans plus tard *Alexandre Chenevert*. Ricard raconte que ce « livre forcé, plus ou moins imposé du dehors », représente un travail d'écriture « long [...] et pénible », où l'auteure force « sa plume et son imagination » (1984 : 448) parce que dans le fond, elle ne semble plus pouvoir composer avec une « esthétique fondée sur l'observation réaliste et le souci de la vérité documentaire » (Ricard, 1984 : 445).

Ainsi, c'est sur ce fond de difficile gestation et d'accouchement douloureux qu'apparaît *La Petite Poule d'Eau*, écrit en peu de temps, et le résultat, comme on le sait, d'une sorte de révélation ou d'intuition nostalgique, nourrie à la source orphique de la mémoire et de l'imagination. Avec ce texte naît ce qui deviendra pour Roy « son mode d'expression privilégié », de dire Ricard, « l'imagination autobiographique [...], l'inspiration dominante, quasi exclusive, de l'écrivain » (1984 : 453).

En effet, à l'exception de *Bonheur d'occasion* et d'*Alexandre Chenevert* (dont la dimension autobiographique même là a déjà été signalée par Bessette (1968, 1973)), l'œuvre entière – une dizaine de volumes – est à forte teneur autobiographique, prenant surtout la forme du roman et de la nouvelle auto-biographiques. *La Petite Poule d'Eau* inaugurait donc cette écriture régienne dans laquelle se manifeste une conception de l'écriture « où dominent la sub-jectivité, l'attendrissement, la recherche de l'effet poétique et d'une douce iro-nie, de même qu'un certain idéalisme, le désir de faire voir le monde sous un aspect amical et de communiquer au lecteur une émotion positive, d'espérance ou de consolation » (Ricard, 1984 : 444), cela alimenté à la source intarissable, semblera-t-il, de la mémoire et de l'imagination.

Dans ce contexte, la publication posthume d'une autobiographie – terme générique qui convient parfaitement à son ouvrage, a-t-elle précisé (Roy, 1984 : 8) à François Ricard –, peut surprendre quelque peu : ses textes de « fiction » autobiographique n'ont-ils pas déjà tout dit en ce qui concerne les années qui précèdent son entrée au cloître de l'écriture, ces années qui font justement le sujet de *La détresse et l'enchantement*[1] ? Car ce genre semble tout à fait correspon-dre à l'inspiration qui la nourrit en même temps qu'à son goût marqué pour le privé qu'elle manifestera toute sa vie à partir de *Bonheur d'occasion* (Ricard, 1989 : 459). D'ailleurs, son expérience de la fiction lui avait sans doute montré comme à Gertrude Stein avant elle dans *Everybody's Autobiography* (1937), selon le commentaire de Liz Stanley, « que les textes de fiction sont essentiels à la compréhension et au façonnement de notre vie et de nous-mêmes » (Stanley, 1992 : 63 ; traduction libre) ; ou encore l'expérience de Mary McCarthy qui rapporte dans ses *Memories of a Catholic Girlhood* (1957) « la façon dont les « souvenirs » et l'« imaginaire » se combinent [...], et comment les textes de fiction révèlent parfois plus de vérité au sujet du passé » (Stanley, 1992 : 64 ; traduction libre), reconnaissant ainsi implicitement ce que disait Gide par rap-port aux difficultés inhérentes des « mémoires » qui « ne sont jamais qu'à demi sincères, si grand que soit le souci de vérité : tout est toujours plus compliqué qu'on ne le dit. Peut-être même approche-t-on plus près de la vérité dans le roman » (Gide, 1954 : 547) ?

Alors, qu'est-ce qui fait que Gabrielle Roy choisisse maintenant une forme d'écriture qui l'amènera au-delà du genre qu'elle avait si bien maîtrisé, à risquer en plus une intimité si sauvagement gardée toute sa vie et au-delà, comme l'in-dique son refus de partager avec le public ou les chercheurs avant l'an 2013 les quelque 461 lettres à son défunt mari Marcel Carbotte (Ricard, 1992 : 17, 73) ? Suivant la définition de Philippe Lejeune, l'autobiographie est un « récit rétros-pectif en prose qu'une personne réelle fait de sa propre existence, lorsqu'elle met l'accent sur sa vie individuelle, en particulier sur l'histoire de sa personnalité » (1975 : 14). Il s'agit donc, comme Lejeune le répétera plus tard dans *Moi aussi*,

---

1. Un chiffre entre parenthèses après une citation renvoie à *La détresse et l'enchantement*.

d'un « discours sur soi, mais aussi [...] [d']une réalisation particulière de ce discours, celle où il est répondu à la question "qui suis-je"? par un récit qui dit "comment je le suis devenu" » (1986 : 19). Le « comment je le suis devenu » lié à la personnalité, à l'identité devenues, ne peut être que nébuleux et conjectural dans un « récit rétrospectif », et derechef, mieux laissé à la *fiction* autobiographique, surtout quand celle-ci *réalise*, comme chez Gabrielle Roy, le projet esquissé dans le récit. *Rue Deschambault* et *La route d'Altamont* en particulier ne décrivent-ils pas merveilleusement les conditions d'existence marquantes de la jeunesse de Gabrielle (*La détresse et l'enchantement* vient confirmer la justesse de ce « discours littéraire mimétique » (Belleau, 1980 : 41)), et suggèrent en même temps comment l'appel de l'écriture a tranquillement commencé à vibrer en elle. Cette suggestivité de la chose littéraire, par son surplus de signes et son opacité, ne s'avère-t-elle pas plus « efficace » pour créer « l'espace autobiographique » que la tentative de l'autobiographe de créer non « l'effet du réel », mais « l'image du réel », à partir des rapports d'« identité », d'« authenticité » et de « ressemblance » entre le je de l'énonciation et la personne réelle sur laquelle se « modèle » le « je » de l'énoncé (Lejeune, 1975 : 35-47) ?

Alors pourquoi ce texte qui ne pourrait jeter que de façon suspecte, en tant qu'autobiographie, un nouvel éclairage sur la manifestation et l'éclosion de la « vocation » d'écrivaine dans la jeunesse de Gabrielle Roy, elle, qui « d'après tous les témoignages qu'elle en a donnés, [...] [est] venue assez tard à l'écriture » (Ricard, 1984 : 444) ? Il est peu probable également qu'elle veuille s'accrocher à son histoire événementielle – malgré la piste (fausse) de la première phrase du texte –, elle dont l'esthétique depuis trente ans refuse ce parcours, outre le fait qu'un tel récit aurait peu de choses intéressantes à raconter. Car quoi de plus anodin, en effet, que la vie de Gabrielle Roy entre 1909 et 1937 : ayant moins souffert de la « détresse matérielle » (Brochu, 1986 : 203) que ses aînés, enfant choyée par une mère complaisante, l'auteure a vécu une jeunesse baignée dans une sorte d'aura de paix et de bonheur, dans une petite ville provinciale, à l'ombre des clochers de sa surprenante cathédrale. Rien, en apparence, ne vient troubler cette douce tranquillité ; Gabrielle semble être à l'abri de tout bouleversement. Il est vrai que le Manitoba était à cette époque à un monde presque planétaire des crises et de l'instabilité politique de l'Europe, du profond malaise d'où est née la barbarie de la Deuxième Guerre mondiale. Même les événements qui devraient se voir dans son texte, par exemple, la dépression des années 1930 dans l'Ouest canadien ou le déséquilibre grandissant de l'Europe pendant son voyage entre 1937 et 1939, n'apparaissent pas. Est-ce simplement une sorte d'épiphénomène relatif à la distance énonciative ?

Certains, comme Brochu (1986), prétendent que « l'ouvrage méchant » de sa sœur Marie-Anna, *Le miroir du passé (1979)*, « a sans doute poussé Gabrielle à présenter sa propre version des faits », mais le critique s'empresse d'ajouter que le texte ne serait alors qu'une réponse « implicite et indirecte ». Faut-il d'ailleurs dire plus que cela, car il est bien difficile d'imaginer l'enfant « sans-cœur », « gâtée » et intéressée du *Miroir du passé* dans les traits de celle qui « déploiera une si riche sensibilité et fera montre [...] d'un si grand pouvoir de compassion » (1986 : 203, 204) ?

Outre cela, malade comme l'était Gabrielle Roy à ce moment-là, sentant sa mort prochaine, sans doute veut-elle comme Gide, selon Alain Goulet, « composer un portrait de soi total, fidèle, intelligible et d'abord par [elle]-même : il ne lui suffit plus de se dire, il lui faut se voir et se comprendre » (1982 : 53).

Peut-être... Il reste qu'à ce stade-ci de notre interrogation, le texte demeure notre seul recours. Il sera soumis d'abord à une brève lecture d'inspiration todorovienne combinant histoire et discours (Todorov, 1966).

Le récit autobiographique

> {E}nfermée, au milieu de la densité humaine, dans une sorte de vide que j'entretenais de mon mieux {...}.
>
> (Roy, 1984 : 277)

La véritable histoire dans le texte se situe bien au-delà des éléments événementiels ou anecdotiques qui forment la charpente et l'axe chronologique de lecture. L'auteure s'emploie ici à ériger un monument, construit pierre par pierre, à son destin : de sa naissance « accidentelle » à ses « dons du regard » « perceptibles » par tous, en passant par ses talents académiques et cet envoûtant « commandement » qui la saisit déjà rue Deschambault, autant de signes qui parsèment les trente premières années de sa vie, annonçant le fulgurant destin qui l'attend, et dont la réalisation est l'assurance de sa véracité. Cette prédestination qui fait de Gabrielle l'élue des dieux banalise en quelque sorte les accusations d'Adèle (Marie-Anna), les transformant même en jalousie et mesquinerie. L'abandon de la vieille mère adorée, motif d'accusations contre Gabrielle (que celle-ci intériorise et dont elle se culpabilise) ; plus tard, l'impossibilité de pourvoir de façon directe et personnelle aux besoins de Clémence ; le partage parcimonieux avec sa famille de sa personne et de ses ressources[2] ; tout cela, ou presque, se trouve justifié, dilué et dissipé avec l'heureuse notion de destin.

Mais il y a maldonne ! L'excellente étude d'André Belleau (1980) de *Rue Deschambault* et de *La route d'Altamont* établit les bases d'une lecture

---

2. Voir *Ma chère petite sœur*.

démystifiante du discours régien dans ces deux œuvres dont le parallèle avec *La détresse et l'enchantement* est quand même remarquable en ce qui concerne ce « perceptible » « commandement »[3], signe de vocation ou de destin d'écriture. Pour Belleau, la construction de ce destin d'écriture par le jeu dialectique des « je » de l'énoncé et de l'énonciation cache l'interrogation suivante : « [E]st-on à côté de la vie parce qu'on écrit ou est-ce qu'on écrit parce qu'on est à côté de la vie » (1980 : 46). Selon Belleau, l'auteur narrant de l'âge adulte semble croire que « son éloignement nostalgique de la réalité provient de sa condition d'écrivain » (1980 : 47). Le critique poursuit sa démonstration en signalant comment le « je » de l'énoncé, c'est-à-dire l'enfant/l'adolescente/la jeune femme, ce personnage qui correspond à la personne décrite dans la *Détresse*, par ses rêves de départs et d'échappatoire, « fait signe au non-dit de l'adulte, déjoue sa censure » (1980 : 50), et au lieu de révéler la plénitude d'être d'un destin d'écriture signale le manque, le vide de son existence. *La détresse* vient reprendre et parachever ce discours[4].

Dans l'autobiographie comme dans ces deux romans autobiographiques, la personne (-personnage) est dotée pour ce qui est de l'histoire de toutes les qualités propres au « modèle » canonique de l'artiste-écrivain, mais ce sont des qualités qui « s'exercent à vide » ; cela correspond en ce qui concerne le discours, à une écriture neutre et blanche, « signifiant atténué et unitonal », dirait Belleau (1980 : 49), complice du vide, qui trahit le discours du destin et le fait basculer.

Parallèlement, la quiétude affective dont jouit Gabrielle semble paradoxalement accentuer le vide, puisque cela l'enferme dans les étouffants « liens de la routine, de la sécurité et de l'affection » (198). Elle, qui croyait partir pour « venger » par sa réussite ses ancêtres, sa famille, et surtout sa mère, se rend compte que c'est « pour la perdre enfin de vue » (242), c'est-à-dire créer le vide existentiel total de son monde pour rendre un projet d'existence possible, ce projet qui deviendra l'écriture.

À cet égard, sa grande passion amoureuse pour Stephen est vouée à l'échec, non parce que Gabrielle ne comprend pas l'engagement politique de ce dernier, ou qu'elle n'occupe pas « la première place dans sa vie » (359) ; c'est plutôt qu'elle prend conscience de la « force destructrice » (361) de cet amour totalitaire qui la ramène à son enlisement saint-bonifacien au moment où elle découvre, et choisit, l'écriture. Pour aller plus loin, l'incompréhension totale

---

3. Ce même mot *commandement*, doté du même sens, revient dans *La détresse*, p. 268, et *Rue Deschambault*, p. 221.
4. Les deux pages suivantes représentent un maigre résumé de mon article de 1987, dont la lecture est presque nécessaire pour bien comprendre ce qui est présenté ici.

de l'idéal et des engagements politiques de Stephen, comme l'occultation presque scandaleuse des eaux troubles d'une Europe où mijotent les préparatifs d'une guerre aux proportions apocalyptiques, données dans le texte comme « l'envers de l'égocentrisme de Gabrielle, ne (sont-elles) pas, symboliquement, le deuxième versant de cette exigeante nécessité du vide, extérieur comme intérieur » (Dubé, 1987 : 21) ?

Or, sacrifier la mère et Stephen, entre bien d'autres, peut-être, et d'autres choses, suffira-t-il à réaliser l'écriture et en même temps le salut existentiel de Gabrielle : « L'expression de la douleur vengerait-elle de la douleur ? Ou de dire un peu ce qu'est la vie nous réconcilierait-il avec la vie ? » (143), demande-t-elle au début de *La détresse*. Il s'agit bien ici d'un pari, et pascalien d'une part (=Si Dieu existe, j'ai tout à gagner ; s'il n'existe pas, je n'ai rien perdu.), et semblable à celui que fait Roquentin à la fin de *La nausée* (Sartre, 1938) lorsqu'il décide de parier pour la création et l'art dans le but de faire son « salut ».

Rue Deschambault, qui date de 1955, accuse cette tension constante entre le besoin d'être avec les autres et le monde (et la constatation que ce compagnonnage élimine la possibilité d'écriture), et l'écriture : « Ce don, c'est un peu comme une malchance qui éloigne les autres, qui nous sépare de presque tous... » (Roy, 1985b : 246). Gabrielle Roy a choisi l'écriture, ou, à ce moment-là, ce que l'on peut appeler le malheur de l'écriture ; car le « miracle » ou l'enchantement du verbe et de la création n'arrive pas à exorciser le malheur d'être, cette détresse ou cette profonde nostalgie de retrouver les humains, ceux et celles qui ont passé sur son chemin et les autres dont la rencontre a été refusée. À cet égard, le « destin qu'elle se donne devient une sorte de palliatif qui la délivre en quelque sorte de son mal, ou tout au moins, qui le justifie, tout en conjurant la persistante culpabilité d'avoir abandonné les êtres aimés de sa vie » (Dubé, 1987 : 21).

Ainsi, la réponse au pari (l'œuvre réalisée) ne peut résorber la problématique existentielle de l'auteur, puisqu'elle est faite autant d'échec que de réussite. Cet irréconciliable devient une véritable hantise qu'exprime *Rue Deschambault* où la narratrice Christine se voit condamnée en raison de son choix.

> Mais j'espérais encore que je pourrais tout avoir : et la vie chaude et vraie comme un abri – intolérable parfois de vérité dure – et aussi le temps de capter son retentissement au fond de l'âme ; le temps de marcher et le temps de m'arrêter pour comprendre ; le temps de m'isoler un peu sur la route et puis de rattraper les autres, de les rejoindre et de crier joyeusement : « Me voici, et voici ce que j'ai trouvé en route pour vous !... M'avez-vous attendue ?... Ne m'attendez-vous pas ?... Oh ! attendez-moi donc !... » (Roy, 1985b : 247)

La détresse et l'enchantement publié trente ans plus tard propose-t-il une réponse finale au pari et à l'impasse existentielle apparente ? L'irréconciliable enfin réconcilié ?

Le temps retrouvé...

La détresse et l'enchantement sera-t-il le livre de clôture de l'œuvre régien qui vient enfin boucler la boucle à la manière du *Temps retrouvé* de Proust, où le texte réunit dans un double mouvement, et la définition de l'essence de l'art proustien, et le sens de sa vie ? L'entreprise régienne de *La détresse*, qui vise, comme le rapporte Ricard (Roy, 1984 : 8), « par le souvenir et l'imagination, et surtout par une écriture fortement imprégnée de subjectivité et d'émotion, à la re-création, à la ré-assumation, dans le présent, d'un passé qui ne cesse jamais de prendre forme et de vivre à mesure qu'il est évoqué », n'est pas sans rappeler en effet le phénomène proustien de la « mémoire involontaire » qui rattrape le temps, et dont la possibilité et le sens surgissent dans le miracle du verbe. La narratrice de *La détresse* s'attend-elle à être bénie elle aussi d'une fulgurante révélation à la fin comme le narrateur de *À la recherche du temps perdu* (Proust, 1987-1989), illumination qui lui fera enfin comprendre le sens de son trajet artistique et de sa vie liée à l'art ? Mais si l'attente, la recherche de cette vérité est feinte chez Proust (Martin-Chauffier, 1943 : 58 ; Bardèche, 1971 : 339), en ce sens que l'œuvre est la mise en scène et la démonstration de l'illumination dont l'auteur Proust a été éclairé lui-même pour fonder son œuvre (donc *avant* de commencer la *Recherche*), tel ne peut être le cas pour *La détresse*.

D'abord, il faut comprendre la différence signifiante de rapports que les auteurs entretiennent avec leur narrateur : dans l'autobiographie, le narrateur est tenu d'œuvrer dans les paramètres de l'authenticité et de l'identité (Lejeune, 1975 : 39), dans son rapport à l'auteur dont la vie forme le corps du récit. Il faut donc supposer que l'espace de manœuvre pour les feintes ou les jeux de rhétorique soit moindre ou même inexistant ; en d'autres mots, ce qui est feint ou rhétorique chez le narrateur fictif proustien est authentique chez l'autobiographe.

Alors, en reprenant les termes du projet de Gabrielle Roy dans *La détresse*, en situant l'autobiographie dans l'ensemble de la production littéraire de l'auteure – dont un des leitmotivs est l'exigence posée à l'art – et en tenant compte à la suite de l'étude de Belleau et de la nôtre qui aboutissent au pari (qui échoue) lancé à l'art, on peut croire qu'en posant la même exigence à l'art sur le mode autobiographique, le discours régien bascule dans le réel de l'auteure, et l'exigence à l'art n'est plus de pure rhétorique. C'est-à-dire que Gabrielle Roy, à la fin de son œuvre, est comme le Proust d'avant la révélation, que *La détresse* devient en quelque sorte cette dernière chance, cette dernière quête de l'illumination salutaire, consolatrice et justificative à la fois, porteuse de cette vérité tant convoitée qui lui permettra de s'éteindre dans la paix.

La démarche

Il ne faut pas méprendre simplicité formelle et stylistique pour rapidité d'exécution, c'est-à-dire spontanéité et véracité de la chose transcrite, même quand il s'agit d'une écrivaine au faîte de son talent et de son métier et qui fait le récit de sa vie. Le terme générique d'« autobiographie » accorde au texte une lisibilité contraignante, qui, dans le cas qui nous occupe ici, avec la définition que l'auteure donne à son entreprise, peut aisément nous mystifier et nous mener à des conclusions faciles. Car ne serait-il pas normal de penser que l'auteure raconte, au fil des pulsions mnémoniques, ces éléments de la mémoire et de l'imagination qui s'imposent en raison de leur importance dans le vécu revécu ?

Or, comme on l'a vu plus haut, déjà la structuration subtile mais indéniable du moi en destin d'écriture suffit à faire dérailler nos innocentes intuitions d'une première lecture. En fait, comme sans doute chez tous les grands écrivains, l'apparente transparence du texte est souvent le signe incontestable du contraire, Gide étant un des plus beaux exemples de ce phénomène.

Malgré la simplicité stylistique dans *La détresse*, malgré la banalité de la série événementielle, malgré le respect d'un certain ordre chronologique, tous les signes d'un texte longuement réfléchi et travaillé sont là. Sur le plan, si l'on peut dire, technique d'abord, comme la première partie est datée de façon absolue (Roy, 1984 : 111, 131, 158, 159, 215), et qu'elle est presque terminée au printemps 1977, que l'écrivaine est morte en juillet 1983, et comme Ricard (Roy, 1984 : 8) nous avertit qu'avant sa mort, l'auteure elle-même avait remis deux exemplaires « revus et corrigés de sa main », et dont également avaient été effectuées par elle-même « les divisions en chapitres et en paragraphes », on peut supposer qu'elle a eu amplement le temps de retravailler son texte, de le nettoyer des répétitions, redondances et insignifiances, en fait, de remettre comme d'habitude un texte finement ciselé. Ne dit-elle pas elle-même qu'une fois qu'elle a « commencé à dévider [ses] souvenirs », ils viennent comme une « interminable laine » dont elle a peur de ne pas « (saisir) la millième partie » (69) ? Les souvenirs sont donc venus en trombe, mais l'économie du texte à cet égard signale que l'auteure a dû choisir, éliminer, classifier, structurer.

Le soi-disant respect de la chronologie est un autre trompe-l'œil : à supposer qu'elle écrive dans un premier jet au fil d'une sorte de « mémoire involontaire », il est évident que ce qui remonte à la surface ne se manifeste pas chronologiquement et que le texte truque la hiérarchie « naturelle » des pulsions mémorielles. En fait, on pourrait même avancer que le texte a été composé initialement par « tranches de vie », où l'auteure, à sa table de travail, se remémore un épisode quelconque (comme dans le premier chapitre qui raconte un « voyage » de « magasinage » à Winnipeg, ou dans le deuxième, son appendicectomie), un événement central autour duquel elle brode des éléments secondaires, mais surtout des réflexions, des pensées suscitées par des sensations et des expériences ressuscitées, tout un va-et-vient dialectique entre les deux « je » (de l'énoncé et de l'énonciation) dont le texte devient le dépositaire où se joue cette incessante recherche de « l'insaisissable essentiel auquel [elle] donne la chasse » (112). Après avoir rempli des « tonnes de papier » (69), l'auteure s'adonne à un triage judicieux et déterminant dans l'optique qui est la sienne, à une ré-écriture qui tentera de faire surgir « quelque part dans le bizarre assemblage » (112), dans la texture magique de la phrase cet « insaisissable essentiel ».

La quête

Ainsi, la quête en quelque sorte proustienne est lancée et prend donc ici pour Gabrielle Roy, comme on l'a vu plus haut, des proportions uniques et existentielles, puisqu'elle « déborde » le champ de la fiction pour s'inscrire dans le réel de l'auteure. Si la fiction autobiographique n'a apporté qu'une solution partielle, l'autobiographie devrait boucler la boucle, puisque dans *La détresse*, le double questionnement à l'art se trouve réalisé dans l'existence du texte et la signature. Ce serait donc la réconciliation enfin réalisée : « De la naissance à la mort, de la mort à la naissance, nous ne cessons par le souvenir, par le rêve, d'aller comme l'un vers l'autre, à notre propre rencontre, alors que croît entre nous la distance » (80).

La « rencontre » complexe dans des sens opposés et convergents à la fois des deux « je » est ici facilitée, selon l'auteure, par l'éclairage particulier que lui procurent la maladie et la conscience de la mort prochaine. D'abord, c'est celle-là « qui m'a poussée à écrire ce livre que j'écris maintenant », de dire Gabrielle Roy, parce que c'est « elle qui m'a révélé tant de choses que je n'avais pas vues avant, comme si la vie menacée [...] projetait sur elle-même une lumière qui l'expose de part en part » (454), idée qui fait écho aux sentiments qu'elle prête à la jeune Gabrielle de dix ans, souffrant à l'hôpital des suites d'une appendicectomie, pour qui « l'idée de [sa] mort [...] [lui] avait fait entrevoir ce que pourrait être [sa] vie » (33).

Lejeune dit que l'écrivain-autobiographe est suspect en ce sens qu'un « auteur, ce n'est pas une personne. C'est une personne qui écrit et qui publie. À cheval sur le hors-texte et le texte » (1975 : 23). Ainsi, malgré la clarté du regard qu'elle peut désormais porter sur sa vie, dès qu'elle se met à écrire, Gabrielle Roy reconnaît les difficultés inhérentes à son projet, elle dont l'esprit est « habitué à prolonger les récits » (97), qui « confond » (95) souvenirs et récits, qui comprend que quand on compose, « on a tendance à gonfler la voix, à faire de l'épate » (281), qui est consciente également de la possibilité d'accorder à ses expériences de jeunesse qui reviennent par la voie de la mémoire un sens qu'elle y investit dans le moment de l'écriture : telle chose, par exemple, « peut-être, avec le temps, l'avais-je façonnée tout autre qu'elle fut en réalité » (162) ? Au fil de l'écriture, elle ne sait si elle découvre « un passé si présent ou un présent à ce point enfoncé dans le passé » (381) ; pour un paysage quelconque, elle ne sait pas qui a vu le plus juste : « l'enfant exaltée » ou « la voyageuse aguerrie » (47) ; au souvenir d'une expérience de jeunesse qui lui apporte de la joie *maintenant*, elle ne sait pas si elle a « connu » ce bonheur ou « l'avais-je seulement imaginé ? » (34) La question est lancée, claire et précise : « Est-ce maintenant que je sais ce que je pensais savoir alors ? Ou est-ce que j'ai alors su ce que je sais maintenant ? » (173) ; peut-être finalement, que « [c]'est maintenant, les faits en main, que j'interprète mes sentiments [...] d'il y a plus de quarante ans » (154).

Tout cela pour dire que l'auteure, comme le lecteur attentif et le critique, est consciente de l'écueil possible du projet, par la confusion des deux termes de l'équation autobiographique d'abord, mais également, par la nébulosité croissante du « je » de l'énonciation, qui dans son énonciation, continue à se transformer, à être transformé, et à transformer le sujet de l'énoncé : « Je me raconte, mon texte me change », dirait Coste (1982 : 252).

Malgré cela, ou à cause de cela, notre auteure se plonge dans son projet (écrire n'est-il pas parfois un verbe intransitif ?), dont elle définit les limites par son insistance auprès de Ricard qu'il s'agit bien d'une « autobiographie ». Nous avons tâché de démontrer que malgré l'apparence, le texte est davantage une texture où doit surgir l'être qu'une « narration mémorielle », et que puisque l'histoire structure un destin d'écriture, il y recèle une exigence, une sollicitation à l'art, semblable à celle de la fiction autobiographique. S'y ajoute ici, cependant, un élément particulier à l'autobiographie : la dimension autobiographique qui crée un rapport d'identité entre l'auteur, le narrateur et le personnage définit également son destinataire-narrataire : c'est l'auteur lui-même d'abord, les autres ensuite ou en même temps, tous et toutes aux prises avec les dits (et non-dits) du texte. Celui-là est dépositaire de cette texture unique où circulent les « je » (ux) autobiographiques ; il est appel, il est recherche et révélation à la fois.

La révélation...

... par les formes du discours surtout. Car il paraît évident maintenant que c'est le texte – ses formes de discours, ses actes de langage – qui mène à l'essentiel de la vie de l'auteure, c'est-à-dire qu'il faut maintenant interroger la démarche qui conduit l'autobiographe, non de la vie au texte, mais du texte à la vie, puisque ce sera dans cette texture que l'auteure tentera de capter « l'insaisissable essentiel ».

La forme interrogative / les modalisateurs

La première phrase du livre est une question ; en fait, tout le texte est truffé de questions, à tel point que l'on peut dire qu'il est placé sous le signe de l'interrogation. En voici des exemples : « Était-ce parce que je ne l'avais pas vue de dos depuis longtemps, était-ce parce que la maladie me donnait des yeux pour voir » (36) ; « Est-ce qu'elle restituait à mon père le sentiment qu'il avait éprouvé pour les abris du temps de ses rudes voyages en pays de colonisation ? » (40) ; « Y songeait-il quelquefois avec une sorte de remords, et était-ce cela, une certaine gêne, qui l'empêchait de me parler à cœur ouvert ? » (41) ; « La fièvre décuplait-elle donc aujourd'hui la perception que j'avais des êtres de la vie ? » (44) ; « Comment, si souvent malheureux, pouvions-nous aussi être tellement heureux ? » (45).

L'utilisation répétée et systématique de la forme interrogative dans *La détresse* renvoie à la problématique signalée plus haut. Dans cette jonction, par l'autobiographie, des deux termes de l'énoncé et de l'énonciation et de leur relation au destinataire-narrataire, l'interrogation ici a, comme « force illocutoire » (Jacques, 1981 : 70), moins un rôle de « demande d'information » que de « demande de confirmation » ou même de pure question rhétorique qui « indui[t] la matière de la réponse en même temps qu'elle [...] apporte [...] sa forme » (Jacques, 1981 : 72). Alors, comme l'auteure ne sait pas ou n'est pas sûre, ou doute, elle demande, questionne, enquête, interpelle, sonde, fouille, lance des idées et attend leur retentissement, le texte servant en quelque sorte de caisse de résonance qui lui renverra l'essentiel. Ainsi, l'interrogation est une forme nécessaire pour l'auteure, non pour la réponse qu'elle suscite, mais parce qu'elle lui procure le mode de retour, le mode d'entrée par le présent dans le passé, et inversement. Tout cela pose également l'authenticité de la recherche : une narration linéaire, vidée d'un véritable questionnement, ou à peu près, serait forcément suspecte.

Ainsi, l'énoncé est subordonné à l'énonciation ici, comme d'ailleurs le révèle si bien la première phrase du texte. « Quand donc ai-je pris conscience pour la première fois que j'étais, dans mon pays, d'une espèce destinée à être traitée en inférieure ? » (11), demande l'auteure. La dernière phrase du premier chapitre nous explique que ce n'est pas lors de ces « voyages » à Winnipeg – sujet de ce premier chapitre : « Cela s'est fait en une autre occasion, beaucoup plus dure » (17). La première phrase du deuxième chapitre présente au lecteur les circonstances dans lesquelles la réponse sera donnée : « J'avais été malade » (19), ce qui arrive en fait à la page 25. Bien que la première phrase du livre soit différente de celles citées plus haut (parce que c'est une question à laquelle l'auteure répond), elle garde cependant le même statut que celles-là en raison de la domination de l'énonciation sur l'énoncé. D'abord, si la question était réelle, on n'y trouverait pas de réponse dans les pages suivantes et, deuxièmement, la réponse est nettement insuffisante, peu convaincante, parce que totalement conjecturale[5]. Or, en tant que signifiant, elle est fondamentale pour sa valeur d'*incipit* (Angenot, 1979 : 106), comme révélation principalement de certaines conditions de lisibilité du texte. En effet, une grande partie de la problématique du texte se trouve insérée dans ces quelques lignes : d'abord la forme interrogative, ensuite la prise de conscience, dans le temps, dans un espace – « mon pays » –, du « destin » d'un individu « embrayé » (Maingueneau, 1986 : 2-9) quatre fois, signe de sa singulière importance dans le texte : « ai-je », « je », « mon », et l'implicite de l'énonciation[6].

Toujours est-il que le texte est lancé sur le mode interrogatif, mode prisé par l'auteure pour mener sa recherche vers la compréhension et la connaissance. On pourrait dire que les modalisateurs jouent un rôle identique, au moins semblable, à la forme interrogative.

En tant que « marque donnée par le sujet à son énoncé » ou « adhésion du locuteur à son propre discours » (Maingueneau, 1976 : 119), le modalisateur est utile et fort utilisé ici étant donné le statut suggestif et apparemment hésitant du discours, tout axé sur le questionnement. Encore une fois, le texte regorge d'exemples, dès la deuxième phrase du livre : « Ce ne fut *peut-être* pas malgré tout, au cours du trajet » (11). Parmi d'autres, citons les suivants : « [L]'air soucieux, il se tenait près de moi, ne sachant *peut-être* plus parler aux enfants » (41) ; « Dans la soixantaine, il *aurait ressenti* comme une gêne, *je suppose*, à me faire de ces caresses [...] » (42) ; « Ce souvenir se réveillant en moi dut me causer plus de peine *peut-être* que de joie » (42) ; « [...] levant vers lui un visage qui, *je le crois bien*, devait lui sourire » (94) ; « Cette histoire, *sûrement* elle me fut racontée » (97 ; je souligne).

---

5. La conscience de sa situation de minoritaire se fait presque soudainement lorsqu'à dix ans, Gabrielle écoute sa mère lui raconter le récit de sa famille : « C'est à cet endroit du récit de maman que j'ai commencé à me tracasser au sujet de la notion de patrie, de ce qu'elle signifiait au juste » (25).
6. On pourrait continuer la démonstration à propos du vocable « espèce » et l'emploi du passif « être traitée ».

Les je(ux) de l'énoncé et de l'énonciation

Il n'est pas à douter que c'est dans la rencontre des « je », dans l'investissement réciproque et dialectique de ces deux entités dans la texture du texte que risque d'apparaître la « vérité » de la vie de l'auteure, et peut-être même, la(les) révélation(s) ultime(s)...

Pour illustrer donc le jeu de dédoublement de ces deux instances, il s'agit de trouver un exemple dont le sens peut être vérifiable ailleurs et autrement dans le texte (et le hors-texte), un passage quelconque où peuvent être identifiés les déictiques (ou indicateurs) temporels, propres à l'énonciation, qui alternent avec leurs contreparties non déictiques de l'énoncé (Maingueneau, 1986 : 4, 17-26).

Le passage choisi est le dernier paragraphe du très court (6 pages) chapitre III – la visite que le père fit à Gabrielle à l'hôpital – dont les révélations à l'intuition (pour le destinataire) et à l'analyse (pour le critique) peuvent être corroborées au chapitre VII – la mort du père / le bal chez le gouverneur. Un paragraphe donc d'une vingtaine de lignes dans lequel la narratrice raconte et se rappelle la noblesse et la générosité du vieillard, alors que Gabrielle devait avoir dix ou douze ans.

> Il me vint alors à l'esprit que de jour en jour je l'avais vu attentif à ne pas gaspiller, quoique jamais mesquin, appliqué aussi à devenir habile en des tâches qui ne lui étaient pas tout à fait naturelles, comme en horticulture, par exemple. Je fus effleurée par la pensée que maintenant, peut-être encore plus qu'au temps où il était admiré, mon père montrait de la grandeur. Tombé de haut, abandonné de l'espoir, il s'était livré chaque jour au modeste effort qui pouvait encore être utile. La fièvre décuplait-elle donc aujourd'hui la perception que j'avais des êtres et de la vie ? Ou bien était-ce plutôt le calmant qui, en apaisant l'angoisse naturelle du cœur, me permettait de voir mieux que d'habitude ? Mon père, aux mains calleuses, au visage creusé, au dos voûté, me parut animé d'un courage tel qu'hier encore j'avais été incapable de l'entrevoir. J'aurais voulu le lui dire et ne savais comment. Après avoir posé les trois roses, têtes déjà un peu penchées, dans mon verre à eau, il s'en allait à pas lents, et il me sembla qu'il avait un peu l'allure des roses fatiguées. J'enfouis mon visage dans l'oreiller comme pour me cacher de la douleur afin que jamais plus elle ne me trouve (43-44).

La contamination des deux instances du « je » ne peut manquer de frapper : « il me vint alors » ; « par la pensée que maintenant, peut-être encore plus qu'au temps où il était admiré » ; « animé d'un courage tel qu'hier encore, j'avais été incapable de l'entrevoir », etc. Il y a d'abord le temps de l'écriture (de l'énonciation) premièrement identifié par les déictiques temporels : *maintenant*, *aujourd'hui*, *hier* ; par les modalisateurs : *peut-être encore plus*, *plutôt* ; ensuite, le langage figuré (Leblanc, 1989) : les deux comparaisons avec les roses « têtes penchées » et « fatiguées » ; les imparfaits (l'imperfectif) (Maingueneau, 1981 :

64-66) : *décuplait, savais, s'en allait* ; et la dernière phrase qui est ajoutée en quelque sorte pour la galerie parce que la narratrice veut que l'enfant-personnage comprenne, et qu'elle soit vue comprenant.

À cela, comparons les indicateurs nous ramenant à l'époque révolue de l'énoncé. D'abord, le non déictique « alors » qui, en début de paragraphe, annonce et situe dans le temps de l'énoncé l'expérience rapportée ; ensuite, les temps du perfectif, de l'accompli (*vint, avais vu, fus, était livré, parut, enfouis*) et même le conditionnel passé *aurais voulu* dont la valeur modale complique cependant encore la situation (Maingueneau, 1981 : 82-83). Enfin, toute l'histoire racontée dans ce court chapitre est très clairement identifiée à une expérience de jeunesse dont l'événement « central » est vérifiable dans le hors-texte.

Or, le rôle du premier chapitre – qui relate une sortie de la mère et de la fille à Winnipeg – est surtout de créer une sorte de mise en abyme des thèmes majeurs du récit : le besoin de quitter sa pauvre petite ville, de voyager, l'éveil de ces « agréables » sensations de « dépaysement », de se sentir « étrangères » chez soi (qui suscitent un peu paradoxalement l'idée de vengeance), toutes ces expériences qui « ouvrent les yeux » et « stimulent l'imagination ». De façon analogue, dans ce troisième chapitre (comme peut-être dans tous les chapitres du livre), la visite du père à l'hôpital est l'occasion de revoir surtout la difficile relation entre celui-là et sa fille Gabrielle.

Ce chapitre III est un chef-d'œuvre de composition pour le mélange de simplicité stylistique, d'économie de texte, de puissance évocatrice par l'effet d'images lancinantes, et par la richesse, la densité de vérité humaine qui se cache dans sa toute humaine et littéraire opacité. Le chagrin est-il comme chez Proust source de profondes inspirations et révélations ?

Car l'obsédante culpabilité manifeste du chapitre VII où est relatée la mort du père se trouve pour ainsi dire expliquée dans ce dernier paragraphe du chapitre III. Dans ce va-et-vient des deux « je » où l'auteure-narratrice juxtapose et dialectise les deux regards posés sur cette expérience, l'auteure-destinataire découvre enfin (avec le lecteur) l'indicible, l'ineffable du rapport avec son père. D'abord, les deux regards sont ici plus voyants, donc plus justes, que d'habitude : la « fièvre », associée au « calmant » qu'on donne à l'enfant après son appendicectomie, est ramenée aussi à l'adulte par le déictique temporel « aujourd'hui » de l'énonciation, et permet aux deux « de voir mieux ». La « contamination » se dessine dès la deuxième phrase : le « je fus effleurée » qui est censé continuer la réflexion « il me vint alors à l'esprit », bascule immédiatement dans le présent grâce au déictique « maintenant ». Ce jeu contaminant, et d'un temps à l'autre, continue jusqu'à la fin : en témoigne encore la phrase « Mon père [...] me parut animé d'un courage tel qu'hier encore ».

Suivent les grandes révélations : la « grandeur », le « courage » du père, Gabrielle a toujours été (« hier encore ») « incapable de [les] entrevoir ». Ce jour-là, dit-elle *maintenant*, « [j]'aurais voulu le lui dire et ne savais comment ». Cet imparfait dit la vérité sur une pensée du chapitre VII dont la double modalisation en dit déjà long : à la mort du père, la mère console la fille, « pensant peut-être qu['elle] souffrai[t] de ne [s]'être pas sentie aimée de [s]on père » (93). Ce « savais » (comme également « s'en allait » de la phrase suivante) révèle que c'est elle, Gabrielle, qui n'a jamais su aimer son père. Cette vérité est si déchirante qu'elle tentera de la taire à jamais (« J'enfouis mon visage dans l'oreiller comme pour me cacher de la douleur afin que jamais plus elle ne me trouve »), mais en vain, car trop puissante pour disparaître, elle revient au chapitre VII, où le discours consolateur de la mère rend la constatation encore plus cruelle : « Maman continuait ainsi, sans se douter qu'elle me perçait le cœur » (94).

L'histoire du père se termine par la conscience chez Gabrielle qu'il n'y a pas, qu'il n'y aura jamais de « réparation possible » au grand malentendu de la vie, comme sa relation à son père l'incarne en quelque sorte : « Telle que la mort nous séparait, je resterais envers mon père. Il n'y aurait jamais rien à ajouter, à retrancher, à corriger, à effacer » (94), comme dans un livre où il est possible de jouer...

L'échec de l'art, gommé dans la fiction autobiographique par la structuration d'un mythe personnel correspondant en quelque sorte au mythe consacré de l'artiste malheureux, se transforme ici dans la texture du texte autobiographique. Dans cette jonction de l'art et de la vie, Gabrielle Roy se rejoint enfin, elle gagne le pari contre « l'insaisissable essentiel », mais perd doublement par l'amère vérité révélée, dont l'épisode du père est un des indices parmi tant d'autres, et par la conscience de l'échec de son art qui n'arrive pas à exorciser le mal qui l'habite, cette culpabilité lancinante que traîne tout le texte et qui résonne en elle et « devait y résonner toute [sa] vie, à intervalles, telles ces cloches au son lugubre des bouées en mer que la vague ballotte » (235). Dans ce contexte, et au seuil de la mort, l'idée d'éternité n'est pas liée à la pérennité de son œuvre, mais à cette dernière et ultime « chance accordée » de retrouver « les âmes chères, de s'expliquer à fond avec elles, et que cesse enfin le long malentendu de la vie » (240). Non, « l'expression de la douleur [ne venge pas] de la douleur », pas plus que « dire un peu ce qu'est la vie [ne] nous [réconcilie] avec la vie » (143), pour Gabrielle Roy. La terrible exigence de l'art n'est pas contrebalancée ou exorcisée par la réponse que l'art procure à son exigence à elle, à sa prière que l'art, comme chez Proust, soit tout au monde. À la fin,

Gabrielle Roy demeure une « âme au long tourment refoulé » (217)[7], une femme en détresse dont l'œuvre entière ne représente qu'un enchantement épisodique et temporaire, un maigre palliatif à son malheur d'être.

RÉFÉRENCES

Angenot, Marc (1979). *Glossaire pratique de la critique contemporaine*. Québec : Hurtubise.

Bardèche, Maurice (1971). *Marcel Proust, romancier*. Paris : Garnier Frères.

Belleau, André (1980). *Le romancier fictif : essai sur la représentation de l'écrivain dans le roman québécois*. Québec : Les Presses de l'Université du Québec.

Bessette, Gérard (1968). *Une littérature en ébullition*. Montréal : Éditions du jour.

Bessette, Gérard (1973). *Trois romanciers québécois*. Montréal : Éditions du jour.

Blanchot, Maurice (1971) [1954]. « L'étonnante patience », dans Jacques Bersani (dir.). *Les critiques de notre temps et Proust*. Paris : Garnier Frères, 90-99.

Brault, Jacques (1989). « Tonalités lointaines (sur l'écriture intimiste de Gabrielle Roy) », *Voix et images*, 42 : 387-398.

Brochu, André (1986). « *La détresse et l'enchantement*, ou le roman intérieur », *Revue d'histoire littéraire du Québec et du Canada français*, 12 (été) : 201-210.

Coste, Didier (1982). « Autobiographie et auto-analyse, matrices du texte littéraire », *Texte*, 1 : 249-260.

Dubé, Paul (1987). « Le discours du destin : prolégomènes à une étude de l'autobiographie de Gabrielle Roy », dans Gratien Allaire, Gilles Cadrin et Paul Dubé (dir.), *Écriture et politique*. Edmonton : Institut de recherche de la Faculté Saint-Jean, 9-21.

Dubois, Jean (1969). « Énoncé et énonciation », *Langages*, 13 (mars) : 100-110.

Gide, André (1954). *Si le grain ne meurt*, dans *Journal 1939-1949*. Paris : Gallimard.

Goulet, Alain (1982). « La construction du moi par l'autobiographie : *Si le grain ne meurt* d'André Gide », *Texte*, 1 : 51-69.

Jacques, Francis (1981). « L'interrogation : force illocutoire et interaction verbale », *Langue française*, 52 (décembre) : 70-79.

Leblanc, J. (1989). « Le langage figuré et la problématique de l'énonciation », *Texte*, 8/9 : 227-245.

Lejeune, Philippe (1975). *Le pacte autobiographique*. Paris : Seuil.

Lejeune, Philippe (1986). *Moi aussi*. Paris : Seuil.

Maingueneau, Dominique (1976). *Initiation aux méthodes de l'analyse du discours : problèmes et perspectives*. Paris : Hachette.

---

7. Il faut lire la fin du chapitre XVII où l'auteure dans un jeu de déplacement ou transfert reprend ces quelques grands thèmes de « destin », « renoncement », « bonheur terrestre », etc. pour terminer sur cette idée d'« âme au long tourment refoulé » (217).

Maingueneau, Dominique (1981). *Approche de l'énonciation en linguistique française*. Paris : Hachette.

Maingueneau, Dominique (1986). *Éléments de linguistique pour le texte littéraire*. Paris : Bordas.

Maingueneau, Dominique (1987). *Nouvelles tendances en analyse du discours*. Paris : Hachette.

Martin-Chauffier, Louis (1971) [1943]. « Proust et le double 'Je' de quatre personnes », dans Jacques Bersani (dir.), *Les critiques de notre temps et Proust*. Paris : Garnier Frères, 54-66.

McCarthy, Mary (1957). *Memories of a Catholic Girlhood*. New York : Harcourt Brace.

Proust, Marcel (1971) [1952]. *Jean Santeuil*. Paris : Gallimard.

Proust, Marcel (1986) [1927]. *Le temps retrouvé*. Paris : Flammarion.

Proust, Marcel (1987-1989). *À la recherche du temps perdu*. Paris : Gallimard (Bibliothèque de la Pléiade).

Ricard, François (1984). « La métamorphose d'un écrivain : essai biographique », *Études littéraires*, 17(3) : 441-455.

Ricard, François (1989). « La biographie de Gabrielle Roy : problèmes et hypothèses », *Voix et images*, 42 (printemps) : 453-460.

Ricard, François (1992). *Inventaire des archives personnelles de Gabrielle Roy conservées à la Bibliothèque nationale du Canada*. Québec : Boréal.

Rousset, Jean (1971) [1955]. « Notes sur la structure d'*À la recherche du temps perdu* », dans *Les critiques de notre temps et Proust*. Paris : Garnier Frères, 99-116.

Roy, Gabrielle (1950). *La Petite Poule d'Eau*. Montréal : Beauchemin.

Roy, Gabrielle (1966) [1945]. *Bonheur d'occasion*. Montréal : Beauchemin.

Roy, Gabrielle (1977). *Ces enfants de ma vie*. Québec : Stanké.

Roy, Gabrielle (1979) [1954]. *Alexandre Chenevert*. Québec : Stanké.

Roy, Gabrielle (1984). *La détresse et l'enchantement*. Montréal : Boréal Express.

Roy, Gabrielle (1985a) [1955]. *La route d'Altamont*. Québec : Stanké.

Roy, Gabrielle (1985b) [1955]. *Rue Deschambault*. Québec : Stanké.

Roy, Gabrielle (1988). *Ma chère petite sœur*. Montréal : Boréal Express.

Roy, Marie-Anna A. (1979). *Le miroir du passé*. Montréal : Québec/Amérique.

Sartre, Jean-Paul (1938). *La nausée*. Paris : Gallimard.

Socken, Paul (1989). « L'enchantement dans la détresse : l'irréconciliable réconcilié chez Gabrielle Roy ». *Voix et images* (printemps), 42 : 433-436.

Stanley, Liz (1992). *The Auto/biographical I : The Theory and Practice of Feminist Auto/biography*. Manchester : Manchester University Press.

Stein, Gertrude (1937). *Everybody's Autobiography*. New York : Random House.

Todorov, Tzvetan (1966). « Les catégories du récit littéraire », *Communications*, 8 : 125-151.

Todorov, Tzvetan (1970). « Problèmes de l'énonciation », *Langages*, 17 (mars) : 3-11.

Structures maternelles, structures textuelles dans les écrits autobiographiques de Gabrielle Roy[1]

Lori Saint-Martin

Lorsque, très âgée déjà, elle rédige son autobiographie, Gabrielle Roy s'étonne de la prolifération des souvenirs qui remontent à la surface : « Est-il donc possible qu'on ait en soi de quoi remplir des tonnes de papier si seulement on arrive à saisir le bon bout de l'écheveau ? » (Roy, 1984b : 69). Or, le fil conducteur qui parcourt l'ensemble de l'œuvre, de *Bonheur d'occasion* (1945) à *La détresse et l'enchantement* (1984), du premier livre au dernier, c'est la figure de la mère. En tirant, à mon tour, sur ce « fil » maternel, je ferai se dévider l'écheveau et tâcherai de montrer à quel point, chez Gabrielle Roy, structures maternelles et structures textuelles se répondent[2]. Autrement dit, la figure de la mère est à la source de la créativité de la fille ; la symbiose et l'échange de rôles entre mère et fille déterminent jusqu'aux éléments syntaxiques et structuraux des écrits dits autobiographiques.

Dès *Bonheur d'occasion*, la figure de la mère s'impose, malgré le rôle effacé que l'auteure avait prévu pour elle :

> Cette petite femme du peuple, douce et imaginative, je peux bien vous avouer aujourd'hui qu'elle s'est introduite presque de force dans mon récit, qu'elle en a bouleversé la construction, qu'elle en est arrivée à le dominer par la seule qualité si peu littéraire de la tendresse (Roy, 1978 : 163).

---

1. Le présent article reprend en partie, en les développant, des idées exposées dans l'article « Mère et monde chez Gabrielle Roy », dans Lori Saint-Martin (dir.), *L'autre lecture : la critique au féminin et les textes québécois*, t. 1. Montréal : XYZ, 1992, 117-137. Mon travail s'inscrit dans le cadre d'un projet de recherche intitulé « Maternité et textualité dans l'écriture des femmes québécoises depuis 1945 » et subventionné par le CRSH. Je tiens à remercier le Conseil du soutien accordé à mon travail.
2. Par « structures maternelles », j'entends, suivant nombre de théoriciennes du développement féminin, que l'empreinte de la mère conditionne de manière privilégiée les structures psychiques de la fille. Le terme « structures textuelles » renvoie aussi bien aux structures narratives qu'aux tournures syntaxiques employées.

C'est donc par l'entremise de la mère que Gabrielle Roy réussit à faire de la tendresse une « qualité littéraire », à créer un récit où prédominent la sollicitude, le souci de l'autre, le sentiment d'interdépendance. Nous verrons que des psychologues de la formation des femmes (Chodorow, 1978 ; Gilligan, 1982) ont reconnu ces valeurs, liées à la présence de la mère dans la petite enfance, comme propres à la vision morale des femmes.

Chez Gabrielle Roy, l'omniprésence de la mère n'est jamais aussi manifeste que dans les ouvrages dits « autobiographiques ». Ces derniers se composent de trois fictions, toutes des recueils de nouvelles ou de récits, soit *Rue Deschambault* (Roy, 1955), *La route d'Altamont* (Roy, 1966) et *De quoi t'ennuies-tu, Éveline ?* (Roy, 1984a), qui s'articulent autour du même couple mère-fille, Éveline et Christine, et d'une véritable autobiographie, *La détresse et l'enchantement* (Roy, 1984b)[3], qui ne couvre que les années d'apprentissage de l'auteure et met l'accent sur l'influence de la mère. À chaque parution de la série, l'ensemble se resserre davantage autour de la mère. Dans *Rue Deschambault*, Christine nous présente la famille élargie : mère et père, frères et sœurs, oncles et tantes. Dans *La route d'Altamont*, le père est disparu déjà, et ne demeurent que Christine, sa mère et sa grand-mère. Le dernier livre de la série, *De quoi t'ennuies-tu, Éveline ?*, ne nous entretient plus que de la mère ; Christine elle-même disparaît en tant que narratrice. De même, dans *La route d'Altamont*, Éveline parle de ses deux parents ; dans *De quoi t'ennuies-tu, Éveline ?*, elle ne songe presque plus qu'à sa mère. C'est dire que la mère est au centre du monde de la fille. Elle occupe aussi, dans la série, une position narrative de choix. Elle est le centre du récit, la matière même, le fil conducteur.

Comme Gabrielle Roy, Christine, la jeune fille des récits, est originaire du Manitoba, dernière-née d'une grosse famille ; grâce aux encouragements d'une mère remarquable, Christine devient maîtresse d'école et, plus tard, écrivaine. La lecture autobiographique de ces fictions est donc possible, quoique peu éclairante. Dans mon esprit, il est beaucoup plus correct, d'un point de vue théorique[4], de lire tous ces livres, *y compris l'autobiographie*, comme des fictions, des récits. De lire dans les quatre ouvrages la présence de la mère, la présence de l'écriture, et l'équivalence qui s'établit entre les deux. Le récit, qu'on le qualifie de « vrai » ou d'« inventé », est toujours le même. Le récit de la fille, que son nom soit Christine ou Gabrielle, est avant tout le récit de la mère. Et le récit de la mère est le récit de l'écriture, le récit d'un texte qui naît progres-

---

3. Dans la suite du texte, j'utiliserai pour citer ces quatre ouvrages les abréviations suivantes : *RD*, *RA*, *É* et *DE*.

4. Je fais référence ici au « pacte » bien connu défini par Lejeune (1975) : pour qu'une œuvre puisse être lue comme une autobiographie, narrateur, auteur et personnage doivent être une seule et même personne (15) et porter le même nom (33).

sivement ; écrit par la fille, ce nouveau texte raconte aussi l'histoire d'une relation mère-fille-mère, chacune donnant naissance à l'autre. C'est un récit portant sur les mères qui créent les filles qui créent les mères, dans lequel une mère, qui s'avère la source de l'écriture de sa fille, nous révèle l'art de l'écriture au féminin.

L'empreinte de la mère

Voyons, dans un premier temps, l'influence de la mère sur la fille afin de bien comprendre la place centrale qu'occupe la mère sur le double plan thématique et formel.

Quand on compare les couples mère-fille des fictions et de l'autobiographie, on observe des destins récurrents. Qu'est-ce qu'Éveline (tout comme Mélina Roy) attend de la vie ? Elle veut étudier, voyager, enseigner[5]. Mais que fait-elle ? Elle voyage un peu et raconte des histoires à ses enfants. Qu'est-ce que Christine (tout comme Gabrielle Roy) attend de la vie ? Elle veut étudier, voyager, raconter des histoires. Mais que fait-elle ? D'abord, elle devient maîtresse d'école parce que c'est là la volonté de sa mère[6]. Ensuite, elle mène l'autre vie dont rêvait Éveline : vie de voyages, d'écriture. Ainsi, la vie de la fille est issue de celle de la mère, et pas uniquement au sens physiologique. La mère ne se contente pas de donner la vie à sa fille – une vie biologique indéterminée – , elle va jusqu'à lui souffler la vie précise qu'elle devra mener. Elle donne à sa fille la vie libre dont elle avait rêvé pour elle-même, et à laquelle elle a dû renoncer pour fonder une famille. La femme mûre revit sa propre vie par l'entremise de celle de sa fille ; car s'il est vrai qu'elle a été incapable de concrétiser ses rêves, cet échec sera racheté par sa fille, qui réalise *les mêmes rêves précisément*[7]. La mère et la fille sont sans cesse ensemble et se liguent contre les autres, et même, dans certains cas, contre le père[8]. Peu après avoir entendu sa mère confier à un médecin l'histoire de leur pauvreté, Gabrielle Roy forme « au fond de

---

5. « Maman avait souhaité faire de toutes ses filles des maîtresses d'école – peut-être parce qu'elle portait en elle-même, parmi tant de rêves sacrifiés, cette vocation manquée » (*RD* : 252).

6. Lorsque Éveline laisse entendre que rien ne pourrait la rendre plus heureuse que de voir sa fille devenir maîtresse d'école, Christine délaisse ses velléités d'écriture et se plie au désir de sa mère : « Quand on se connaît mal encore soi-même, pourquoi ne tâcherait-on pas de réaliser le rêve que ceux qui nous aiment font à notre usage ? » (*RD* : 253).

7. Éveline dit à Christine : « Quelquefois encore je rêve à quelqu'un d'infiniment mieux que moi que j'aurais pu être », mais elle ajoute aussitôt : « [J]e te regarde et me dis que rien n'est perdu, que tu feras à ma place et mieux que moi ce que j'aurais désiré accomplir » (*RA* : 236).

8. Christine est l'unique confidente de sa mère ; elle adopte le point de vue de sa mère plutôt que celui de son père dans des récits tels que « Les déserteuses ». Le titre même du récit les rend complices : elles « désertent » la maison pour se rendre à Québec, contre la volonté

[son] âme la résolution de la venger » (*DE* : 30). L'humiliation de la mère se trouve à l'origine du voyage qu'entreprend la fille dans la vie :

> Pour *venger ma mère*, il m'était apparu que je devrais, de retour à l'école, travailler doublement, être la première toujours, en français, en anglais, dans toutes les matières, gagner les médailles, les prix, ne cesser de lui apporter des trophées (*DE* : 33 ; je souligne).

Le succès de la fille, sa vie même, constitue la victoire définitive de la mère. L'image demeure d'un amour source de vie et d'un lien profond fait de solidarité et de tendresse. Gabrielle Roy rend un hommage passionné au travail généreux que les mères effectuent pour le bénéfice de leurs filles :

> La lumière a été longue à venir, à nous, femmes, à travers des siècles d'obscur silence. Mais il me semble parfois que rien en route n'a été perdu des efforts des plus énergiques de nos mères et de leur acharnement à vouloir la vie meilleure (*DE* : 239).

En menant cette « vie meilleure », les filles donnent naissance aux mères, et le cycle continue.

Le va-et-vient de l'énonciation

Le plus remarquable, ici, c'est la fluidité des rôles mère-fille, les jeux de miroir constants. Le va-et-vient entre mère et fille marque les textes, du point de vue aussi bien formel que thématique.

Pour Nancy Chodorow (1978), le fait que les enfants des deux sexes sont élevés principalement par des femmes a pour conséquence que les filles s'identifient à la mère, alors que les garçons se définissent par opposition à elle. Par conséquent, l'identité des garçons est fondée sur la distinction et la séparation, celle des filles sur l'intimité et le rapprochement. Prenant les recherches de Chodorow comme point de départ, Carol Gilligan (1982) affirme qu'il existe une vision morale des femmes, qui fait qu'elles parlent (selon les mots du titre) « in a different voice ». Voilà ce que pressentait déjà Gabrielle Roy, dont tous les textes mettent en scène cette vision morale de sollicitude, d'interdépendance, de moralité bienveillante et de responsabilité partagée.

L'intimité et le partage dépeints dans ces œuvres sont diamétralement opposés à la distance que préconise la théorie psychanalytique relative à la relation mère-fille (Freud, 1969). Gabrielle Roy présente un monde farouche-

---

d'Édouard. Le père comprend que Christine est surtout liée à sa mère : « Elle vous a tous à elle... la maman ! » (*RD* : 247). Dès le premier paragraphe, l'autobiographie unit également la mère et la fille dans une lutte contre des forces hostiles.

ment non freudien, comme celui que revendique la psychanalyste Luce Irigaray (1981), un monde dans lequel le lien mère-fille est central et où la séparation, comme nous le verrons plus loin, est réduite à sa plus simple expression dans la prime jeunesse et, par la suite, conjurée par l'écriture.

Irigaray écrit que la femme doit renoncer au concept de l'omnipotence de la mère (« faire le deuil d'une toute-puissance maternelle », 1981 : 86) et imaginer un partage des rôles plus fluide dans lequel la mère pourrait aussi, à l'occasion, être la fille. Cet acte, écrit-elle, suffirait à « nous libérer avec nos mères » du modèle psychanalytique orthodoxe qui coupe les femmes les unes des autres. Chez Gabrielle Roy, la réciprocité dont rêve Irigaray émerge de trois générations de femmes qui agissent symboliquement à la fois comme fille et comme mère (Christine, bien qu'elle ne soit pas mère, joue parfois un rôle maternel).

Dans *La route d'Altamont*, la grand-mère, naguère « toute-puissante » (il s'agit là du double frappant de la formulation que retiendra plus tard Irigaray), vieillit et se recroqueville ; Éveline doit s'occuper d'elle comme d'un bébé. La force et la puissance initiales de la mère ont cédé la place à une communion tendre, chaque femme vivant par l'entremise de l'autre, et pour elle[9]. À la fin de la nouvelle « Ma grand-mère toute-puissante », Christine montre à sa grand-mère les photos d'un vieil album, lui rappelant les liens entre les familles et les générations, les tendres relations entre les humains, « comme nous jouons tous peut-être, les uns avec les autres, à travers la vie, à tâcher de nous rencontrer » (*RA* : 57). (La métaphore des liens s'observe aussi dans l'image initiale de la grand-mère occupée à réfléchir à sa descendance « avec tout l'air d'en être à démêler des laines embrouillées » [*RA* : 12].) Christine démêle les générations, rappelle les noms, fait des liens. Se voit ici un geste qui se répercute de mère en fille, à travers trois générations de femmes : « Je n'avais pourtant fait que jouer, comme elle-même me l'avait enseigné, comme mémère aussi un jour avait joué avec moi » (*RA* : 57).

Ces rencontres entre les générations prennent plusieurs formes : reprise de récits de la mère, reprise d'un geste (se montrer l'album de photos, par exemple), reprise textuelle d'énoncés appartenant à la mère. Ainsi, la grand-mère demande à sa fille : « Te souviens-tu, Éveline, de la petite rivière Assomption ? » (*RA* : 49). Devenue vieille à son tour, Éveline parlera de « notre petite rivière Assomption » (*RA* : 193). La reprise de la formulation même de la mère, y compris le diminutif affectueux « petit », tandis que s'y ajoute l'adjectif possessif « notre », qui signifie sûrement ici « à maman et à moi », dans une tendre

---

9. Avant de partir pour Paris, Gabrielle Roy étreint sa mère et s'étonne de la trouver si petite. « Un corps d'enfant ! », s'écrie-t-elle (*DE* : 242).

communion avec la mère disparue, tout cela fait ressortir le va-et-vient des générations au cœur même de l'énonciation. Ainsi, la relation mère-fille est fondée sur une parfaite réciprocité.

Christine recrée sa mère, comme nous le verrons, par le jeu de l'écriture. De la même façon, Éveline se sent en continuité par rapport à sa mère ; elles ont toutes les deux élevé une grosse famille, puis, leurs enfants dispersés dans tout le pays, se sont retrouvées seules. Éveline prend plaisir à cette ressemblance parce qu'elle y voit une forme de réciprocité, une nouvelle façon de donner naissance :

> À celle qui nous a donné le jour, on donne naissance à notre tour quand, tôt ou tard, nous l'accueillons enfin dans notre moi. Dès lors, elle habite en nous autant que nous avons habité en elle avant de venir au monde (*RA* : 226-227).

Le langage utilisé ici – sans compter l'inversion initiale, qui accorde la priorité syntaxique à la mère – évoque la fluidité, le don, l'accueil et la plénitude. Mère et fille sont unies dans une mise au monde réciproque, marquée par de constantes permutations d'identité :

> — N'as-tu donc pas encore compris que les parents revivent vraiment en leurs enfants ?

> — Je pensais que tu revivais surtout la vie de tes parents à toi.

> — Je revis la leur, je revis aussi avec toi. [...] c'est peut-être la partie de la vie la plus éclairée, située entre ceux qui nous ont précédés et ceux qui nous suivent, en plein milieu... (*RA* : 236).

La mère se trouve au centre du monde, au cœur du va-et-vient des générations, réunissant à la fois le passé et le présent. Le même phénomène s'observe dans *De quoi t'ennuies-tu, Éveline ?* Le personnage éponyme se découvre, en Californie, une toute nouvelle famille ; une sorte de fusion du passé et du présent, de l'enfance lointaine d'Éveline et de l'enfance des enfants de son frère, les réunit tous, de la même façon que l'album de photos avait uni Christine et sa grand-mère au reste de la famille. Le thème de la rencontre est cher à Gabrielle Roy, que fascine ce qu'elle appelle « ce *va-et-vient* d'un être humain à travers le souvenir d'un autre être » (*RA* : 37 ; je souligne). Un jeu intertextuel nous ramène une fois de plus à une hypothèse d'Irigaray concernant le discours féminin :

> Dans un parler-femme, il n'y a pas un sujet qui pose devant lui un objet. Il n'y a pas cette double polarité sujet-objet, énonciation/énoncé. Il y a une sorte de *va-et-vient* continu, du corps de l'autre à son corps (1981 : 49-50 ; je souligne).

Une fois de plus, l'image du « va-et-vient », de frontières fluides et de liens étroits rappelle Chodorow et Gilligan. Sur le plan syntaxique s'observent d'étonnants rappels de ce va-et-vient entre deux identités. C'est surtout Éveline, dans son double rôle de mère et de fille, qui possède cette mobilité. Mais le jeu englobe aussi Christine, comme on le voit dans le passage suivant. Christine a demandé à sa mère la permission de se rendre avec monsieur Saint-Hilaire au lac Winnipeg. La mère reste en proie au doute : « S'était-elle mise à la place de l'enfant dont le désir est presque un supplice ? Ou m'avait-elle mise à la place de la mère âgée à qui n'apparaîtra peut-être jamais le lac ? » (*RA* : 98). La symétrie syntaxique (la mère à la place de l'enfant/l'enfant à la place de la mère) souligne encore les frontières mobiles du moi. Les permutations de rôles entre mère et fille s'organisent également autour de deux grands réseaux métaphoriques : le visage et le corps/texte de la mère.

Le visage de la mère

Tout comme la mère devient la fille de son enfant, la fille en vient à ressembler de plus en plus à sa mère. En vieillissant, Éveline se surprend à reproduire certains des gestes de sa mère ; elle finit par lui ressembler physiquement, même si, enfant, elle tenait de son père. « C'est avec l'âge mûr que je l'ai rejointe, ou qu'elle-même m'a rejointe, comment expliquer cette étrange rencontre hors du temps », dit-elle (*RA* : 226). Les frontières de l'être sont perméables, et source d'un jeu d'identification complexe entre mère et fille, jeu qui passe par la corporalité[10] et par la réciprocité (je l'ai rejointe/elle m'a rejointe). Mais il y a plus. Le visage de la fille change au rythme de ses contacts avec la mère : Christine observe ainsi le visage mobile d'Éveline, « triste et doux quand elle parlait de grand-mère jeune, puis seulement triste et affaissé » (*RA* : 37). Ici encore s'observe une réciprocité parfaite : Éveline rajeunit à mesure qu'elle fait rajeunir sa mère. Le visage de la fille fait écho à celui de la mère ; mais la fille transforme aussi, au gré des émotions, le visage de sa mère. Lorsque Gabrielle Roy promet à sa mère de devenir première de classe, « son visage qui, un instant plus tôt, m'avait paru défait, était à présent rayonnant » (*DE* : 37). Lorsqu'elle remporte une médaille, l'auteure affirme que « ce que je n'oublierai jamais, c'est le visage de maman quand je lui revins avec cette récompense » (*DE* : 67). Inversement, l'un des pires chagrins de la fille, c'est le souvenir du « petit visage défait de [sa] mère, subitement devenu vieux et creusé par le chagrin qu'elle ne pouvait plus [lui] cacher » (*DE* : 241). À d'autres

---

10. Rose-Anna en vient également à ressembler à sa mère : « sans effort, comme si l'habitude fût déjà ancienne, elle esquissait, sur le bras de sa chaise, le même geste futile que sa vieille mère » (Roy, 1977 : 202). Mais dans le milieu pauvre qu'est celui des Lacasse, les mères ne transmettent à leur fille qu'impuissance, solitude, honte du corps. Dans le milieu un peu plus aisé, ou du moins plus ouvert, qui est celui de la famille de Christine, la mère, plus libre de rêver et de voyager, transmet cette liberté à sa fille. Voir Saint-Martin (1989).

moments, on la voit occupée à vouloir chasser, de ce visage, les marques de chagrin trop évidentes : « J'eus alors pour elle un geste caressant, de mes doigts cherchant à effacer de petites rides que je lui découvrais tout à coup au coin des yeux » (*RA* : 97).

Le passage le plus remarquable du genre – ils sont trop nombreux pour qu'on les cite tous – révèle à quel point le visage de la mère s'assimile à un texte à déchiffrer, combien, donc, le rapport mère-fille s'inscrit dans l'axe de l'interprétation et de la lecture. À un moment, Gabrielle Roy lit le visage de sa mère tout comme elle lirait un texte :

> Mais alors que le visage de maman, penchée sur moi, se trouva tout proche du mien, je pus y *voir, comme à la loupe*, la fatigue de sa vie, *la marque* des calculs, *le griffonnage* laissé par les veillées de raccommodages, et ce fut plus que je n'en pouvais supporter (*DE* : 35 ; je souligne).

Nous verrons aussi, plus loin, combien la fille recherche la voix et le visage perdus de la mère disparue. Ainsi, le visage de la mère (métonymie du corps entier dans ce texte pudique) devient le corps même du texte de sa fille.

Le corps-texte de la mère

Rue Deschambault s'inscrit sous le signe de la proximité physique mère-fille. Dans la nouvelle « Pour empêcher un mariage » se côtoient le voyage, la lecture et le contact avec la mère. Éveline et Christine traversent les Prairies ensemble, en train. Celle-ci ne retient, du pays, que des lettres saisies au passage sur le devant des petites gares obscures, de « hautes lettres écrites en noir sur les tours de blé » (*RD* : 49), un village dont elle n'a saisi que le nom « déchiffré à la clarté d'une lumière perdue » (*RD* : 50). La problématique de la lecture et celle du contact avec la mère se rejoignent. Se multiplient les marques de proximité physique :

> Maman m'avait enveloppée de son manteau (*RD* : 50).

> [...] maman effleurait ma joue de sa main (*RD* : 50).

> Et sans doute maman me porta dans ses bras jusqu'au train (*RD* : 51).

> [...] bien maintenue par maman qui me serrait à la taille (*RD* : 53).

> [...] elle avait l'air de ne pas aimer aujourd'hui que je m'éloigne d'un pas (*RD* : 54).

Plus tard, dans le train de retour, Éveline tente d'empêcher Christine de voir les couples qui dansent : « Elle mettait sa main sur mes yeux pour m'engager à les fermer, peut-être pour m'empêcher de voir les danseurs. Mais à travers ses doigts je voyais les ombres sur le mur... » (*RD* : 55). On ne peut dire plus clairement que la fille voit le monde à travers la mère, que sa vision du monde est déterminée, pour le meilleur et pour le pire[11], par la proximité de celle-ci. De même, à la dernière page de son dernier ouvrage, l'auteure, âgée de plus de soixante-dix ans, revient sur la vision du monde que lui a transmise sa mère (morte depuis une quarantaine d'années déjà), vision qui est à la source de son écriture :

> Mais du moins alors je serais happée entière par le sujet, aidée et soutenue par tout ce que j'aurais acquis de ressources, de connaissances de l'humain et par la solidarité avec mon peuple retrouvé, *tel que ma mère, dans mon enfance, me l'avait donné à connaître et à aimer* (DE : 505 ; je souligne).

Le paysage aussi évoque le corps de la mère. L'attirance qu'éprouve Éveline pour ses « petites collines » est clairement liée à son désir de retrouver la mère disparue. Le grand-père est identifié à la grande plaine rase (RA : 190), tandis que

> de ce paysage laissé en arrière à l'origine de notre famille [les collines du Québec], il fut grandement question toujours, comme si persistait entre nous et les collines abandonnées une sorte de relation mystérieuse, troublante, jamais tirée au clair (RA : 190).

Ces « collines abandonnées » ont donc partie liée avec le corps de la mère, et ce n'est pas un hasard si, aussitôt dans les hauteurs, Christine interroge sa mère au sujet de la grand-mère (RA : 224) ; ce n'est pas un hasard non plus si Christine dit de sa mère que « c'était depuis la réapparition de collines dans nos vies que je lui connaissais cette attention bouleversante aux voix venues du passé » (RA : 218-219). Lorsque les petites collines se rapprochent, mère et fille s'y trouvent « complètement enfermées » (RA : 202), comme dans le corps de la mère ; si Éveline, très âgée alors, devient subitement jeune, c'est à coup sûr parce qu'elle y retrouve le contact avec sa mère[12]. Au cours d'un autre voyage, les collines, moins hautes, moins belles, font l'impression pénible que laisse « d'un visage aimé une photographie imparfaite » (RA : 247), dernière preuve que les collines, le corps et le visage de la mère, sont inextricablement liées.

Les collines inspirent à Éveline une « tendre mélancolie » (RA : 224), tandis que chez Christine le souvenir de la mère se teinte à la fois de culpabilité et de gratitude :

---

11. Généralement, dans les écrits de Gabrielle Roy, la sexualité est liée à la honte. La volonté de chasser l'image des danseurs enlacés traduit une pudeur peut-être exagérée.
12. Le rapprochement est plus explicite dans *De quoi t'ennuies-tu, Éveline ?* ; on y lit que « [c]es collines de nuit rappelèrent à Éveline le visage de sa vieille mère » (É : 41).

> *Et je pense bien que cette hâte où j'étais de ce que je deviendrais m'a caché tout le reste.*

Ma mère déclina très vite. Sans doute mourut-elle de maladie, mais peut-être aussi un peu de chagrin comme en meurent au fond tant de gens (*RA* : 255).

Cette phrase est tout à fait remarquable par la multiplication des modulations qui précèdent le mot « chagrin » et en retardent la venue, comme si la narratrice osait à peine le prononcer. Aussitôt l'aveu fait, la suite de la phrase, notamment un « au fond » qui a fonction d'échappatoire, vient ajouter une généralité rassurante, une tentative de justification par la banalisation, bref une forme de désaveu. Le mot clé, « chagrin », est noyé dans d'autres mots, comme dans l'espoir qu'il passera inaperçu. Bel exemple de tentative de dilution, par l'abondance, de la gravité de l'énoncé.

« Une voix pour s'exprimer »

Quand elle évoque les ressemblances entre sa mère et elle-même, Éveline dit : « Chaque jour, à présent, en vivant ma vie c'est comme si je lui donnais une voix pour s'exprimer » (*RA* : 227). En tant que fille, Éveline reçoit pour mission de donner une voix à sa mère. Simultanément, en tant que mère, elle inspire à sa fille le désir d'écrire. Elle est le modèle premier de l'artiste, et la source de toute écriture. C'est en envisageant la question sous l'angle de la femme et de l'écriture que l'on voit le plus clairement comment la fille vit la réciprocité et donne à sa mère « une voix pour s'exprimer ».

Le principal sujet de l'auteure, dans les ouvrages autobiographiques, est la relation mère-fille. La vie de la grand-mère et celle de la mère sont au cœur de ces récits ; elles survivront grâce à eux. Mais toujours, c'est la fille qui raconte. Comme l'écrit Marianne Hirsch à propos de Colette et de Virginia Woolf :

> La voix de la fille-artiste sert d'intermédiaire au discours de la mère défunte. La mère elle-même ne s'exprime pas en tant que sujet et la femme-artiste écrit ou peint comme une fille et non comme une mère (1989 : 118 ; traduction libre).

La mère demeure l'objet du désir et du discours de la fille, elle ne parle pas pour son propre compte. La fille lui donne une voix, la mère ne prend pas cette voix en charge. C'est particulièrement vrai de l'autobiographie et des récits les plus anciens. Dans *Rue Deschambault* et dans *La route d'Altamont*, la mère et la fille, le « elle » et le « je », sont toutes deux importantes, mais l'accent est mis sur Christine en tant que narratrice, sur son évolution et ses états d'âme.

Avec *De quoi t'ennuies-tu, Éveline ?*, on observe un changement radical. La mère ne raconte pas sa propre histoire, mais le « je » de Christine disparaît, et les pensées et actions d'Éveline prennent l'avant-plan. C'est comme si la fille avait donné à la mère plus de liberté, un espace narratif à elle[13]. Le titre associe clairement le livre à Éveline, et la question qu'il pose met l'accent sur sa subjectivité. Le livre pourrait bien être lui-même la réponse à cette question.

Les premières sections de *De quoi t'ennuies-tu, Éveline ?* soulèvent un problème narratif extrêmement révélateur du lien mère-fille tel qu'il s'exprime dans l'écriture. Une narratrice omnisciente et anonyme (mais nous savons, en raison d'une évidence extratextuelle, qu'il ne peut s'agir que de Christine étant donné qu'Éveline est la mère de cette narratrice) raconte l'histoire d'une « aventure » que sa mère a connue. Le récit débute ainsi : « Dans sa vieillesse, quand elle n'attendait plus grande surprise ni pour le cœur ni pour l'esprit, *maman* eut une aventure » (*É* : 11 ; je souligne). Un tel incipit ébranle les certitudes en matière de lecture. Habituellement, un récit est raconté à la première personne (« j'eus une aventure ») ou à la troisième personne (« Éveline eut une aventure »). Les formes hybrides, quoique rares, ne sont toutefois pas sans précédent. Le « nous » (« Nous étions à l'étude, quand le Proviseur entra ») sur lequel s'ouvre *Madame Bovary* (Flaubert, 1951 : 327) disparaît tout aussi rapidement que le « maman » de *De quoi t'ennuies-tu, Éveline ?* L'incipit de Flaubert n'est, lui aussi, qu'une exception à la règle générale de la première et de la troisième personnes ; à ce titre, il a d'ailleurs suscité quantité de commentaires critiques.

La première question que l'on se pose – la maman de qui ? – attire donc notre attention sur l'instance narrative. Qui parle ? Christine, manifestement. Mais elle ne joue aucun rôle dans le récit. Dans la première lexie, qui ne compte que deux pages, la protagoniste est désignée deux fois encore par « maman » et une fois par « Éveline ». Dans la deuxième lexie, « Éveline » a définitivement remplacé « maman ». Mais le pronom « nous » apparaît encore à la fin de cette lexie pour désigner les enfants d'Éveline : « [E]lle s'assit pour nous écrire à chacun une lettre hâtive où elle annonçait comme une enfant son escapade vers la Californie » (*É* : 15). Puis, la narratrice s'efface et l'histoire est racontée de manière classique à la troisième personne. Dès la première page, on voit que seule Éveline a de l'importance ici ; alors pourquoi « maman » au lieu de « Éveline » ? À mon avis, l'utilisation du terme « maman » (qui est plus tendre que « ma mère ») et de la première personne crée une complicité entre la narratrice et Éveline, et donc entre Éveline et le lecteur ou la lectrice. C'est un peu comme si la narratrice disait : même si je ne suis pas là, c'est de ma mère qu'il

---

13. Une autre lecture, moins idyllique, est possible : peut-être l'espace narratif est-il insuffisant pour accommoder la mère et la fille adulte sans les conflits qui se font jour à la fin de *La route d'Altamont* et qui se résolvent par la mort de la mère.

s'agit, aimez-la en conséquence. Les premières pages du récit confèrent à l'ensemble une chaleur qu'il n'aurait pas autrement.

Par rapport à *Rue Deschambault* et à *La route d'Altamont*, cette forme narrative nous rapproche de la mère et crée, simultanément, une plus grande distance. La distance naît de l'utilisation de la troisième personne et du passé simple, et de la disparition de la fille commentatrice et témoin. Mais, en même temps, nous sommes plus près de la mère que jamais. La fille-narratrice fait un effort conscient pour *deviner* la mère, pour redécouvrir ses pensées et ses sentiments et, finalement, pour *devenir* elle, pour *parler avec sa voix*, plutôt que de lui en imposer une. En réalité, la distance entre les deux s'abolit presque entièrement. Éveline a l'habitude de dire qu'elle s'est rapprochée enfin de sa mère (« [D]evenue elle, je la comprends » [*RA* : 226]) ; Christine connaît elle aussi ce transfert d'identité. À la fin, la fille-narratrice permet à la mère-personnage de voyager seule, au sens propre (Éveline se rend seule en Californie, alors qu'auparavant, elle avait toujours voyagé avec Christine) comme au sens figuré (son voyage occupe toute la scène narrative). C'est une nouvelle étape franchie en vue de confier à la mère un espace narratif et une voix qui lui sont propres.

Au même moment et de la même façon – ce n'est sûrement pas un hasard–, Éveline tente de redécouvrir la voix de sa mère. Les collines que parcourt l'autocar évoquent pour Éveline « le visage de sa vieille mère » (*É* : 41) et elle sent monter en elle l'urgence de raconter une histoire la concernant : « Et ce souvenir devint si présent en elle, la pressa tant de lui donner vie, qu'Éveline éleva un peu la voix » (*É* : 41). Le souvenir de la mère s'agite en Éveline comme un enfant qui cherche à naître ; la naissance (de la fille, du récit) et la voix se liguent une fois de plus. Par un effort d'imagination, Éveline, comme Christine, essaie de se mettre à la place de sa mère et de penser comme elle (« je me demande si de tous les paysages qu'elle avait vus, ce n'est pas celui-là seul qui lui est revenu à la veille de sa mort » [*É* : 41]). Son conte débute ainsi : « Ma mère, pas un seul instant de sa vie dans les plaines, je pense, n'a oublié le contour, le visage perdu de ses collines » (*É* : 41). Le mot « mère » en position initiale forte (qui fait écho à l'utilisation par Christine du mot « maman »), les possessifs affectueux (« ma », « ses »), les efforts qu'Éveline fait bien humblement dans le but de retrouver et de revivre les réflexions de sa mère (« je me demande », « je pense » et non « je sais », « je suis certaine »), tout cela rappelle et réactualise la volonté de faire entendre une voix de mère. *De quoi t'ennuies-tu, Éveline ?* constitue donc, pour deux filles de génération différente, une remarquable tentative pour redécouvrir la voix effacée de la mère, son « visage perdu ». Même si, selon les termes de Hirsch (1989), la mère ne parle pas (Éveline parle en tant que fille, bien qu'elle soit aussi mère), Gabrielle Roy va très loin dans sa tentative de retrouver l'écho de sa voix.

Christine/Gabrielle donne rétroactivement à la mère/conteuse le statut d'écrivaine. En même temps, grâce à sa propre écriture, elle confère un sens à la vie de sa mère, la « lit » et, jusqu'à un certain point, la crée. Mais cette lecture de la vie de la mère par la fille n'est pas exclusive à Christine ; Éveline se voit aussi comme une médiatrice entre sa mère âgée et le monde extérieur. Elle s'efforce de faire comprendre à ses enfants que leur grand-mère était exceptionnelle :

> — Vous savez qu'elle fut considérée en son temps comme une très belle femme ?
> [...] aux yeux brillants avec d'abondants cheveux noirs jais. Et quelle démarche !
> Et sa mémoire, donc ! [...] C'était un être remarquable, dit maman (*RA* : 36).

Quand les petits-enfants n'arrivent pas à comprendre leur grand-mère et à l'apprécier à sa juste valeur, Éveline intervient : « Car c'était à présent comme si grand-mère eût besoin d'elle à nous d'un interprète, et nul ne fut meilleur en ce rôle que maman » (*RA* : 49). Éveline « interprète » les mots de sa mère à la fois au sens propre (la vieille femme parle si bas que personne d'autre ne la comprend) et au sens figuré (elle les amplifie quand ils semblent insignifiants et explique leur sens caché). Le mot « interprète » suggère l'idée de passage ou de traduction, et confère à Éveline un statut actif, un statut d'artiste. Le mot évoque aussi l'acte de lire et de donner du sens : interpréter un geste, un texte ou une vie. La fille-interprète de la vie d'une mère devient ainsi une artiste de plein droit ; inversement, tant qu'elle n'a pas été lue et interprétée par la fille, la vie de la mère n'est pas complètement achevée.

Dans les discussions avec son frère Cléophas, Éveline prend le parti de la mère et tente de la justifier après coup. Les yeux fermés, elle laisse monter en elle-même la voix de la mère : « Maman avait l'air d'être à l'écoute de quelqu'un d'invisible, une âme disparue peut-être et qui ne cessait pas pour autant de tâcher de se faire entendre » (*RA* : 218). Christine elle-même, à son tour, deviendra l'interprète de sa mère : « Pourtant, dis-je, m'entendant parler comme à la place de maman » (*RA* : 220). C'est elle la grande confidente de sa mère, comme en témoignent des passages comme celui-ci :

> Et tout à coup, sur le pont *maman me dit* qu'elle aimerait pouvoir aller où elle voudrait, quand elle voudrait. *Maman me dit* qu'elle avait encore envie d'être libre ; *elle me dit* que ce qui mourait en dernier lieu dans le cœur humain ce devait être le goût de la liberté ; que même la peine et les malheurs n'usaient pas en elle cette disposition pour la liberté... *Maman me parlait* assez souvent de telles idées (*RD* : 88 ; je souligne).

La fille est donc l'interlocutrice privilégiée de sa mère ; elle rend l'écho de sa voix en discours indirect, tout en insistant sur l'acte même de l'énonciation qui ne s'adresse qu'à elle.

Ailleurs, Éveline recrée des discussions qui ont eu lieu entre sa mère et elle, en jouant les deux rôles :

> À cela grand-mère aurait répondu [...] : « Mes légumes, vous serez peut-être contents d'en avoir ». Puis quelque chose d'autre comme : « Ça me regarde... » que maman nous rapporta *en prenant la voix même de grand-mère*, pour ensuite *reprendre la sienne propre* et dire : « Il me semble que ça me regarde aussi... » (*RA* : 35 ; je souligne).

Ce mouvement fluide des deux voix, celle de la mère et celle de l'enfant – on retrouve une fois de plus le « va-et-vient » d'Irigaray –, souligne le rôle que tient la fille dans la mise au monde de la mère. Là encore, la voix de la mère, bien qu'elle se fasse jour par l'entremise de la fille, lui appartient en propre (« la voix même de grand-mère »). Plutôt que d'imposer sa propre voix à sa mère, la fille fait en sorte de faire entendre la voix de la femme mûre. Même l'apparente confusion syntaxique de certains passages reflète ce que Chodorow (1978) appelle les frontières perméables du « moi » féminin :

> « Cessez donc aussi de vous faire tant d'inquiétude pour moi », maman nous dit que sa mère lui avait dit, à quoi la mienne avait répondu à la sienne : « Ah, maintenant, il ne faudrait pas se faire d'inquiétude ! » (*RA : 35*).

La confusion possible (« maman », « sa mère », « la mienne », « la sienne »), voire une certaine lourdeur, aurait pu aisément être évitée grâce à l'emploi du vocable « grand-mère » ; Gabrielle Roy a choisi plutôt une fusion entre la première personne et la troisième, entre la situation de la mère et celle de la fille, entre une voix et une autre qui lui fait écho.

L'art du récit au féminin

Christine, qui a pour mère une raconteuse d'histoires, raconte à son tour l'histoire de sa mère. Très tôt, la mère communique à sa fille le désir d'écrire :

> C'était pourtant sa faute si j'aimais mieux la fiction que les jours quotidiens. Elle m'avait enseigné le pouvoir des images, la merveille d'une chose révélée par un mot juste et tout l'amour que peut contenir une belle et simple phrase (*RD* : 221).

Même si elle s'oppose, pour des raisons financières, à ce que Christine devienne écrivaine, Éveline demeure la première source d'inspiration et une conteuse remarquable (alors que le père a en horreur le moindre enjolivement des faits) :

> Je ne l'ai jamais vue sortir de la maison, ne serait-ce que pour aller au potager cueillir des légumes pour la soupe et, en passant, parler à la voisine par-dessus la clôture, sans revenir avec quelque petite « histoire » à raconter, chaque détail à sa place et la place importante accordée à ce qui importait et qui était une surprise

toujours. [...] Elle a été la Schéhérazade qui a charmé notre longue captivité dans la pauvreté (*DE* : 142-143).

Dans l'enfance, les histoires de la mère ravissent la fille, qui décide de lui rendre la pareille. À la fin de *La route d'Altamont*, Christine, qui vit alors en Europe, envoie à sa mère de petites nouvelles que cette dernière apprécie vivement : « Pourtant ce n'était rien en regard de ce que je ferais pour elle, si seulement elle m'en donnait le temps » (*RA* : 254)[14]. Ici, l'écriture est un don transmis de la mère à la fille et ensuite de la fille à la mère, lectrice première et idéale.

La figure puissante de la mère/conteuse permet à Gabrielle Roy de présenter son art de l'écriture. Créatrice authentique, la mère pratique un art suggestif et subtil qui repose sur le pouvoir de l'image. L'authenticité et l'émotion sont les qualités d'un beau récit : « [C]e qui faisait une bonne histoire, propre à saisir le cœur, elle commençait à bien le saisir maintenant, c'était malgré tout la vérité : vérité des personnages, vérité des lieux, vérité des événements » (*É* : 75). Bref, la vie quotidienne transformée par la grâce des mots.

C'est donc de la mère que vient non seulement le désir de faire des récits, mais aussi la manière, la forme. C'est elle qui fait comprendre à Gabrielle la nécessité de renouveler chaque fois la manière de raconter ; qui lui a appris aussi « qu'un récit ne peut être retenu quand il est prêt, qu'il ne faut cependant jamais non plus le brusquer, mais lui laisser tout le temps d'éclore naturellement » (*É* : 151-152). Bien plus que dans *La montagne secrète*, où il est ouvertement question de création artistique, c'est dans les écrits autobiographiques que s'exprime l'art d'écrire de Gabrielle Roy, art profondément associé à la figure maternelle.

Le chef-d'œuvre d'Éveline est une histoire vraie qu'elle racontera tout au long de sa vie :

> Ce vieux thème de l'arrivée des grands-parents dans l'Ouest, ç'avait donc été pour ma mère une sorte de canevas où elle avait travaillé toute sa vie comme on travaille à une tapisserie, nouant des fils, illustrant tel destin. En sorte que l'histoire varia, grandit et se compliqua à mesure que la conteuse prenait de l'âge et du recul (*RA* : 214).

L'art de la conteuse est ici comparé à la tapisserie, art séculaire généralement associé aux femmes. La mère utilise les matériaux les plus éculés (« ce vieux thème »), mais en fait du neuf chaque fois. Toute sa vie, elle demeurera fidèle à cette histoire, qui évolue en même temps qu'elle. Son sujet, c'est la vie de ses

---

14. *Bonheur d'occasion* porte la dédicace suivante : « À Mélina Roy ».

parents, autrement dit les liens entre les gens (« nouant les fils ») ; une fois de plus, la théorie de Chodorow (1978) sur les aptitudes relationnelles des femmes s'impose. Le récit d'Éveline est une œuvre d'art que Christine reprendra à son compte et transmettra à son tour, le moment venu[15] ; la vision féminine transfigure la vie quotidienne et tisse une tapisserie fine à partir des petits événements de la vie de tous les jours. Le véritable art d'écrire est perçu ici comme féminin et hérité de la mère.

Comme la « tapisserie » que forme le récit d'Éveline, une bonne histoire fait ressortir les liens entre les êtres humains. Ainsi, dans *De quoi t'ennuies tu, Éveline ?*, les autres passagers de l'autocar, à entendre les récits de la vieille femme, se remémorent leur passé :

> Et cette journée se passa en anecdotes, en *échanges* de souvenirs, en contes que chacun *retrouvait* miraculeusement dans sa mémoire et qui *lièrent* encore plus étroitement que la veille ces gens que le hasard avait *réunis* (É : 34 ; je souligne).

Liens, fils, écheveau, tapisserie, autant de métaphores de la création maternelle, création qui rapproche, unit, jette des ponts.

La spirale et les contraires réunis

Chose curieuse dans des récits où il est question de filiation et de fusion, les grandes figures qui sous-tendent les écrits autobiographiques de Gabrielle Roy sont des figures d'opposition : dichotomies, paradoxes, oxymores. Faut-il en conclure qu'elles forment un réseau qui mine en quelque sorte le propos explicite de l'auteure et va à l'encontre de la fusion ? Je prétends au contraire que la figure multiple de la mère les réunit toutes. D'autres critiques ont certes signalé la présence de paradoxes, comme le désir simultané de départ et d'enracinement (LeGrand, 1965 ; Ricard, 1975) ; je proposerai, de l'ensemble de ces figures, une nouvelle interprétation fondée sur la théorie de l'écriture au féminin.

Tout au long du cycle autobiographique chez Gabrielle Roy se présentent donc quantité d'*oppositions binaires* construites puis déconstruites :

> [...] on en [fut], à propos de ma grand-mère, à parler à la fois de *vieillesse* et de *deuxième enfance* (RA : 48).

> [...] son *vieux* désir retrouvé un instant si *jeune*, si lancinant (RA : 192).

> [...] je la trouvai, *jeune* encore [sur] [c]ette *vieille* photo (RA : 56).

---

15. Toute sa vie, Gabrielle Roy a elle-même travaillé de façon sporadique à un vaste roman sur la colonisation de l'Ouest canadien, fondé sur l'enfance de sa mère (Ricard, 1975 : 112-113).

[...] qui expliquera ce phénomène tout aussi plein lui-même de mystère que celui de la *vie*, que celui de la *mort* dans un cercueil (*RA* : 68).

[...] Ça doit être *vieux* aussi...

— Mais non, toujours *jeune*, au contraire.

— Ah !

— Le monde est *jeune*, m'apprit-il.

— Ah !

Je n'en revenais pas, moi qui avais toujours entendu et répété l'expression : *vieux comme le monde* (*RA* : 86 ; je souligne).

Le titre de l'autobiographie est également à ranger dans cette catégorie, où domine toutefois l'opposition jeunesse/vieillesse. Nous verrons les raisons de son omniprésence.

S'observent aussi nombre d'*oxymores*, du genre : « Ah, le doux chagrin que lui causait Majorique, ah, la peine éblouissante » (*É* : 88). Abondent enfin les *paradoxes* :

[...] à la voir, elle qui était certainement très *vieille*, tous paraissaient *rajeunis* (*É* : 35).

[...] qu'y a-t-il dans l'existence de plus *vrai* qu'un *mirage*... (*É* : 50).

Pourquoi [les enfants] qui ont encore *tout le temps* devant eux, se sentent-ils un tel besoin de *se dépêcher* ? (*RA* : 104).

— L'éternité des temps, c'est *quand on meurt* ?

— Mais non, c'est *la vie qui ne finit plus* (*RA* : 110).

[...] très *curieuses* étaient nos relations – et pourtant n'étaient-elles pas infiniment *claires* ? (*RA* : 105 ; je souligne).

Comment rendre compte de l'omniprésence de ces figures ? L'opposition qui sous-tend toutes les autres, le va-et-vient sur lequel repose tout le cycle autobiographique, c'est l'opposition mère-fille[16]. Sauf que, comme nous l'avons vu, cette opposition est déconstruite du fait que les frontières entre les deux rôles sont mobiles : chacune est tantôt la mère, tantôt la fille. C'est dans et par la mère que se rejoignent jeunesse et vieillesse, et, plus tard (lors du voyage

---

16. On pourrait montrer, je crois, que monsieur Saint-Hilaire - personnage autour duquel émergent nombre de ces oppositions et de ces paradoxes - est une figure à ranger du côté de la mère, et qui a pour Christine une tendresse et des soins maternels. Le voyage qu'ils font ensemble jusqu'au lac Winnipeg, Éveline rêve de le faire depuis des années. M. Saint-Hilaire, plus libre, prend en quelque sorte le relais de la mère, surchargée de travail.

d'Éveline en Californie), vie et mort. Ainsi, les oppositions s'atténuent, les paradoxes se dénouent. Le monde – comme la mère – est jeune et vieux à la fois ; on se laisse éblouir, en même temps, par la joie et par le chagrin. Voici un exemple de ces paradoxes dénoués : « [L]e lac qui faisait entendre son bruit particulier gardait cependant aussi le silence » (*RA* : 115). Christine se demande « [c]omment concilier cela, cette impression d'un murmure infatigable et en même temps de silence ? Évidemment, je n'y suis pas encore arrivée » (*RA* : 115).

Ailleurs, Christine ressent « je ne sais quelle confusion à propos des âges, de l'enfance et de la vieillesse, dont il me semblait que jamais je ne m'en tirerais » (*RA* : 52). Plus tard, elle comprendra qu'il n'y a pas à s'en tirer. Au contraire, ce qui semble être une confusion, donc une faute de logique, est en réalité une façon plus complexe, plus complète aussi, de voir la vie. Dans la figure de la mère se concilie l'apparemment inconciliable.

Revient même, dans les textes, une figure qui traduit explicitement les contraires réunis. Il s'agit de la spirale, qui réconcilie le début et la fin, la vie et la mort :

> — La fin, le commencement... Et si c'était la même chose au fond ! [...] Peut-être que tout arrive à former un grand cercle, la fin et le recommencement se rejoignant (*RA* : 121).

> C'était l'avenir, dit maman ; maintenant, c'est notre passé (*RA* : 217).

> Tous les moments de la vie s'échangeaient parfaitement, songea Éveline, le passé et le présent, son enfance et celle du petit Frank (*É* : 83).

Cette figure caractéristique du cycle trouve son illustration la plus concrète lors de l'enterrement de Majorique (dont la mort, contre toute attente, ne correspond pas à une séparation mais à des retrouvailles) :

> Le cortège s'échelonnait à des niveaux successifs et tournait un peu sur lui-même au gré de la petite route en spirale. Ainsi, à un moment la tête et la queue de la procession furent presque vis-à-vis (*É* : 91).

À la toute fin du dernier texte de fiction qu'a publié Gabrielle Roy, la boucle est bouclée, le cercle se referme. Le début et la fin, la vieillesse et la jeunesse, le passé et le présent sont ainsi conciliés. Autour de la figure maternelle prend forme la « petite ronde » (*RA* : 207) de la vie. Figure de rapprochement et d'unité, la spirale illustre on ne peut mieux le « va-et-vient » de l'énonciation féminine que nous avons décrit plus haut.

Ainsi, on voit une fois de plus que le travail de Gabrielle Roy se rapproche, tant sur le plan stylistique que sur le plan thématique, de l'écriture au féminin, qui emprunte volontiers la figure de la spirale et déconstruit souvent aussi les oppositions binaires (Garcia, 1981 ; Lamy et Pagès, 1983). Les écrits de Gabrielle Roy – généralement considérés comme traditionnels et comme humanistes plutôt que féministes – apparaissent alors sous un éclairage nouveau. Une étude attentive de la syntaxe et de la rhétorique de Gabrielle Roy révèle tout un paysage maternel. Non seulement le propos explicite, mais aussi l'art du récit et même les figures du texte s'inspirent de la mère et retournent vers elle. On est en droit, dès lors, de parler de textes *matricentriques*.

S'il est vrai, comme l'affirme Luce Irigaray (1981 : 27), que repenser et changer la relation mère-fille « revient à ébranler l'ordre patriarcal », une lecture au féminin des écrits même anciens de Gabrielle Roy en révèle la modernité à la fois thématique et formelle. L'auteure montre de quelle manière des générations de femmes, artistes de plein droit, communiquent leur force et leur créativité à leurs filles. Christine/Gabrielle devient une artiste, comme sa grand-mère[17], une écrivaine, comme sa mère. Autrement dit, une *généalogie* au féminin donne lieu ici à une *stylistique* au féminin, à un art du récit totalement associé à la mère.

RÉFÉRENCES

Chodorow, Nancy (1978). *The Reproduction of Mothering : Psychoanalysis and the Sociology of Gender*. Berkeley : University of California Press.

Flaubert, Gustave (1951). *Œuvres I*. Paris : Gallimard.

Freud, Sigmund (1969). *La vie sexuelle*. Traduit de l'allemand par Denise Berger. Paris : Presses universitaires de France.

Garcia, Irma (1981). *Promenade femmilière, recherches sur l'écriture féminine*. Paris : Éditions des femmes.

Gilligan, Carol (1982). *In a Different Voice : Psychology and Women's Development*. Cambridge : Harvard University Press.

Hirsch, Marianne (1989). *The Mother/Daughter Plot : Narrative, Psychoanalysis, Feminism*. Bloomington : Indiana University Press.

Irigaray, Luce (1981). *Le corps-à-corps avec la mère*. Montréal : Éditions de la pleine lune.

Lamy, Suzanne et Irène Pagès (dir.) (1983). *Féminité, subversion, écriture*. Montréal : Éditions du Remue-ménage.

LeGrand, Albert (1965). « Gabrielle Roy ou l'être partagé », *Études françaises*, 1 (2) : 39-65.

Lejeune, Philippe (1975). *Le pacte autobiographique*. Paris : Seuil.

---

17. On se souviendra que celle-ci fabrique une poupée merveilleuse qui fait s'écrier Christine : « Tu es Dieu le Père ! Toi aussi, tu sais faire tout de rien » (*RA* : 28).

Ricard, François (1975). *Gabrielle Roy*. Montréal : Fides.

Roy, Gabrielle (1955). *Rue Deschambault*. Montréal : Beauchemin.

Roy, Gabrielle (1966). *La route d'Altamont*. Montréal : HMH.

Roy, Gabrielle (1977). *Bonheur d'occasion*. Montréal : Stanké.

Roy, Gabrielle (1978). *Fragiles lumières de la terre*. Montréal : Quinze.

Roy, Gabrielle (1984a). *De quoi t'ennuies-tu, Éveline ?, suivi de Ély ! Ély ! Ély !* Montréal : Boréal Express.

Roy, Gabrielle (1984b). *La détresse et l'enchantement*. Montréal : Boréal Express.

Saint-Martin, Lori (1989). *Malaise et révolte des femmes dans la littérature québécoise depuis 1945*. Québec : GREMF.

Saint-Martin, Lori (1990). « Gabrielle Roy : The Mother's Voice, The Daughter's Text », *American Review of Canadian Studies*, 20 (3) : 303-325. (Version française : « Mère et monde chez Gabrielle Roy », dans Lori Saint-Martin (dir.), *L'autre lecture : la critique au féminin et les textes québécois*, t. 1. Montréal : XYZ, 1992, 117-137.

À la recherche d'une voix : les premiers récits de Gabrielle Roy

Cynthia T. Hahn

> *Je me suis cherchée assez longtemps et, à vrai dire, je me cherche toujours. Se trouve-t-on jamais totalement ?*
>
> (Roy dans Beaudry, 1968-1969 : 5)

Dans son autobiographie, *La détresse et l'enchantement*, Gabrielle Roy constate qu'il est « bien difficile de découvrir le son de sa propre voix » (1984 : 141). Entre 1937 et 1945, pendant ses années de formation qui ont précédé la parution de *Bonheur d'occasion*, cette auteure s'est fait la main avec le récit court afin de parvenir à un style d'écriture qui saurait communiquer « sa propre voix », sa vision particulière du monde. La diversité des genres essayés caractérise cette période de formation. Parmi les premiers textes publiés figurent des pièces de théâtre, des anecdotes de voyage, des nouvelles et des reportages. Le ton de ces textes varie du comique au sérieux et l'auteure s'exprime en français et en anglais. L'emploi des voix narratives diverses à la première, deuxième et troisième personnes aussi bien que l'emploi de points de vue variés (la vision intérieure et la vision omnisciente) s'ajoutent à la diversité thématique structurelle et linguistique de ces premières publications.

Dans cette quête d'une voix qui exprimerait sa propre vision, Gabrielle Roy elle-même reconnaissait l'importance de l'élément autobiographique dans son œuvre. Elle constatait, dans sa dernière interview, que ses textes écrits à la première personne exprimaient le mieux son vécu personnel et établissaient un lien plus ou moins développé entre la voix de la narratrice et la perspective personnelle de l'auteure. Ainsi remarquait-elle :

> Dans certains cas, il était indispensable d'utiliser la première personne dans mon œuvre. Par exemple, dans *Rue Deschambault*, si j'avais écrit à la troisième personne, je n'aurais pas pu communiquer la réalité de ma vie au lecteur. Le fait d'utiliser la première personne dans ma narration donne plus d'authenticité à mon ouvrage (Delson-Karan, 1988).

La perspective régienne du monde exprimée à travers la narratrice-personnage (porte-parole de l'auteure) dans certains textes plus ou moins autobiographiques à la première personne établit un portrait littéraire (ou tout au moins
une esquisse littéraire) de cette « voix » d'auteure en formation. Nous discuterons plusieurs de ces narrations à la première personne parmi une cinquantaine
publiées entre 1937 et 1945. Cette démarche nous révélera certains éléments
de l'écriture régienne, caractéristiques de cette voix particulière recherchée par
l'auteure.

En examinant les fonctions de la narratrice qui apparaît souvent comme
personnage secondaire (et parfois principal) dans ces textes, nous reconnaîtrons
une première étape dans l'évolution de l'écriture régienne vers la construction
des portraits littéraires et l'expression d'une vision personnelle du monde. Ses
récits ultérieurs à la première personne, tels ceux de *Rue Deschambault* (1955),
La route d'Altamont (1966), *Ces enfants de ma vie* (1977), et *Cet été qui chantait*
(1972), montrent une narratrice-personnage principal dont le haut degré de
présence textuelle marque une deuxième étape dans l'évolution du portrait
littéraire personnel. L'autobiographie, dernière œuvre de l'écrivaine, constitue
une troisième étape dans son écriture, caractérisée par une fusion de la narratrice-personnage principal et de l'auteure dans le but de construire par l'écriture un portrait authentique de la vie et de la vision personnelles de l'auteure
Gabrielle Roy.

Avant d'examiner par ordre chronologique les trois genres à discuter, à
savoir le reportage, l'anecdote et la nouvelle, il serait avantageux de préciser
quelques limites à notre discussion. Notre étude exclut les textes qui n'ont pas
de voix narrative s'exprimant explicitement à la première personne, puisque
nous avons déjà reconnu le lien important pour Roy entre l'expression du vécu
personnel et la présence du pronom personnel « je ». Deuxièmement, nous
mettrons de côté tout texte qui ne se construit pas à partir d'une histoire.
Genette reconnaît que l'histoire du texte (la diégèse) et la narration (le commentaire extra-diégétique fait par un narrateur) construisent un récit, c'est-à-
dire un tout (1972 : 72). Il est préférable, dans cette discussion, de traiter les
récits homodiégétiques (1972 : 202) de cette période dans son écriture, puisque ces récits contiennent les portraits littéraires les plus achevés des premiers
textes. La restriction à une seule histoire ou groupe de personnages par texte
permet à l'auteure de développer en même temps (et parfois très brièvement)
la voix narrative et ses rapports avec les personnages.

Un survol des premiers textes de Roy révèle une cinquantaine de récits où
apparaît une narratrice qui s'affirme dans le récit par l'emploi explicite de la
première personne. Parmi eux, des anecdotes de voyage en Europe, des nouvelles basées sur des souvenirs d'enfance, et des reportages (« story-articles ») qui

combinent un cadre documentaire journalistique et un récit d'expériences personnelles vécues à l'intérieur de communautés ethniques au Canada. Quatorze de ces récits appartiennent à la catégorie des courtes anecdotes sur la vie en France et en Angleterre, une publiée dans *La Liberté et le patriote* (1938), une autre dans *Paysana* (1939) et les autres dans *Le Jour* (de mai 1939 à mars 1940). Six autres parmi ces cinquante textes sont des nouvelles ou récits d'une certaine longueur (c'est-à-dire comptant plus d'une page chacun), trois publiés dans *La Revue moderne* (mars 1940, juillet et octobre 1941), deux publiés dans *Amérique française* (février 1945 et janvier 1946) et le dernier, « Un jardin au bout du monde », publié dans le recueil qui porte ce nom[1]. Les trente autres textes de ces premières narrations sont des reportages qui se trouvent dans *Le Bulletin des agriculteurs* et dans *Le Canada*. La plupart de ces articles font partie de séries consacrées à différentes communautés ethniques au Canada. Notre discussion portera d'abord sur les reportages, ensuite sur les anecdotes et se terminera par les nouvelles, genre qui se rattache le plus aux nouvelles à la première personne ultérieures à cette période de formation.

Les reportages

Les reportages où la narratrice manifeste sa présence par l'emploi des pronoms personnels à la première personne s'échelonnent sur une période qui va de février 1941 à mai 1945. Le premier groupe d'articles (avril, octobre et novembre 1941) ne constitue pas une série. Le deuxième groupe (novembre 1942 à mai 1942) appartient à la série « Ici l'Abitibi ». Le troisième groupe (novembre 1942 à mai 1943) inclut des articles des deux séries « Peuples du Canada » et « Regards sur l'Ouest ». Cette dernière série contient les seuls reportages à la première personne publiés par Roy dans *Le Canada*, les autres ayant paru dans *Le Bulletin des agriculteurs*. Le dernier groupe d'articles appartient à la série « Horizons du Québec ». Seuls les articles contenant une diégèse et une narratrice qui se présente à la première personne seront traités dans cette étude. En nous limitant aux textes qui incorporent une diégèse, nous discutons ceux qui participent le plus à la formation de la voix fictive de l'auteure étant donné qu'ils établissent des rapports entre la narratrice en tant que personnage et les gens qu'elle décrit[2].

---

1. Roy explique, dans la préface à ce volume, que ce récit, comme plusieurs qui y figurent, avait été rédigé bien avant 1975. Son thème du déplacement des immigrés ayant quitté leur pays natal suppose que Roy aurait pu le commencer pendant sa carrière de journaliste ou au moins avait tiré son inspiration de cette époque.
2. Pour une discussion détaillée des reportages ainsi que des anecdotes et nouvelles de cette période, voir notre thèse intitulée « Strategies of Self-Disclosure in the First Person Narratives of Gabrielle Roy » (1990).

Bien que le reportage en tant que genre ne soit pas d'habitude associé à la narration diégétique, dans les reportages de Gabrielle Roy, nous retrouvons certains textes qui représentent un mélange de ces deux types d'écriture. Dans la perspective la plus « objective », la journaliste procède à une enquête qui lui permet d'inclure des détails réels et des faits historiques dans le but de faire un portrait littéraire authentique d'une communauté ethnique au Canada. Pour la jeune journaliste, il était nécessaire de comprendre l'expérience collective de la communauté en question en étudiant l'histoire, la vie et la pensée de ses membres. Cette optique en plongée de l'observatrice-journaliste permettait à Gabrielle Roy de résumer les traits de tout un groupe, en décrivant sa vie quotidienne, et de donner ainsi une perspective collective vue à travers ses propres yeux et communiquée par les faits et paroles présentés. Elle adopte souvent la perspective de conteuse qui présente la réalité du groupe (telle qu'elle la comprend) d'un point de vue plus subjectif, à travers l'écriture d'un court récit fictif à l'intérieur du genre plus objectif du reportage. Il est évident que tout écrit comporte un point de vue qui ne peut être qualifié d'entièrement objectif. Or, nous remarquons que les reportages régiens écrits à la première personne démontrent une perspective plus subjective que ceux à la troisième personne, technique qui consiste à se rapprocher du sujet, dans une optique plus personnelle. La perspective de la narratrice (porte-parole de l'auteure) peut être identifiée dans les écrits plus objectifs, mais les portraits d'elle-même et des autres n'y sont pas tracés par une intervention d'ordre personnel comme ils le sont dans les reportages à la première personne.

Les reportages combinent un cadre factuel et documenté avec une interprétation artistique des expériences vécues à l'intérieur de diverses communautés ethniques à travers le Canada. De nombreux détails réalistes et des références vérifiables se mêlent aux portraits fictifs dans ces textes dont la majorité, selon l'auteure, « tenaient autant de la fiction que de la réalité » (Gagné, 1973 : 19). Gabrielle Roy les décrit dans *Fragiles lumières de la terre* comme des « portraits de communautés ethniques [...] d'un Canada presque déjà disparu » (1982a : 9). Se fondant sur la réalité, Roy expérimentait avec des portraits littéraires un peu plus développés dans ces narrations en général un peu plus longues que les anecdotes. Gagné constate que nombre de protagonistes des textes du *Bulletin des agriculteurs* sont des personnages réels que Roy a transformés par la suite en personnages de romans ou de nouvelles (1973 : 19). Beaudoin fait remarquer que l'importance de la présence de l'auteure dans ces textes réside non pas dans la profondeur ou la complexité littéraire des portraits, mais surtout dans ce que le processus de construction d'un portrait littéraire révèle sur la perspective de l'auteure en tant que narratrice-peintre : « Ce ne sont pas tant des êtres changeants [...] ni des réalités complexes, mais bien la conscience même qui, en les énonçant, se dénonce » (1979 : 91). Major affirme que la construction d'un portrait littéraire au moyen d'une comparaison avec sa propre expérience nous suggère la perspective d'une narratrice qui se définit par rapport à l'autre, ceci vu en partie à travers son choix de détails rapportés : « Cette attention aux êtres est aussi dépouillement et découverte de soi » (1982a : 35).

Dans ces reportages, l'identité de l'auteure et la voix de la narratrice se confondent. Dans certains cas, l'identité de l'auteure est même confirmée ; le « je » dans « Les pêcheurs de Gaspésie : une voile dans la nuit » est décrit par le pêcheur Elias comme « celle qui fait des contes » (1982a : 89). Dans « Le long, long voyage », la narratrice-observatrice définit ainsi son rôle : « [...] cette prodigieuse activité que je venais étudier et décrire [...] » (1945a : 8).

Dans certains textes, la narratrice intradiégétique (agissant dans l'histoire) reste en dehors de l'action principale ; elle figure en tant que personnage secondaire dont la fonction est d'observer et de raconter au narrataire. Dans d'autres, elle se transforme en narratrice homodiégétique, devenant le personnage central autour duquel d'autres personnages évoluent. Son expérience racontée (et surtout le rapport établi entre elle et les autres) atteint le même niveau d'importance narrative que l'expérience des autres qu'elle décrit ou cite. Donc, le degré varié de sa présence dans la diégèse détermine les fonctions présentes du « je », fonctions qui servent à qualifier la perspective de cette porte-parole de l'auteure et qui sont, selon la terminologie de Genette (1972 : 261-2), d'ordre idéologique, didactique, testimonial et phatique.

Puisque les sujets de ces reportages ont déjà été traités par Lewis (1984), Socken (1974) et Gagné (1973 : 38), parmi d'autres, et puisque la brièveté de cette discussion ne permettra pas une description détaillée de ces textes, nous ne ferons que relever quelques exemples textuels qui mettent en évidence certaines techniques littéraires caractéristiques du genre et de l'évolution du style et de la vision de Roy.

Les articles hors série ont en commun un changement de perspective ou d'attitude caractérisé par la figure de l'antithèse. Dans « Nos agriculteurs céramistes » (1941), cette figure se voit dans le contraste présenté entre l'image actuelle d'une ville et la projection par la narratrice d'une image de ville idéale dans l'avenir. Par la technique de la narration prédictive, l'auteure impose d'abord son image de l'idéal sur cette colonie en transition dont elle décrit la vie quotidienne plus loin dans le reportage : « La colonie modèle est une petite communauté éparpillée dans la grande et qui se tient par la force magique de la fraternité et du travail » (1941d : 9). La fraternité est un thème qui représente l'idéal pour Roy : Ricard explique que l'œuvre entière de Roy est axée sur la réconciliation entre « la quête de l'idéal et la reconnaissance du réel » (cité par Socken, 1987 : 93). Cette dualité de perspective se montre dès les premiers écrits dans l'emploi de l'antithèse lorsque Roy trace des portraits d'individus ou de communautés, et cette figure structure souvent la diégèse à l'intérieur des reportages.

Dans « Heureux les nomades » (1941), une antithèse est visible dans le renversement des rôles et du pouvoir entre le Blanc et l'Amérindien quand ils passent de la ville à la forêt. « L'Indien, laissé à ses propres ressources, fait preuve d'ingéniosité et de ressources. Dans le grand nord, il devient le maître [...] Une métamorphose subtile [...] avertit [le Blanc] que les rôles sont renversés » (1941c : 49). Le « bonheur d'occasion » de ce peuple nomade reconnu par une narratrice qu'attriste la dureté de sa vie correspond surtout à la dualité émotionnelle que ressent la journaliste devant l'expérience d'un peuple étranger : « Joie d'enfants, joie qui se passe de sécurité, joie qui frôle la mort [...] » (1941c : 7). Les reportages utilisent cette figure de l'antithèse plus que les autres textes discutés, bien que l'emploi d'une dualité de perspectives caractérise la vision de l'auteure à travers toute son œuvre.

« La côte de tous les vents » (1941) décrit l'esprit « contradictoire » du peuple de la rive nord du Saint-Laurent qui se définit, d'après Roy, par l'antithèse « dépendance/indépendance » (1941a : 43). Le passage dans ce texte du nom « peuple » au pronom personnel « nous » indique le sentiment d'inclusion ressenti par la narratrice vers la fin de son séjour. Ce changement de perspective, amorcé vers le milieu de son texte, est un exemple d'une technique littéraire qui souligne le thème de la réconciliation et montre les liens existant entre l'auteure (et souvent un lecteur implicite) et le groupe dont il s'agit. À la double perspective commune à ces reportages, de l'observatrice-écrivaine et de son personnage agissant dans l'histoire, s'ajoute souvent la technique de la juxtaposition. Les cadres temporels de la narration et de la diégèse, juxtaposés dans une alternance de temps se référant au présent, au passé et au futur (du peuple et de la narratrice) produisent un équilibre des perspectives et des divers portraits présentés. « Le peuple s'est installé ici dans un esprit d'indépendance et, pourtant, nulle partie de Québec ne demeure plus contrainte à la dépendance » (1941a : 43). Ces trois reportages hors série comprennent une voix narrative homodiégétique, mais le dernier est aussi intradiégétique à cause du rôle important joué par la journaliste dans le déroulement de son histoire. D'habitude, plus la narratrice est impliquée dans l'histoire en tant que personnage important, plus la perspective de la journaliste est mise en lumière par une comparaison avec les autres ou le portrait qu'elle en trace.

La structure principale de chaque histoire figurant dans les reportages est caractérisée par un changement de perspective ou une nouvelle compréhension de la part de la narratrice, produits par son association à des groupes divers. La narratrice visite un village ou une région et, grâce à des recherches historiques ainsi qu'aux rapports qu'elle a avec eux, parvient à une certaine compréhension de ses habitants.

La série « Ici l'Abitibi » comprend deux textes qui doivent leur valeur surtout au portrait littéraire. « Pitié pour les institutrices ! » (1942) est une lamentation sur la condition solitaire et misérable de ces femmes, sort que Gabrielle Roy connaissait bien pour avoir elle-même exercé leur métier. Le personnage principal représente un stéréotype de l'institutrice négligée :

> De plus en plus elle prend un petit air vieillot et effacé [...] Bien peu de gens la connaissent mais quand elle sera une très vieille fille, pauvre et seule, il y aura des hommes et des femmes qui se rappelleront la demoiselle Estelle [...] et qui seront meilleurs pour avoir entendu sa voix [...] (1942e : 46).

La narration prédictive (« aura, seront ») sert à relier ici deux émotions en conflit, la détresse de la narratrice concernant la situation actuelle défavorable de l'institutrice et la reconnaissance future du travail important de sa vie, l'utilité de l'instruction qu'elle aura dispensée aux autres.

« Le chef de district » (1942) emploie une narratrice intradiégétique qui participe à l'action, mais le texte constitue plutôt le portrait d'un agent colonisateur, comme l'avait été le père de Roy. Pourtant, ce sont les remarques de la journaliste demandant à voir « [d]e tout [...] le beau, le moins beau et le plus triste » (1942b : 7) qui mettent en évidence encore plus clairement la perspective de l'écrivaine. Toujours partagée entre les émotions de la détresse et de l'enchantement, Roy constate ailleurs : « Ne nier ni la beauté du monde ni l'énigme de la douleur, tout n'est-il pas là [...] pour un cœur franc et sincère ? Et n'est-ce pas l'attitude exacte qui convient à celui qui écrit comme à celui qui lit ? » (Gagné, 1973 : 269).

À la réconciliation du réel et de l'idéal s'ajoute le désir de tout voir, de tout comprendre, attitude qui caractérise la voix de l'auteure et qui paraît dès ses premiers écrits. « Bourgs d'Amérique II » de la même série (1942) contient un portrait plus abstrait de la ville d'Amos, décrite comme un « couvre-lit [...] avec d'innombrables morceaux d'étoffes dépareillées [dont la] réunion sur la même toile de fond causait un inextricable malaise » (1942a : 37). Le but de la journaliste est ici de montrer une image équilibrée de l'endroit, de présenter encore une fois « le beau, le moins beau, et le plus triste ».

Dans « La terre secourable » (1941) qui fait partie de la même série, la journaliste-narratrice homodiégétique accompagne des colons des Îles-de-la-Madeleine en route vers leur nouvelle vie en Abitibi. Des émotions diverses s'associent à ce voyage, émotions liées aux avantages et aux désavantages de la stabilité et du départ. Ce thème rappelle la dualité émotionnelle de la détresse et de l'enchantement soulignée dans les textes de Roy. Le rêve, l'image ou « le mirage » d'un « idéal » conçu aide à faire face à la réalité souvent misérable de l'expérience présente (1941f : 59). Ce même thème antithétique réapparaîtra dans *Bonheur d'occasion* (1945), parmi d'autres textes de Roy. Il évoque la nature de l'écrivain, alternant entre « la vérité présente » et l'idéal du « rêve » (Jasmin, 1961). Le rêve peut transcender une réalité présente et imparfaite ; la vision d'un idéal constitue une réconciliation nécessaire à l'équilibre de la perspective de l'auteure : « Je rêve d'une fraternité s'établissant du moins entre nous, de l'Acadie, du Québec, des colonies ontariennes, des Prairies » (1982a : 120). Cette capacité de rêver de l'idéal est caractéristique également des personnages dont elle fait le portrait dans « La terre secourable ».

> [...] les émigrants sont toujours des gens qu'on leurre un peu [...]. Ce sont des gens qui se leurrent [...]. Car entre les mots et l'interprétation de chacun, il y a souvent un abîme. Et il est bien qu'il en soit ainsi, car qui donc prendrait son fardeau et se mettrait en marche, si le mirage n'était venu s'interposer entre la vie quotidienne et les lendemains toujours pareils ? (1941f : 59)[3]

Ce même thème de l'idéal s'exprime dans « Plus que le pain » (1942), dernier reportage de la série. La narratrice s'adresse de façon didactique aux habitants de l'Abitibi, les encourageant à transcender leur « misère [...] d'ordre [...] moral. Elle provient de l'isolement, de la méfiance, de la désunion [...] » (1942f : 34). Après ce résumé d'une réalité sans espoir, elle présente sa recette pour la construction de la société idéale : « Il vous reste, si vous le voulez bien, à donner au monde le plus grand des exemples : l'exemple de la bonne entente, du vrai courage de l'union » (1942f : 35). Cette fonction idéologique et didactique de la narratrice exprimée dans des phrases sommaires au temps présent représente une caractéristique importante de la « voix » de l'auteure que l'on retrouve dans les nouvelles des recueils ultérieurs tels que *La route d'Altamont* (1966).

Dans le troisième groupe de reportages, « Regards sur l'Ouest », la narratrice emploie des axiomes proverbiaux qui présentent sous un jour plutôt positif l'état des communautés décrites. À travers ses voyages dans l'Ouest canadien, la narratrice raconte qu'« il suffit d'avoir une seule connaissance dans l'Ouest pour faire des amitiés partout » et encore que : « Plus vous allez à l'Ouest, dit-on, et mieux vous serez reçu » (1942d : 2). Ce didactisme se reproduit dans les trois autres reportages de la série, « Notre blé » « Les Battages » et « Après

---

3. Le travail de l'agent colonisateur, profession du père de l'auteure, exige, lui aussi, cette foi en un avenir meilleur. Le côté rêveur du père dont la fille a hérité se manifeste également dans *Rue Deschambault* (« Le jour et la nuit »), recueil de nouvelles qui, basé sur les souvenirs de l'auteure, devait paraître en 1955.

les battages » (1942-1943), ce qui confirme la fonction généralisatrice et optimiste de ces reportages à la première personne. Un Basque en Alberta incarne pour elle « l'esprit de l'Ouest » (1942g : 2). Quand ce fermier décrit le blé comme symbole du bonheur, la narratrice reconnaît chez lui une attitude partagée par tout l'Ouest canadien : « [I]l ne faisait qu'exprimer ce qui est commun aux fermiers de l'Ouest » (1942d : 2). Dans son interview avec Judith Jasmin, Roy constate : « Si on dit vrai d'un cas particulier, il est probable qu'on dira vrai pour beaucoup » (1961). Le portrait d'individus mêlé à des généralisations auxquelles se livre la narratrice annonce le rapport entre l'individu et la collectivité souligné par Roy une vingtaine d'années plus tard. Ce désir de faire voir les liens entre l'individu et le groupe dont il fait partie, caractéristique de l'écriture régienne, se montre dès ces tout premiers écrits.

La série « Peuples du Canada » contient sept reportages parmi lesquels « De turbulents chercheurs de paix » qui exprime le sentiment de l'auteure envers son travail d'écrivain : « Je me suis donné comme règle de ne pas tricher, d'aller au fond des choses, d'essayer d'être un témoin intègre de ce que je voyais et ressentais. J'ai cherché à être juste pour tous » (1942c : 10). Appelés « sortes de portraits ethniques » par l'auteure dans sa préface, six reportages de cette série se retrouvent dans *Fragiles lumières de la terre*. Roy définit son approche comparative ainsi : « C'est donc sous l'apparence de la similarité de leurs mœurs aux nôtres que je me suis attachée à découvrir chez-eux [sic] des différences subtiles, tout en nuances » (1942c : 10). Encore une fois, nous remarquons l'attention portée à l'équilibre dans l'antithèse, la volonté de comprendre les liens qui réconcilient les divers groupes, en même temps que l'insistance sur les différences culturelles qui individualisent les portraits.

« Femmes de dur labeur » (1943 ; devenu « les Mennonites », Roy, 1982a : 45-53) rappelle la nouvelle « Un jardin au bout du monde » par son portrait de la femme forte et stoïque qu'est Martha. Une remarque sommaire et didactique à la fin du reportage démontre un changement d'attitude important noté par l'auteure : « [...] un peuple qui n'est pas gai ni cependant malheureux, un peuple content d'être *chez-nous*, que dis-je, *chez-lui*, un peuple qui dure surtout par le courage de ses femmes [...] » (1943c : 25 ; je souligne). Ce changement de pronoms indique la transformation de ce peuple d'immigrés en Canadiens et présage leur intégration. Peut-être l'auteure voulait-elle insister sur l'injustice des préjugés envers ces gens venus au Canada après l'arrivée des Français au Québec.

Dans « Les gens de chez-nous », l'auteure résume son approche envers le portrait littéraire : « [Le Canadien français] ne s'est pas fondu dans la mêlée canadienne, mais il y appartient » (1943d : 39). Cette phrase illustre les sentiments de l'auteure à l'égard des communautés qu'elle décrit ; en affirmant leur individualité, elle les place dans un contexte plus large, celui du Canada ou parfois du monde entier. L'enfance de Gabrielle Roy au Manitoba lui a fait voir « [...] toute jeune encore, la disparité de l'espèce humaine [...] et que pourtant nous sommes en fin de compte des êtres ressemblants » (1982a : 154). Cette perception a sans doute influencé son écriture depuis les premières narrations, comme nous l'avons déjà vu au sujet d'autres reportages, et elle constitue un élément important de la vision régienne. L'emploi d'une narratrice porte-parole de l'auteure dans ces reportages leur confère aussi un ton d'authenticité. L'expérience personnelle influencée par une perception de l'unité de l'espèce humaine caractérise cette écriture, mélange de faits et de fiction.

Dans la dernière série de reportages, « Horizons du Québec », nous ne discuterons qu'un article qui semble réunir tous les visages représentés individuellement dans les autres articles de cette série. Par la technique du microcosme, les voyageurs du bateau l'Anthémis, dans « Physionomie des Cantons de l'Est » (1944), représentent tout le mélange culturel qui se trouve au Canada et aux États-Unis. Du fait que l'Anthémis traverse la frontière entre les deux pays, les anglophones aussi bien que les francophones y sont représentés. Et Roy n'hésite pas à faire remarquer la façon dont l'unité de sa province, tout comme celle des États-Unis, consiste en un assemblage de contrastes complémentaires entre tous ces êtres humains divers :

> Je sais bien que la réelle beauté de ce pays s'appuie surtout sur ces contrastes mêmes. Que tout a un sens nécessaire à l'ensemble [...].

> Ce sont toutes ces contributions humaines les plus variées et non pas quelques-unes choisies au hasard [...].

> Même si ces contributions paraissent parfois s'opposer. En un sens les Cantons de l'Est forment les petits États-Unis du Québec (1944b : 47).

La constatation « que tout a un sens nécessaire à l'ensemble » résume la perspective de la journaliste qui se transforme en écrivain de fiction. Il s'agit de reconnaître le rôle de l'individu au sein d'une communauté entière ; bien que le groupe se compose d'un grand nombre d'individus divers, chacun est d'une certaine manière représentatif du groupe entier.

La dimension sociale (et didactique) des reportages n'est pas à négliger non plus étant donné qu'elle annonce l'écriture de *Bonheur d'occasion*, roman à portée sociale (1977). Novelli discute l'idéologie ou la conscience sociale de l'écrivaine, telle qu'elle apparaît dans les reportages (1989 : 51-65). Les préoccupations de la journaliste étaient à cette époque de nature sociale et elle jouissait d'une évidente liberté dans ses approches, écrivant souvent sous un angle personnel. Dans une interview avec Novelli, le 21 septembre 1979, Gabrielle Roy confirmait qu'elle disposait d'une grande liberté quand elle écrivait pour

Le Bulletin des agriculteurs, ce qui lui avait permis de saisir la vie au Québec (1989 : 53).

Cette écriture à la fois objective, puisque basée sur le vécu et les faits, et subjective, étant donné le rôle du portrait créatif des groupes ethniques à l'intérieur de la diégèse, démontre déjà une sensibilité à des dualités sur trois plans qui devaient par la suite caractériser la voix narrative de Gabrielle Roy. La dualité émotionnelle intérieure de la narratrice, vacillant entre la détresse et l'enchantement, est déjà présente dans ces reportages. Le dédoublement entre le « je » et le « tu/vous » et/ou les contrastes établis entre le personnage de la narratrice et son narrataire ou d'autres personnages sont à la base des portraits (à travers la comparaison avec soi-même). Finalement, la description des traits d'un personnage unique, et pourtant lié à une communauté qu'il représente, et la présentation des qualités uniques d'une communauté ethnique à l'intérieur d'un pays, dont le portrait se caractérise par des différences complémentaires, représentent une perspective qui tâche de réconcilier la disparité de l'espèce humaine, tout en reconnaissant sa valeur. Comme nous le verrons, ces dualités se retrouvent également dans les anecdotes et les nouvelles régiennes de cette période.

Les anecdotes

Comparant ses premiers écrits, Gabrielle Roy a décrit ses anecdotes comme « de petites choses pour me faire la main » (Jasmin, 1961), des « banalités » (1984 : 504) et « de faibles récits » qui auront été suivis de « reportages un peu plus difficiles et qui auraient enfin une certaine consistance » (Jasmin, 1961). En parlant de ces anecdotes sur ses expériences à l'étranger (en France et en Angleterre), Roy remarque que l'on aurait sans doute bien en vain cherché trace de la détresse et de l'enchantement qui l'habitent depuis qu'elle est au monde (1984 : 505). La dualité émotionnelle est souvent absente de ces anecdotes, mais une dualité de perspective qui caractérise la vision personnelle du monde exprimée dans des récits ultérieurs est visible dès ces premiers textes. Les anecdotes de Gabrielle Roy sont des récits d'une ou deux pages chacun dont presque tous ont comme sujet un incident ou une perception amusante tirés de voyages personnels en Europe.

Parmi les anecdotes, « Le week-end en Angleterre » (1939h : 7) et « Amusante hospitalité » (1939a : 7) ont en commun le thème de l'hospitalité anglaise. Elles emploient la même technique narrative afin de produire un effet comique. La voix narrative renforce l'illusion d'un dialogue entre la narratrice et le narrataire. Le « je », tout comme le « vous », est étranger au contexte culturel anglais. La narratrice anticipe et joue sur les réactions émotionnelles du narrataire pour créer un effet de comédie. Ces réactions sont implicites dans le texte, communiquées par les réflexions de la narratrice aux remarques implicites du narrataire. Ceci crée un rapport d'inégalité ; la narratrice expérimentée joue le rôle de conseiller auprès du narrataire naïf en racontant ses propres expériences de l'hospitalité anglaise et ses conclusions tirées d'expériences personnelles. L'effet comique est accentué par le déplacement de perspective qui caractérise ce type de narration. La narratrice « invite » le narrataire à se mettre à la place du narrateur afin de « vivre » l'expérience pendant qu'elle la lui raconte. En même temps, la narratrice reprend la perspective naïve de son passé afin d'exprimer les émotions qu'elle a subies la première fois. De cette façon, la narratrice et le narrataire sont liés dans un échange de perspectives.

Comme c'est souvent le cas dans les premières narrations de Roy, le changement de la première à la deuxième voix narrative (où le « vous/tu » remplace le « je/nous ») renforce la pluralité du portrait littéraire de soi et démontre l'effort narratif qui vise à lier les perspectives passées (du « je ») et présentes (du « je » et « tu/vous ») d'une narratrice qui est aussi le personnage principal.

Puisque la lectrice comprend que l'expérience racontée est celle de la narratrice à cause de l'emploi de la première personne au début de la narration, ces textes qui combinent les deux voix narratives font partie de l'expérimentation de l'auteure à la recherche d'une voix qui saurait bien reconstruire sa vision personnelle, son propre portrait à travers le texte.

Racontée aux temps futur et présent, l'histoire « Amusante hospitalité » figure parmi les rares exemples de récit prédictif où la narration précède l'histoire (Genette, 1972 : 229) dans l'œuvre de Roy : « [...] vous aurez à écrire un petit bout de lettre annonçant votre arrivée [...] Ce sera le chauffeur qui aura à vous identifier [...] » (1939a : 7). L'emploi de la narration prédictive sert à souligner le déplacement (ou superposition) de l'expérience passée du narrateur (« je ») à l'expérience future hypothétique du narrataire (« vous »).

« Le week-end en Angleterre » emploie surtout le présent de l'indicatif pour sa narration simultanée où le temps narratif correspond au même cadre temporel de l'histoire narrée : « [...] votre hôtesse vous envoie vous amuser [...] Pendant que vous êtes [...] en train de ruminer sur les avantages respectifs de ces sports [...] voici que la pluie se met à tomber [...] Bienfaisante pluie ! songez-vous en vous dirigeant en vitesse vers la bibliothèque » (1939h : 7). En lisant des pensées de la narratrice transposées sur le narrataire dans une situation hypothétique basée sur une expérience vécue, nous remarquons la fusion textuelle des deux perspectives. La narration simultanée est rarement employée dans les récits ultérieurs de l'écrivaine, à l'exception de *Cet été qui chantait* (1972). Cette technique fait donc partie de l'expérimentation de Roy au début de sa carrière.

Le dernier paragraphe de l'anecdote « Le week-end en Angleterre » fait écho au conseil donné au narrataire dans « Amusante hospitalité ». La narratrice de ce texte constate avec conviction qu'elle s'est bien divertie pendant le week-end. Le dernier commentaire, « Personne ne vous croira [...] mais les mots, là-bas, comme partout ailleurs, valent quelquefois mieux que la vérité » (1939h : 7), suggère d'une façon humoristique la divergence entre la déception causée par le vécu et la réaction positive attendue. En dépit de la différence entre la conception que se fait la narratrice d'une visite de week-end et celle que s'en fait un Anglais, l'expérience commune aux êtres humains y est renforcée par l'expression « comme partout ailleurs » qui fait partie de son observation concluante. Le mensonge attendu vaut mieux que la vérité, d'après l'expérience de Roy, et cette remarque vise à exprimer une vérité universelle de l'expérience humaine. Cette sorte de commentaire, c'est-à-dire l'expression d'une croyance ou expérience partagée, est caractéristique de l'écriture de Roy. Elle comprend le désir de l'écrivaine de transcender la dualité ou l'expérience personnelle afin de faire un portrait de toute l'humanité. Cette tendance se voit dans toute l'œuvre de Roy et elle commence de se formuler dès ses premières esquisses. De plus, l'extension de l'histoire à un contexte universel va à l'encontre de la tendance à une clôture textuelle. Cette « ouverture » au contexte humain se produit souvent dans le dénouement des textes littéraires de Roy. Elle fait partie de cette « voix » recherchée, cette vision de l'écrivaine qui marque son œuvre entière.

« Chez les paysans du Languedoc », publié dans *Paysana* (1939), comprend également ce déplacement du « je » en « vous », affirmant les liens entre narratrice et narrataire, et aussi entre la narrataire et les femmes françaises du Languedoc (« [...] voilà toute la vie de la Languedocienne, pas si différente de la vôtre, comme vous voyez [...] » (1939b : 14). Le « je » réapparaît dans le texte de temps en temps pour rétablir le cadre de la narration (fonction de régie), pour confirmer la relation avec son narrataire (fonction phatique), pour exprimer la relation du narrateur à l'histoire (fonction testimoniale) aussi bien que pour y exprimer ses propres jugements sur l'histoire (fonction idéologique) (Genette, 1972 : 261-262). De plus, la narratrice passe de la narration subséquente (expériences passées) à la narration simultanée (présent) et à la narration prédictive (futur), afin de réconcilier ou réunir textuellement les perspectives des générations différentes. L'alternance entre ces perspectives passée, présente et future évoque un rythme textuel ressemblant au va-et-vient que Roy associe au rêve, comme par exemple dans « Ma coqueluche » (1980b : 79-86).

Je vous trouve, madame, assise, sans doute, sur votre petit bout de véranda, vous balançant à toute allure au gré de votre chaise berceuse [...] Rêvant, cela va de soi, au pays lointain dont vinrent nos ancêtres, à la vie de nos frères et sœurs [...] Bien des fois vous avez laissé à votre goût la fantaisie de courir ainsi vers l'inconnu (1939b : 14).

L'association de la chaise berceuse au rêve se trouve également dans *La Petite Poule d'Eau*, *Alexandre Chenevert* et dans « Ma coqueluche » de *Rue Deschambault*. Le voyage de l'esprit décrit dans « Chez les paysans du Languedoc » est un retour en arrière collectif inauguré par la mémoire collective de « nos » ancêtres. Cet emploi de l'adjectif possessif pluriel « nos » affirme l'intention de la narratrice de lier son histoire à celle de sa narrataire et de sa lectrice. Puisque ce « voyage » intérieur se fait aux temps présent et futur de la narration, ce texte paraît lier le passé collectif au présent de la narratrice et à l'avenir hypothétique de la narrataire. Le rêve ou voyage intérieur facilite cette fusion temporelle en associant librement un cadre temporel à un autre. Cette « circularité » à l'égard du déroulement temporel de l'histoire est renforcée par la fin du texte. L'image de vieilles femmes qui répètent les prières du chapelet accentue le bercement rythmique du texte, et construit par association un lien avec le passé de la narrataire : « Vous les entendrez égrener leur chapelet dans un bourdonnement monotone comme les vieilles de chez-nous. Vous verrez leurs doigts rugueux glisser de grain en grain [...] et ce mouvement pieux, le même ici qu'ailleurs, vous rappellera des souvenirs lointains » (1939b : 23). Chaque proposition, terminée par une virgule, ponctue les déplacements temporels (« vous rappellera des souvenirs lointains ») et spatiaux (« le même ici qu'ailleurs ») de la pensée de la narratrice. Ces associations rappellent le style proustien où la vue et l'ouïe (parmi d'autres sens) évoquent la mémoire involontaire. Roy note l'influence de Marcel Proust sur son œuvre dans sa dernière interview (Delson-Karan, 1986 : 199). « La trotteuse » et « L'enfant morte » de *Cet été qui chantait* (1972) emploient également cette technique d'association qui a pour but de peindre une vision plus complète de la scène.

Tout comme le début de la narration, la clôture de « Chez les paysans du Languedoc » se situe au crépuscule, moment qui, appartenant à la fois au jour et à la nuit, porte au rêve atemporel :

> Mais l'heure est douce, la campagne encore belle au soleil déclinant. Si nous revenions. Il est une chose qu'il faut voir à cette heure : c'est la longue procession des charrettes revenant vers les premières lueurs du bourg. Toute la paix, le contentement quotidien du Languedoc tiennent à ce spectacle familier mais toujours nouveau (1939b : 23).

Dans ce passage, la narrataire est invitée à retourner au point de départ textuel. Tout comme le rêve lui est familier, mais renouvelé à chaque fois, la procession symbolise le cycle connu de la clôture et du recommencement. Le coucher du soleil évoque la clôture tandis que les « lueurs » du bourg promettent la lumière et le soleil du lendemain.

Dans le dernier paragraphe de cette anecdote, la narrataire affirme le lien entre elle-même, la narratrice et les Français rencontrés : « Mais c'est tout à fait comme chez nous, dites-vous » (1939b : 23). Le vrai voyage, d'après la narratrice, est la révélation de sa fin : « À la fin d'un beau voyage n'est-il pas bon de rentrer chez soi et d'y trouver les mêmes douceurs qu'ailleurs et une raison de plus d'y rester attaché... ? » (1939b : 23). Après avoir fait écho de la constatation suivante de la narrataire fictive : « oui, madame, c'est tout à fait comme chez nous » (1939b : 23), le voyage mental fait le tour, revenant au point de départ, mais avec une nouvelle compréhension des liens du passé collectif et du présent personnel ainsi qu'entre les expériences présentes des gens séparés par de longues distances. La fusion temporelle et spatiale, accomplie par le rythme textuel et par la répétition des métaphores de mouvement, réunit l'écrivaine et la lectrice dans leurs voix de narratrice et de narrataire qui représentent des portraits littéraires du moi double ou multiple.

Les techniques textuelles employées dans ce texte riche, c'est-à-dire le déplacement narratif, la circularité et l'antithèse, avec la répétition rythmique et la variation thématique, font partie de cette recherche d'une voix personnelle qu'entreprend Roy. Narratrice et narrataire ensemble évoquent la dualité du moi, tiraillé entre les plaisirs de la maison familiale et la passion du voyage en terre inconnue. La narrataire est projetée dans une image du passé de la narratrice à travers un voyage hypothétique et semble la « rattraper », la rejoindre par l'expérience partagée. Ce déplacement, accompli par le changement du pronom personnel « je » en « vous », est encore mieux intégré par l'emploi temporaire du pronom « nous ».

La question rhétorique à la fin du texte, suivie d'une ellipse exprimée par des points de suspension, est une figure narrative souvent employée par Roy afin d'empêcher la clôture ultime de la narration ; la réponse de la narrataire n'est qu'implicite : « [...] n'est-il pas bon de rentrer chez soi et d'y trouver les mêmes douceurs, et une raison de plus d'y rester attaché ?... » (1939b : 23). Le mot « attaché » y assume le double sens d'attachement mental et physique. La narratrice, tout en soulignant les plaisirs sédentaires de rester à la maison familiale (une maison comme tant d'autres, suggère-t-elle), termine paradoxalement sa narration par une justification du voyage : « C'est peut-être ÇA le véritable charme du voyage » (1939b : 23). Cette appréciation double de l'expérience chez soi et de celle du voyage reflète la dualité « solitaire/solidaire » de Roy qu'elle décrit dans son essai « Le pays de *Bonheur d'occasion* » : « [...] le besoin de liberté dont nous ne pouvons nous passer, avec l'affection qui attache, la tendresse qui retient, les liens de solidarité qui ne doivent se défaire »

(Roy, 1978 : 120). Ces désirs opposés exprimés dans les textes de Roy s'ajoutent au conflit émotionnel intérieur de l'auteure résumé par le titre de son autobiographie, *La détresse et l'enchantement*, la détresse que ressent souvent l'auteure provenant du choix difficile entre la solitude et la fraternité. Dans « Terre des hommes : le thème raconté », Roy l'exprime ainsi : « Solitaire et solidaire, les deux mots [...] disent l'essentiel de notre condition humaine [...] » (1982b : 230). La détresse définit et complémente l'enchantement, créant la perspective équilibrée, mais antithétique d'un être divisé par des émotions opposées. Cet aspect important du portrait littéraire de l'auteure s'accompagne d'un déplacement temporel et spatial non seulement de l'expérience passée de la narratrice à la perspective présente de la narrataire, mais aussi de l'expérience de l'individu à l'expérience générale de l'être humain. Un trait de cette perspective ou portrait de l'auteure est l'expression de l'expérience humaine au moyen d'une écriture basée sur l'expérience personnelle. La distinction accomplie par le déplacement physique aussi bien que par l'écriture (sorte de « voyage » symbolique de l'esprit) permet ce « regard » textuel étendu caractéristique de Roy.

Les éléments d'une dualité d'esprit, de l'expérience partagée par un déplacement de soi ou une reconnaissance de soi chez l'autre et aussi d'une généralisation de l'expérience humaine se retrouvent dans d'autres anecdotes de Roy. Nous notons une évolution dans les anecdotes vers une centralisation du personnage principal (« je ») à l'intérieur de l'histoire racontée ; le remplacement du « je » par « vous » se fait de plus en plus rare ; le « vous » qui ouvre certaines anecdotes est plutôt remplacé par « je » pour raconter l'expérience personnelle de l'histoire, comme dans « La cuisine de Madame Smith » (1939c : 2) et « Une trouvaille parisienne » (1939g : 2). D'autres anecdotes qui établissent un lien (même implicite ou bref) entre la narratrice et la narrataire sont « Choses vues en passant... » (1938), « Nous et les ruines » (1939f), « Encore sur le sujet de l'hospitalité anglaise » (1939e) et « En vagabondant dans le midi de la France : Ramatuelle à Hyères » (1939d). La progression des deux premières se caractérise par un renversement d'attitudes tandis que les deux dernières servent à illustrer des phrases axiomatiques exprimées dans l'introduction. Ces deux sortes de développement narratif se voient souvent dans les anecdotes de Roy. La première se structure autour d'une antithèse centrale (la recherche d'un équilibre dans des émotions opposées) ; la deuxième emploie le microcosme, l'expérience individuelle vue comme exemple de l'expérience humaine, présentée sous forme d'hypothèse dans l'ouverture du texte.

Les anecdotes discutées ici, même si elles ne sont parfois que de simples esquisses littéraires, démontrent déjà chez l'écrivaine une sensibilité qui marquera son style. L'attention à certaines techniques littéraires telles que l'antithèse, la clôture non finale, une perspective double ou multiple et un désir de faire voir la vérité du vécu personnel et de l'existence humaine afin d'établir des rapports textuels entre la narratrice et la narrataire, entre l'écrivaine et la lectrice, entre le moi et l'autre, est présente dès les premières narrations de Gabrielle Roy.

Les nouvelles

Les premières nouvelles homodiégétiques de Gabrielle Roy sont relativement peu nombreuses par rapport aux anecdotes et aux reportages. La nouvelle « Un jardin au bout du monde », bien que publiée en 1975, avait été rédigée, d'après l'auteure, bien des années auparavant, et a pour sujet la vie d'un couple d'immigrés, thème en effet lié aux reportages des années 1940. L'image du « jardin » en tant que symbole de rêve vivant (« Ce fut un rêve, pas autre chose ! », 1987 : 156) se voit également dans « La vallée Houdou », publiée à l'origine en 1945 et remaniée pour le recueil *Un jardin au bout du monde*. Ce texte contient un seul exemple où la narratrice s'exprime à la première personne. La première version se lit : « La Plaine, sans qu'ils ne se l'avouent l'un à l'autre, les effrayait, cette grande immensité plate, sans amitié, sans refuge, où il faisait froid, l'hiver, disait-on, à *nous* geler l'haleine dans la bouche » (1945b : 4, je souligne). Cette description d'un paysage peu accueillant sert à expliquer la perspective des immigrants à la recherche d'un endroit où habiter. En même temps, l'emploi du pronom personnel « nous » dans ce passage suggère non seulement la perspective des immigrants, mais aussi celle de la narratrice et de tous les habitants de cette plaine. La vision plus large que cet emploi de « nous » offre à la lectrice est typique de la narration de Roy où elle essaie de lier l'expérience particulière à l'expérience humaine. La deuxième version de ce texte est intéressante à cause des changements légers effectués par l'auteure : « La plaine, dès le début, avait mystérieusement commencé de les rebuter, cette immensité plate, toujours à découvert, cette étendue sans fin, ce trop vaste et excessif pays où il faisait froid l'hiver, disait-on, à *vous* geler l'haleine dans la bouche, et chaud l'été à en périr » (1987 : 133, je souligne). Le contenu du passage est similaire, à part la référence à l'été, ce qui confère un équilibre au climat extrême de l'hiver et montre la volonté de l'auteure de signaler une dualité dans la nature qui correspond à sa dualité émotionnelle intérieure. L'antithèse caractérise le style, la voix de la narratrice. Le pronom « vous » employé dans le deuxième texte indique soit une distanciation de son sujet, soit un rapprochement avec la narrataire (la lectrice implicite) dans une transposition de perspectives telle que celle que nous avons vue dans certaines anecdotes.

Dans deux autres nouvelles de cette époque, Roy emploie surtout le pronom personnel « nous » pour indiquer la présence d'un narrateur extradiégétique. « Embobeliné » (1941b) et « Six pilules par jour » (1941e) se déroulent dans la même pension et contiennent plusieurs des mêmes personnages. La fonction de la narratrice est celle d'une observatrice anonyme ; de cette façon, la perspective adoptée se rapproche de celle de la lectrice. Parfois, le « nous » qui représente la perspective collective des personnages observateurs dans ces histoires cède la place à un « on » qui souligne la distance entre les personnages agissants et les autres, spectateurs et interprètes de l'action : « Elle *nous* apparut soudainement minée. Sans force pour continuer à lutter. Elle allait s'asseoir, lorsqu'on entendit un pas mou glisser dans l'escalier » (1941b : 34, je souligne). La présence limitée de la narratrice (vue dans sa fonction d'observateur) dans ces histoires fait partie de l'expérimentation de l'auteure à la recherche de sa voix.

La nouvelle sans doute la plus complexe de cette période dans la carrière de Roy est « Un vagabond frappe à notre porte », publiée en 1946 et reprise en 1975. La technique du récit enchâssé déjà utilisée dans « Une histoire d'amour » (1940), autre nouvelle à la première personne qui contient une narratrice-observatrice, est reprise pour l'histoire du vagabond-raconteur. La voix du « je » représente à la fois l'enfant-personnage Ghislaine et la voix de la narratrice adulte qui se souvient des expériences vécues pendant son enfance. Ce dédoublement de perspective (enfant et adulte) est le premier exemple chez l'écrivaine de ce regard double qui devait caractériser les récits ultérieurs sur son enfance tels ceux de *Rue Deschambault* (1955) et *La route d'Altamont* (1966). Pourtant Ghislaine est moins visible que Christine dans les récits ultérieurs parce qu'elle n'est pas le personnage central de la diégèse. Le deuxième narrateur, Gustave, le vagabond, occupe souvent la place centrale dans la nouvelle pour raconter à la fois l'histoire de la famille de Ghislaine et celle des Canadiens français, ainsi que son histoire personnelle à travers les aventures de son personnage Ephrem Brabant. La question de la parenté de Gustave et de sa vraie identité est un des sujets principaux de l'histoire. Ghislaine et sa mère mettent en doute la véracité de ses récits avant de se résoudre à l'accepter comme cousin véritable. Le renversement d'attitude de méfiance en acceptation sert de charpente à cette histoire selon une structure que nous avons déjà vue dans certaines anecdotes. Le personnage de Gustave représente le conflit toujours existant chez Roy entre la liberté de la vie solitaire et le désir de la fraternité. Une fois accepté dans la famille de Ghislaine, le cousin Gustave part, mais non sans couper une branche du jardin pour s'en faire un bâton de route. Ce geste symbolique indique le désir de faire partie de l'arbre généalogique qui le lie à la famille de Ghislaine et à d'autres familles canadiennes-françaises. En voyageant d'une maison à l'autre, il devient le lien recherché entre les communautés séparées par la distance et le temps. Les déplacements et la narration de Gustave symbolisent la vocation de l'écrivaine, son désir de réconcilier le conflit de voyage au désir de lier et de partager, comme Roy le constate dans une interview avec Donald Cameron : « [...] ce mouvement pendulaire entre la solidarité, la vie avec les

autres et le primitivisme, ou la vie avec l'univers dont Dieu nous a fait don
[...], [c]'est à nous de faire de notre mieux pour les réconcilier » (1973 : 131 ;
traduction libre). Roy insiste dans cette histoire sur le parallèle entre la vie des
individus et la société en général : « [N]otre parenté avec les hommes ! Où elle
commence, où elle s'arrête, qui donc pourrait le dire ! » (1987 : 31). L'intégration de l'expérience particulière à l'expérience partagée des êtres humains caractéristique de cette voix recherchée par Gabrielle Roy se fait remarquer dans
son écriture dès le début de sa carrière. L'auteure constate que ce thème est
commun à toutes les grandes œuvres littéraires : « Les belles œuvres sont si-
tuées assez haut pour voir dans les cœurs humains ce que chacun possède à la
fois d'unique et de plus semblable à tous » (Wyczinski, 1971 : 340).

Dans les premières nouvelles, comme dans les anecdotes, Gabrielle Roy
travaille à établir sa propre voix d'écrivaine par son expérimentation avec la
présence variée des commentaires de la narratrice et par les perspectives dou-
bles et même multiples qu'elle nous présente. Cela se voit dans les rapports
textuels qu'elle établit avec d'autres et dans le portrait divisé qu'elle présente
d'elle-même (ou de la narratrice), et qu'elle partage avec d'autres aussi, conflit
qui est résolu grâce au pouvoir de l'écriture de rassembler des perspectives, des
vies et des êtres divers. La vérité de l'expérience humaine est recherchée et
communiquée à travers un fondement personnel vécu ou observé. Ghislaine
admire les détails vraisemblables des histoires de Gustave dans « Un vagabond
frappe à notre porte » : « Le bonhomme ne savait ni lire ni écrire, mais il possédait un grand savoir pratique fondé sur une observation directe de la vie ru-
rale » (1987 : 34). C'est cette observation directe au cours des voyages et des
rencontres de gens divers au Canada après son retour d'Europe qui aide l'auteure
à formuler la perspective à la fois personnelle et collective de son écriture ultérieure à la première personne.

L'alternance entre les deux perspectives individuelle et collective reflète le
désir de l'auteure de réconcilier ces deux besoins intérieurs de solitude et de
solidarité. En reconnaissant l'universel dans le cas individuel (et le besoin de
s'identifier à la société), sans nier l'identité séparée de chaque individu et de
chaque groupe, les narrations à la première personne de Gabrielle Roy évoquent d'une façon implicite le désir de l'auteure de se définir par rapport à
l'autre, désir qui devient de plus en plus évident par la quantité de récits autobiographiques à la première personne qui suivent dans sa carrière, culminant
avec son autobiographie. Il est donc possible de voir, dès ses premiers écrits,
reportages, anecdotes et nouvelles à la première personne, cette recherche de sa
propre « voix », une voix qui saurait exprimer la dualité intérieure, et, au moyen
de comparaisons, une multiplicité de liens avec d'autres (narrataire-lectrice,
personnages fictifs et réels). Tout en reconnaissant l'unicité de l'être, elle exprime une perspective sur l'expérience humaine qui comprend et lie divers

groupes humains. Dans son entrevue télévisée avec Judith Jasmin (1961), Roy remarquait: «À un moment, la vie me parut intolérable si on ne pouvait pas essayer de l'expliquer, de la comprendre davantage et de la transcender». Pour elle, l'écriture représentait un moyen de transcender les contrastes irréconciliables du présent; ses jeux d'équilibre linguistique font voir la complémentarité des opposés. Le développement de sa «voix», de l'expression de cette vision caractéristique de la fiction de Gabrielle Roy, allait prendre toute une vie.

RÉFÉRENCES

Allaire, Emilia B. (1960). «Notre grande romancière: Gabrielle Roy», L'Action catholique, 24 (5 juin): 16.

Beaudoin, Réjean (1979). «Gabrielle Roy: l'approche de l'œuvre», Liberté, 20 (3): 91.

Beaudry, Pauline (1968-1969). «Répondre à l'appel intérieur», Terre et foyer, 27 (7): 5-8.

Cameron, Donald (1973). «Gabrielle Roy: A Bird in the Prison Window», dans Conversations with Canadian Novelists, tome 2. Toronto: Macmillan, 128-145.

Delson-Karan, Myrna (1988). «La dernière interview: Gabrielle Roy», communication présentée au Congrès Mondial du Conseil International d'Études Francophones, Montréal, avril 1988. Publié en anglais dans Québec Studies, 4 (1986): 194-205.

Gagné, Marc (1973). Visages de Gabrielle Roy, l'œuvre et l'écrivain. Montréal: Beauchemin.

Genette, Gérard (1969). Figures II. Paris: Seuil.

Genette, Gérard (1972). Figures III. Paris: Seuil.

Genette, Gérard (1983). Nouveau discours du récit. Paris: Seuil.

Hahn, Cynthia (1990). «Strategies of Self-Disclosure in the First Person Narratives of Gabrielle Roy». Thèse de doctorat, University of Illinois at Urbana-Champaign.

Jasmin, Judith (1961). «Entrevue avec Gabrielle Roy», à l'émission télévisée Premier-Plan, Radio-Canada, Canal 2, Montréal (30 janvier).

Lewis, Paula Gilbert (1984). The Literary Vision of Gabrielle Roy: An Analysis of Her Works. Birmingham, AL: Summa Publications.

Major, Jean-Louis (1978). «Mémoire, création/clichés: Fragiles lumières de la terre de Gabrielle Roy et Une mémoire déchirée de Thérèse Renaud», Lettres québécoises, 12 (novembre): 34-36.

Novelli, Novella (1989). Gabrielle Roy: de l'engagement au désengagement. Rome: Bulzoni.

Roy, Gabrielle (1938). «Choses vues en passant...», La Liberté et le patriote (Winnipeg) (27 juillet): sans pagination.

Roy, Gabrielle (1939a). «Amusante hospitalité», Le Jour (6 mai): 7.

Roy, Gabrielle (1939b). «Chez les paysans du Languedoc», Paysana (Montréal), 2 (6): 14-15, 23.

Roy, Gabrielle (1939c). « La cuisine de Madame Smith », *Le Jour* (9 septembre) : 2.

Roy, Gabrielle (1939d). « En vagabondant dans le midi de la France : Ramatuelle à Hyères », *Le Jour* (2 décembre) : 7.

Roy, Gabrielle (1939e). « Encore sur le sujet de l'hospitalité anglaise », *Le Jour* (19 août) : 2.

Roy, Gabrielle (1939f). « Nous et les ruines », *Le Jour* (24 juin) : 2.

Roy, Gabrielle (1939g). « Une trouvaille parisienne », *Le Jour* (21 octobre) : 2.

Roy, Gabrielle (1939h). « Le week-end en Angleterre », *Le Jour* (3 juin) : 7.

Roy, Gabrielle (1940). « Une histoire d'amour », *La Revue moderne*, 21 (11) : 8-9, 36-38.

Roy, Gabrielle (1941a). « La côte de tous les vents », *Le Bulletin des agriculteurs*, 37 (10) : 7, 42-45.

Roy, Gabrielle (1941b). « Embobeliné », *La Revue moderne*, 23 (6) : 7-8, 28, 30, 33-34.

Roy, Gabrielle (1941c). « Heureux les nomades » *Le Bulletin des agriculteurs*, 37 (11) : 7, 47-49.

Roy, Gabrielle (1941d). « Nos agriculteurs céramistes », *Le Bulletin des agriculteurs*, 37 (4) : 9, 44-45.

Roy, Gabrielle (1941e). « Six pilules par jour », *Le Bulletin des agriculteurs*, 23 (3) : 17-18, 32-34.

Roy, Gabrielle (1941f). « La terre secourable », *Le Bulletin des agriculteurs*, 37 (11) : 11, 14-15, 59, 63.

Roy, Gabrielle (1942a). « Bourgs d'Amérique II », *Le Bulletin des agriculteurs*, 38 (5) : 9, 36-37.

Roy, Gabrielle (1942b). « Le chef de district », *Le Bulletin des agriculteurs*, 38 (1) : 7, 28-29.

Roy, Gabrielle (1942c). « De turbulents chercheurs de paix », *Le Bulletin des agriculteurs*, 38 (12) : 10, 39 *sqq.* [Repris dans *Fragiles lumières de la terre* (1978a)].

Roy, Gabrielle (1942d). « Notre blé », *Le Canada*, 221 (21 décembre) : 2.

Roy, Gabrielle (1942e). « Pitié pour les institutrices ! » *Le Bulletin des agriculteurs*, 38 (3) : 7, 45-46.

Roy, Gabrielle (1942f). « Plus que le pain », *Le Bulletin des agriculteurs*, 38 (2) : 9, 33-35.

Roy, Gabrielle (1942g). « Si l'on croit aux voyages... », *Le Bulletin des agriculteurs*, 38 (12) : 2.

Roy, Gabrielle (1943a). « Après les battages », *Le Canada*, 240 (16 janvier) : 4.

Roy, Gabrielle (1943b). « Les battages », *Le Canada*, 231 (5 janvier) : 4.

Roy, Gabrielle (1943c). « Femmes de dur labeur », *Le Bulletin des agriculteurs*, 39 (1) : 10, 25.

Roy, Gabrielle (1943d). « Les gens de chez-nous », *Le Bulletin des agriculteurs*, 39 (5) : 10, 33, 36-39.

Roy, Gabrielle (1944a). « Les pêcheurs de la Gaspésie : une voile dans la nuit », *Le Bulletin des agriculteurs*. [Repris dans *Fragiles lumières de la terre*, 87-100].

Roy, Gabrielle (1944b). « Physionomie des Cantons de l'Est », *Le Bulletin des agriculteurs*, 40 (11) : 10-11, 47-48.

Roy, Gabrielle (1945a). « Le long, long voyage », *Le Bulletin des agriculteurs*, 41 (5) : 8-9, 51-52.

Roy, Gabrielle (1945b). « La vallée Houdou », *Amérique française* (février) : 4-10. [Version retravaillée dans *Un jardin au bout du monde*, 131-150].

Roy, Gabrielle (1946). « Un vagabond frappe à notre porte », *Amérique française* (janvier) : 29-51. [Repris dans *Un jardin au bout du monde*, 9-58].

Roy, Gabrielle (1977) [1945]. *Bonheur d'occasion*. Montréal : Stanké.

Roy, Gabrielle (1978). « Le pays de *Bonheur d'occasion* », dans Robert Guy Scully (dir.), *Morceaux du Grand Montréal*. Montréal : du Noroît, 113-122.

Roy, Gabrielle (1979a) [1954]. *Alexandre Chenevert*. Montréal : Beauchemin.

Roy, Gabrielle (1979b) [1972]. *Cet été qui chantait*. Québec-Montréal : Éditions Françaises.

Roy, Gabrielle (1980a) [1950]. *La Petite Poule d'Eau*. Montréal : Beauchemin.

Roy, Gabrielle (1980b) [1955]. *Rue Deschambault*. Montréal : Beauchemin.

Roy, Gabrielle (1982a) [1978]. *Fragiles lumières de la terre : écrits divers, 1942-70*. Montréal : Quinze.

Roy, Gabrielle (1982b) [1978]. « Terre des hommes : le thème raconté », dans *Fragiles lumières de la terre*, 199-233.

Roy, Gabrielle (1983) [1977]. *Ces enfants de ma vie*. Montréal : Stanké.

Roy, Gabrielle (1984). *La détresse et l'enchantement*. Montréal : Boréal Express.

Roy, Gabrielle (1985) [1966]. *La route d'Altamont*. Montréal : HMH.

Roy, Gabrielle (1987) [1975]. *Un jardin au bout du monde et autres nouvelles*. Montréal : Beauchemin.

Socken, Paul G. (1987). « Interview With Gabrielle Roy, June 1979 », dans *Myth and Morality in Alexandre Chenevert by Gabrielle Roy*. Berne : Lang, 80-89.

Wyczinski, Paul (1971). « Témoignage : Gabrielle Roy », dans *Le roman canadien-français : évolution-témoignage-bibliographie*. Archives des lettres canadiennes, tome III. Montréal : Fides, 339-343.

Bonheur d'occasion
et Alexandre Chenevert :
une narration sous haute surveillance

Madeleine Frédéric

La présente analyse part d'une observation faite par la critique, d'abord lors de la parution de *Bonheur d'occasion* : « L'auteur fait parler ses personnages, les laisse parler plutôt, exactement comme elle les a entendus faire, de façon très objective » (Alain, 1945 ; repris dans Roy, 1978 : 390), puis surtout lors de celle d'*Alexandre Chenevert* : « Gabrielle Roy laisse Alexandre Chenevert se définir lui-même par ses songes et ses introspections ; elle demeure invisible derrière les dires et les actes de son héros » (Morand, 1954 ; repris dans Roy, 1979a : 390).

Cette « objectivité », cette « invisibilité volontaire », qui colorera pendant de longues années encore la perception que l'on aura de l'œuvre, il m'a semblé intéressant de la confronter à une analyse interne un peu plus serrée des romans faisant intervenir un narrateur hétérodiégétique, c'est-à-dire « un narrateur absent de l'histoire qu'il raconte » (Genette, 1972 : 252), précisément dans la mesure où, par essence, le récit hétérodiégétique est en principe un garant d'« objectivité », puisqu'il assure un détachement maximal de l'instance narrative, dès lors qu'elle n'est pas partie prenante dans l'histoire racontée.

Ce n'est pas le cas, en revanche, du récit homodiégétique dans lequel le narrateur, « présent comme personnage dans l'histoire qu'il raconte » (Genette, 1972 : 252), s'y retrouve du même coup dans des proportions qui varient selon le rôle qu'il y joue. C'est pourquoi nous avons tenu à l'écart de cette étude la veine homodiégétique représentée par des œuvres telles *La Petite Poule d'Eau*, *La route d'Altamont*, *Rue Deschambault*, etc.

Les dépouillements ont été effectués pour quatre romans : *Bonheur d'occasion* (1945), *Alexandre Chenevert* (1954), *La montagne secrète* (1961) et *La rivière sans repos* (1970) ; mais les contraintes du présent article m'amènent à ne livrer les résultats que pour les deux premiers qui, sur bien des plans (thèmes, cadre montréalais, objectifs, technique d'écriture), semblent d'ailleurs « fonctionner » ensemble, d'autant que les sondages effectués dans les deux autres sont venus confirmer les données obtenues jusqu'alors.

À la lecture de tels romans, on n'est pas long à constater qu'on se trouve en fait face à une narration pseudo-objective, à un univers où rien n'est libre, mais où tout est plié à une démonstration savamment – et plus ou moins discrètement – orientée. Ceci est dû avant tout au fait que ces récits, comme en général le récit classique, sont tous faits par un narrateur omniscient, qui connaît, entre autres, les pensées les plus secrètes des personnages. Cette omniscience, qui confine à l'omnipotence, s'affiche quasi ouvertement, dès lors que la modalisation, qui viendrait en quelque sorte la freiner, est assez rare dans *Bonheur d'occasion* :

> [Florentine] dut sentir comme une force qui la maîtrisait, car, brusquement, elle chercha à se dégager (78) ;

> Elle commença de se balancer un peu du buste, selon son habitude, même sur une chaise droite. Ce mouvement semblait l'aider à réfléchir (93) ;

> Rose-Anna n'avait peut-être qu'à paraître dans cette lumière abondante du bazar, dans ses vêtements de ville, elle n'avait peut-être qu'à sortir de la pénombre où elle s'était retranchée depuis tant d'années, pour que Florentine la vît enfin, elle et son pauvre sourire qui avait l'air, dès l'abord, de chercher à égarer l'attention, du moins à la détourner d'elle-même (119) ;

et quasi exceptionnelle dans *Alexandre Chenevert* :

> Près du guichet, de très menus caractères annonçaient :
> NOUS VOUS RÉSERVONS UN ACCUEIL COURTOIS,
> QUE VOTRE COMPTE SOIT PETIT OU GRAND.

> Ceci pour rassurer sans doute des clients modestes que de minimes affaires ou le hasard seul conduisaient parfois à la Banque d'Économie de la Cité et de l'Île de Montréal, la plus solennelle de toute la ville (38) ;

> Si on avait prédit à M. Émery Fontaine qu'il serait aujourd'hui, à cause d'Alexandre Chenevert, désarçonné, peut-être même troublé, certainement il aurait souri comme à un enfantillage (89).

Ressources verbales (*devoir, sembler*), adverbiales (*peut-être, sans doute*) ou autres[1] constituent autant de moyens de feindre une certaine modestie, en tout cas d'abandonner une partie des prérogatives énormes que le narrateur semble s'arroger. Il n'empêche que, comme le fait très justement observer C. Kerbrat-Orecchioni,

---

1. Un inventaire complet des modalisateurs n'est pas possible en ces quelques lignes ; il n'empêche qu'il constituerait sans nul doute le point de départ d'une étude particulièrement intéressante dans l'optique qui nous retient ici.

[c]es modalisateurs, en même temps qu'ils explicitent le fait que l'énoncé est pris en charge par un énonciateur individuel dont les assertions peuvent être contestées, en même temps donc qu'ils marquent le discours comme subjectif, renforcent l'objectivité à laquelle il peut par ailleurs prétendre. Car avouer ses doutes, ses incertitudes, les approximations de son récit, c'est faire preuve d'une telle honnêteté intellectuelle que c'est le récit dans son ensemble qui s'en trouve, singulièrement, authentifié (1980: 143-144).

Cette toute-puissance du narrateur, qui assume les pensées et les désirs les plus intimes des personnages, transparaît également dans les fragments de discours intérieurs en tout genre: discours narrativisé, transposé au style indirect ou au style indirect libre, ou encore discours rapporté, qui apparaissent ici et là dans *Bonheur d'occasion* et envahissent véritablement *Alexandre Chenevert*. Ce qui est intéressant dans cet usage, outre qu'il reflète différents degrés d'émancipation du personnage par rapport à l'instance narrative (émancipation qui va croissant de l'un à l'autre de ces états), c'est qu'il permet au narrateur de jouer sur une ambiguïté inhérente au style indirect libre: « L'absence de verbe déclaratif [...] peut entraîner (sauf indications données par le contexte) une [...] confusion [...] entre le discours [...] du personnage et celui du narrateur » (Genette, 1972: 192). Dans les romans examinés ici, on assiste à quelques-uns de ces dérapages. Ainsi, au chapitre VII de *Bonheur d'occasion*, les pensées de Rose-Anna, partie en quête d'un logis, nous sont livrées tantôt sous forme de discours narrativisé, tantôt sous forme d'un discours transposé au style indirect, tantôt encore sous celle d'un discours rapporté; quant aux fragments de discours indirect libre, il est souvent difficile de faire la part de ce qui revient à Rose-Anna ou au narrateur. Le lecteur dispose ici et là de quelques indices fournis par le contexte:

Elle s'arrêta à une réflexion amère; plus la famille avait été nombreuse, plus leur logement était devenu étroit et sombre (96);

Les pires jours de leur vie! songeait Rose-Anna (96);

L'image d'Yvonne lui effleura l'esprit. Elle s'arrêta sur une impression de saisissement. N'était-elle pas une de ces créatures dont parlait l'enfant et qui enfonçait des épines dans le cœur du Sauveur? (103)

Dans tous ces exemples, en effet, le discours indirect libre suit ou précède immédiatement un verbe ou une expression de sentiment ou d'opinion mis explicitement en relation avec le personnage.

Mais la plupart du temps, c'est beaucoup moins clair et ce qui démarre en fait comme un discours du narrateur s'avère en réalité (ou glisse peu à peu vers) un discours du personnage:

« Non, se dit Rose-Anna, Florentine ne voudra jamais venir ici... » Elle rebroussa chemin, s'engagea cette fois vers la rue du Couvent. Elle se trouva dans une petite avenue paisible, bordée de maisons bourgeoises. Il y avait des rideaux de dentelle aux vitres de verre coloré ; les stores de couleur crème étaient à demi tirés ; aux façades, on voyait des plaques-enseignes de cuivre et, de-ci de-là, sur le bord des fenêtres des plantes robustes qui avaient plus d'air, plus d'espace, songeait Rose-Anna, que les enfants entrevus tantôt dans la maison de la rue Saint-Ferdinand (101).

Le passage s'amorce sur un discours intérieur de Rose-Anna, désigné comme tel puisqu'il apparaît sous forme de discours rapporté. L'instance narrative reprend ensuite la direction des opérations dans les deux phrases suivantes et, semble-t-il, dans la dernière. C'est en tout cas ce que laisserait supposer une tournure comme *on voyait*, difficilement attribuable à Rose-Anna ; pourtant, peu après, l'incise *songeait Rose-Anna* vient tout remettre en question et colorer à rebours, pour ainsi dire, ce qui précède comme un discours indirect libre du personnage.

De tels glissements de plans se rencontrent également dans *Alexandre Chenevert*, notamment dans ce passage :

Il avait toujours à la main la bouteille de somnifère. À travers le verre, Alexandre voyait les capsules, d'apparence anodine, si petite chacune. Il était tenté outre mesure ce matin. Une seule dose n'anéantirait peut-être pas sa volonté. Mais c'est comme cela que l'on commence, s'avertissait Alexandre. D'ailleurs, il était près de 6 heures. S'il prenait un sédatif maintenant, il ne pourrait pas s'éveiller à sept heures. À demi abruti, il n'arriverait pas à accomplir convenablement son travail. Il est vrai que, ne dormant presque pas, il commettrait probablement quelque bévue un de ces jours (29).

Il s'ouvre par un discours du narrateur ; mais la quatrième phrase pourrait tout aussi bien apparaître comme un fragment de discours intérieur du personnage en style indirect libre, d'autant qu'elle enchaîne sur un discours intérieur rapporté qui a ceci de remarquable, c'est qu'il est dépourvu de guillemets. Cette pensée d'Alexandre, fondue ainsi dans la masse, pourrait n'être qu'un élément d'un discours intérieur du personnage amorcé dans la phrase précédente et se prolongeant dans les suivantes. L'intérêt d'une telle technique, pour la question qui nous préoccupe, est que la dernière phrase apparaît de la sorte comme à double sens : relevant du personnage, elle se présente comme une simple éventualité, une hypothèse émise par Alexandre sans plus ; appartenant au discours du narrateur, en revanche, elle se révèle une véritable prolepse, anticipant sur le déficit de cent dollars qui viendra peu après bouleverser l'existence d'Alexandre Chenevert. Cette simple ambiguïté reflète ainsi toute l'habileté avec laquelle Gabrielle Roy construit insensiblement, mais très sûrement, tout l'édifice.

Ce narrateur omnipotent n'hésite d'ailleurs pas à faire des intrusions directes dans sa narration, comme le montrent les commentaires métalinguistiques – métanarratifs, faudrait-il dire – qui apparaissent ici et là dans *Bonheur d'occasion* :

> Bientôt, [Rose-Anna] arriva dans la rue Workman, qui porte bien son nom. « Travaille, ouvrier, dit-elle, épuise-toi, peine, vis dans la crasse et la laideur » (100) ;

et un peu plus loin :

> Toutes les maisons – il ne faudrait pas dire les maisons, car comment les distinguer les unes des autres ; c'est au numéro seul, au-dessus de la porte, qu'on reconnaît leur piteux appel à l'individualité – toutes les maisons de la rangée, non plus deux ou trois sur cinq, mais toutes s'offraient à louer (100).

Dans le récit hétérodiégétique, on le sait, l'instance narrative n'est pas partie prenante dans l'histoire racontée ; elle est donc susceptible de tenir un discours plus « objectif » que dans le cas d'un récit homodiégétique. Or, le discours « objectif », étant entendu comme celui « qui s'efforce de gommer toute trace de l'existence d'un narrateur individuel » (Kerbrat-Orecchioni, 1980 : 71), est en réalité difficilement compatible avec de tels commentaires métalinguistiques, surtout lorsqu'ils se doublent, comme dans le deuxième exemple, de la présence d'axiologiques tel l'adjectif *piteux* et d'une répétition d'insistance : *non plus deux ou trois sur cinq, mais toutes*[2] qui trahit à suffisance les velléités démonstratives de l'énonciateur.

De même, dans *Alexandre Chenevert*, une curieuse apostrophe apparaît dans les premières pages du roman :

> Il voyait maintenant une immense portion de la carte du monde représentée en rouge. Vous savez bien qu'on ne parlait pas des Russes il y a une quinzaine d'années. On écrivait le péril rouge ; la menace bolchevique (13).

Curieuse, cette apostrophe l'est dans la mesure où elle s'adresse à un narrataire qui n'est pas représenté dans le récit. Ce narrataire extradiégétique qui, ainsi que le fait observer Genette, « se confond ici avec le lecteur virtuel, et auquel chaque lecteur réel peut s'identifier » (1972 : 266) se voit de la sorte directement pris à partie en un passage où, précisément, l'instance narrative s'est une nouvelle fois octroyé le privilège de nous livrer les pensées « profondes »

---

2. On peut admettre, en effet, que la première reprise, *toutes les maisons de la rangée*, soit due à un simple souci de clarté de la part de l'instance narratrice.

d'Alexandre Chenevert : de la monstration à la démonstration, on le voit, le pas n'est pas bien grand.

Mais c'est sans nul doute dans la présentation même des personnages que transparaît de la manière la plus flagrante la toute-puissance du narrateur ; cette présentation est, en effet, très nettement orientée. Qui plus est, les personnages ne disposent que d'une autonomie très faible et même quasi nulle ; ils servent en réalité le propos de l'auteur.

Que la présentation des personnages soit orientée, la multiplication des axiologiques le dit assez ; Rose-Anna nous est présentée comme « une petite femme ronde de partout, avec un front encore beau, des yeux bruns courageux et des rides mobiles entre les sourcils » (93). Emmanuel a peu de choses à lui envier, lui dont la figure est « animée d'une belle expression de franchise et d'amitié » (52), et plus loin : « Le sourire donnait à son visage sa naturelle expression de douceur » (54).

Si les adjectifs *beau/belle*, *courageux* et les substantifs *franchise*, *amitié*, *douceur* établissent autour de ces deux figures tout un réseau de connotations positives (c'est en ce sens aussi qu'opèrent les adjectifs évaluatifs, non axiologiques ceux-là[3], *petite* et *ronde de partout*) qui ne feront que s'étoffer tout au long du roman, ce n'est guère le cas, en revanche, dans la présentation qui nous est faite de Jean Lévesque, par exemple. On sera cependant sensible à l'habileté de Gabrielle Roy qui prend soin de décharger en quelque sorte le narrateur de cette présentation négative en l'imputant à Florentine :

> Il avançait le visage et levait sur elle des yeux dont elle discerna en un éclair toute l'effronterie. La mâchoire dure, volontaire, l'insupportable raillerie des yeux sombres, voilà ce qu'elle remarquait le plus aujourd'hui dans ce visage (12).

Si dans ce premier chapitre, la médiation d'un tiers peut encore faire illusion, ce n'est plus le cas par contre dès le chapitre suivant : « [T]out tendu vers le succès, tout dévoré d'ambition, une seule chose lui paraissait vraiment importante : l'emploi judicieux de son temps » (27). Dans un tel passage, comme en bien d'autres du roman, le narrateur est seul à assumer ce portrait, indéniablement orienté.

Dresser l'inventaire des adjectifs et substantifs associés à tel ou tel personnage reviendrait à voir s'élaborer au fil de l'œuvre de véritables configurations connotatives attachées aux figures principales et distillant comme en contrepoint une image que viendront confirmer leurs agissements mêmes.

---

3. Pour le sens de ces expressions, cf. Kerbrat-Orecchioni (1980 : 83 *sqq.*).

Alexandre Chenevert, lui aussi, nous est présenté d'une manière qui est tout sauf neutre. C'est l'adjectif *petit* qui revient le plus souvent pour le caractériser :

> C'était un homme petit, chétif, avec un immense front soucieux (17) ;

> Il était un petit homme sans dons particuliers, qui n'avait rien d'exceptionnel à offrir au monde, mais qui, pour cela justement, aurait trouvé navrant que tout l'acquis de ses pensées fût à jamais perdu (27-28).

On observera qu'il apparaît dans un cotexte non innocent qui le détourne de sa nature première d'évaluatif non axiologique vers celle d'axiologique ; autrement dit, il passe d'une nature quantitative à une qualitative : de la simple caractérisation physique, on glisse imperceptiblement vers une estimation morale.

Cette présentation orientée ne touche pas que l'aspect extérieur des personnages : ici et là, l'instance narrative n'hésite pas à démonter de manière impitoyable leur imaginaire le plus secret, qu'il s'agisse des rêveries de midinette de Florentine, qui brûle de conquérir la ville dans la foulée de Jean Lévesque (21-22), ou des plages d'évasion dérisoires que tente de se ménager Rose-Anna :

> Elle avait alors des idées innocentes et puériles. Elle imaginait un oncle riche qu'elle n'aurait jamais connu et qui, en mourant, lui céderait une grande fortune ; elle se voyait aussi trouvant un porte-monnaie bien rempli qu'elle remettait à son propriétaire évidemment, mais pour lequel elle toucherait une belle récompense. L'obsession devenait si vive qu'elle se mettait à fouiller le sol d'un œil enfiévré. Puis elle avait honte de ces fantaisies (99).

Le contenu de ces rêveries est déjà suffisamment éloquent en soi, mais comme si cela ne suffisait pas, le narrateur fait une nouvelle fois appel aux axiologiques (adjectifs *innocentes* et *puériles* et substantif *fantaisies* dont on ne sait s'il appartient au discours du personnage ou à celui du narrateur) pour moduler très sûrement leur dévalorisation, d'autant qu'ils les encadrent étroitement.

C'est le même type de prérogative que s'arroge l'instance narrative lorsqu'elle qualifie les souvenirs qu'échangent Rose-Anna et Azarius comme « [d]es riens qui les plongeaient dans des réflexions béates et faciles » (192). Ici encore, l'énonciateur « se pose implicitement comme la source évaluative de l'assertion » et fait basculer l'énoncé dans la sphère du discours subjectif (Kerbrat-Orecchioni, 1980 : 71).

Dans *Alexandre Chenevert*, les visions-clichés qu'Alexandre a de différents peuples jouent en quelque sorte le même rôle que les rêveries de midinette ou de quai de gare des personnages précédents. Ses considérations sur les Russes

(13), les Juifs de Pologne (16 et 20), les Allemands (19), les Français, les Américains, les Japonais (21), etc. constituent autant de chromos, dont le caractère passe-partout est d'ailleurs souligné par tel tic de langage :

> Au loin des cavaliers surgissaient, montés sur d'agiles petits chevaux du désert, et Alexandre imagina des burnous, des barbes noires, des yeux féroces, des Arabes, quoi ! (16) ;

> Mais il y avait eu l'attaque de Pearl Harbour et, depuis, chacun connaissait les Japonais pour ce qu'ils étaient : des traîtres, des fourbes, des Nippons quoi ! (21)

Certains de ces personnages servent à ce point la démonstration qu'ils prennent l'allure de véritables types. Le cas le plus frappant est celui de Rose-Anna qui, au sein de la classe ouvrière, apparaît comme l'illustration parfaite de la femme canadienne-française traditionnelle : profondément marquée par l'empreinte de la religion et faisant montre d'un courage et d'une énergie (presque) à toute épreuve. Cette équation que l'auteure distille véritablement dans le roman donne parfois lieu à une formulation qui fait sourire : « L'énergie lui revenait en vagues rapides, consolantes. FEMME DU PEUPLE, elle semblait en avoir une inépuisable réserve » (273 ; je souligne). Rose-Anna se voit ainsi promue au rang de modèle, de figure exemplaire.

Un procédé qui va dans le même sens est l'utilisation de paires contrastées : Jean Lévesque sert en quelque sorte de repoussoir à Emmanuel Létourneau. Cela transparaît dans le portrait qui en est donné : nous avons vu comment des adjectifs et des substantifs judicieusement choisis contribuaient à l'élaboration de véritables constellations connotatives, plutôt négatives pour le premier, franchement positives pour le second. Leur attitude aussi est révélatrice : le ton est donné d'emblée par les rapports qu'ils entretiennent avec l'établissement de la mère Philibert chez qui Jean renonce à se rendre même pour épater la galerie, tandis qu'Emmanuel y retourne pour retrouver ses copains d'enfance. Différence d'attitude que viendront confirmer leurs relations avec Florentine : dureté et ironie de la part de Jean qui ne veut pas qu'elle soit un obstacle à sa carrière, compréhension et délicatesse d'Emmanuel qui l'aime sincèrement. Rose-Anna est, elle aussi, prise dans un réseau de paires antithétiques : Rose-Anna et sa fille Florentine, Rose-Anna et l'infirmière Jenny, Rose-Anna et Azarius.... Ce dernier sera à son tour opposé à son fils Eugène par le biais de deux discussions parfaitement symétriques tenues aux *Deux Records*, et dont la seconde donnera lieu à un contraste quelque peu appuyé[4].

Les personnages ne sont toutefois pas les seuls à servir le propos de l'auteure : même l'espace et le temps sont infléchis à la démonstration en cours. L'étude

---

4. À ce sujet, cf. p. 44-51 et 243-247.

de cette question se révèle particulièrement féconde à la lumière des thèses de Mikhaïl Bakhtine. C'est lui, en effet, qui a insisté le premier sur la nécessité d'analyser conjointement les relations spatiales et les relations temporelles, la fusion des deux donnant naissance à ce qu'il appelle les chronotopes :

> Nous appellerons *chronotope*, ce qui se traduit, littéralement, par « temps-espace » : la corrélation essentielle des rapports spatio-temporels, telle qu'elle a été assimilée par la littérature [...].
>
> Dans le chronotope de l'art littéraire a lieu la fusion des indices spatiaux et temporels en un tout intelligible et concret (Bakhtine, 1978 : 237),

notion qu'il complète ainsi : « Le chronotope détermine l'unité artistique d'une œuvre littéraire dans ses rapports avec la réalité » (Bakhtine, 1978 : 384).

Les personnages ne sont toutefois pas les seuls à servir le propos de l'auteure : même l'espace et le temps sont infléchis à la démonstration en cours.

J'ai déjà eu l'occasion (Frédéric, 1989 : 1992) de souligner combien cette notion de *chronotope* permet de renouveler singulièrement l'examen de *Bonheur d'occasion* et montre toute sa pertinence quand il s'agit d'appréhender un moment aussi crucial que la crise des années trente et l'entrée en guerre du Canada. Aussi, dans les pages suivantes, me contenterai-je de rappeler les grandes lignes qui se sont dégagées de l'analyse.

Une première piste a été fournie par la progression que dessinent trois chronotopes clefs du roman : la Montagne (Westmount), Saint-Henri et « la dompe ». Progression hautement symbolique s'il en est, dès lors que le passage de l'un à l'autre correspond à une descente – descente à la fois géographique : vers le fleuve, mais aussi descente dans l'échelle sociale, puisque Westmount, lieu de résidence privilégié de la bourgeoisie anglophone, contraste avec Saint-Henri, quartier de Montréal où s'entasse la population ouvrière francophone ; à l'aspect verdoyant, aéré, pur du premier s'oppose le caractère étriqué, insalubre, voire sordide du second. Au terme de la progression géographique et sociale viendra la dompe (« le dépotoir ») : véritable bidonville jouxtant le fleuve, elle abrite le quart monde et les rats.

Appelé à jouer un rôle capital en période de crise et de chômage, le deuxième chronotope que l'on a pu relever est celui du restaurant, de la taverne – disons de l'établissement, pour adopter un dénominateur commun à des entités parfois fort différentes. Les personnages du roman convergent principalement vers trois établissements : le *Quinze-Cents*, les *Deux Records* (chez Sam Latour) et le débit d'Emma Philibert. On voit se dessiner de l'un à l'autre une hiérarchie qui rappelle nettement les trois zones montréalaises précédentes, à la différence près (déjà significative en soi) que la bourgeoisie anglophone reste, cette fois, totalement à l'écart. À l'échelon supérieur, le *Quinze-Cents* est fréquenté par la frange active de la population. En revanche, si les clients du *Quinze-Cents*, à première vue du moins, ne semblent pas trop éprouvés par la crise, c'est déjà moins vrai de ceux qui fréquentent les *Deux Records*. Travailleurs (une absence notable, et qui confirme la hiérarchie décelée d'un établissement à l'autre : celle des cols blancs) et chômeurs s'y côtoient, sans que l'exclusion du circuit du travail implique celle du lieu : Azarius qui a coutume de s'y rendre au début du roman, à l'époque où il est chauffeur de taxi, conserve ses habitudes une fois qu'il a perdu tout emploi. À l'échelon le plus bas, le restaurant de la mère Philibert est le refuge des jeunes chômeurs et/ou paumés (l'âge semble distinguer ces chômeurs de ceux qui fréquentent l'établissement de Sam Latour).

Un dernier chronotope, celui du chemin de fer, s'est révélé tout à fait fondamental, vu le contexte cerné par l'ouvrage. Capital dans le processus d'industrialisation que connaît le Québec depuis la seconde moitié du XIXe siècle, il verra son rôle accru encore par l'accélération soudaine du processus qu'entraîne l'entrée en guerre du Canada : désormais, outre ses fonctions précédentes, il se voit affecté au transport des troupes et du matériel militaire. Qui plus est, il est étroitement lié à la vie des principaux personnages ; c'est ainsi, par exemple, qu'il scande véritablement l'existence des Lacasse, qu'il en jalonne les principales étapes. De leur domicile de la rue Beaudoin à leur tout dernier logement, ils s'en rapprochent au fil du roman jusqu'à jouxter presque les rails dans les dernières pages : la descente progressive de la famille vers la voie ferrée correspondrait ainsi à l'échelonnement des différentes classes sociales de Westmount à la dompe.

Dans l'examen de ce chronotope, la scène finale de la gare Bonaventure est apparue comme essentielle à plus d'un titre. Elle voit converger et communier dans une même atmosphère de fête (« le salut par la guerre » que ne manquera pas de relever Emmanuel) ceux qui trouvaient jusqu'alors en la taverne un lieu de refuge et de discussions, même si au départ – en raison des lieux qu'ils fréquentaient, vu leur âge et/ou leur condition – certains semblaient ne jamais devoir se rencontrer, tels Pitou et Azarius notamment. Ainsi le chronotope de la gare tend à gommer la hiérarchie décelée auparavant au sein des trois établissements clefs du roman : il mêle indifféremment Florentine, serveuse au *Quinze-Cents*, le patron et les habitués des *Deux records*, de même que les protégés d'Emma Philibert.

Or, ce réseau chronotopique est tout sauf innocent : qu'il s'agisse de la taverne, du chemin de fer ou de la gare, tous ces chronotopes sont en soi emblématiques tout à la fois du processus d'industrialisation, de la crise et d'une économie de guerre.

Le rôle du chemin de fer, d'ailleurs, est en quelque sorte souligné dans le tableau : apparaissant dans les premières pages ou clôturant le roman, le train effectue un même parcours, coupant en deux la place Saint-Henri. La symbolique est pour le moins claire : à son passage, la vie s'arrête à Saint-Henri, toute activité lui est subordonnée – en temps de paix, comme en temps de guerre. Roman de la classe ouvrière sans doute, comme on l'a écrit ; mais surtout roman de la précarité de cette classe. Cette précarité trouvera un bien maigre exutoire dans la taverne, elle aussi indéfectiblement liée à la classe ouvrière (que l'on songe aux romans de Zola, notamment).

Or, ce qui frappe à l'analyse, c'est qu'au sein de ces différentes mailles chronotopiques, les personnages ne disposent d'aucune autonomie : la famille Lacasse, par exemple, est perpétuellement en porte-à-faux dans l'échelle chronotopique, tiraillée entre l'échelon supérieur et l'inférieur. Ceci se vérifie aussi bien dans la hiérarchie décelée parmi les établissements que dans celle des différents quartiers montréalais. Amenés à côtoyer le *Quinze-cents*, les Lacasse ne parviendront guère à s'y intégrer : Florentine n'y est jamais qu'une serveuse (non une cliente, à la différence de Jean ou Emmanuel) ; sa mère y fera un bref passage, mais en intruse ; son père n'y viendra jamais. De même, dans la hiérarchie des quartiers, Rose-Anna fera une incursion dans le quartier Mont-Royal, mais pour rendre visite à son fils à l'hôpital : ici encore, elle se sentira en terre étrangère (cf. Frédéric, 1989 ; 1992).

On rejoint de la sorte les conclusions qui se sont imposées lors de l'étude des personnages : enfermés déjà dans un réseau de constellations connotatives tissé parfois tellement serré qu'il engendre des paires antithétiques, voire de véritables types, les personnages se trouvent de surcroît comme emprisonnés dans ce vaste filet de chronotopes judicieusement choisis comme révélateurs d'une société industrielle en crise, puis en guerre. Dès lors, nous voici ramenés, une fois encore, à ce qui ressemble de plus en plus à une interrogation oratoire : peut-on réellement parler de narration objective à propos de *Bonheur d'occasion* ?

Dans *Alexandre Chenevert*, l'utilisation des lieux est plus traditionnelle et ne nous retiendra guère. Il n'est plus possible ici de parler véritablement de chronotopes, dès lors que « la fusion des indices spatiaux et temporels en un tout intelligible et concret » (Bakhtine, 1978 : 237) cède le pas à une dissociation des uns et des autres.

On relèvera néanmoins, sur le plan temporel, le symbolisme des saisons : le printemps montréalais et son pouvoir libérateur (« Alexandre seul [est] demeuré en hiver » (107)) ; l'été, moment de bonheur parfait pour Alexandre, qui découvre enfin l'épanouissement et la sérénité ; puis l'hiver, la tempête de neige annonçant la mort prochaine du petit homme. Sur le plan spatial, on sera sensible au fait que l'antithèse ville-campagne, quelque peu appuyée dans *Bonheur d'occasion* (cf. le voyage à Saint-Denis, qui fait l'objet du chapitre XV), trouve sa résolution en une synthèse de type humaniste : incapable de communiquer aux autres le bonheur dispensé par la campagne, Alexandre commence à s'y ennuyer et préfère s'en retourner à la ville ; ville et campagne n'ont de sens pour lui que par rapport à la solidarité humaine qui l'imprègne jusqu'à la moelle.

Mais surtout, le roman est véritablement scandé par les allusions à l'hôpital et au monde médical, qu'il s'agisse d'une comparaison anodine en apparence :

> Il se tenait sous la lumière blanche et froide tombant d'un plafond blanc sur les armoires émaillées, l'évier étincelant, le linoléum brillant d'une petite cuisine propre, blanche et morne comme une salle d'hôpital (17),

ou de la traversée du quartier des médecins qu'Alexandre effectue par hasard et qui s'achève sur l'évocation de l'inscription :

SILENCE
HOPITAL
HOSPITAL ZONE (112),

en même temps que sur une prolepse évidente : « Il rêvait du bonheur, dès qu'il serait sur le point de quitter la terre, d'être soigné, compris, regretté peut-être... » (112). Le chapitre XIX, qui évoque son admission à l'hôpital, débutera par la même inscription, tandis que le roman s'achève sur le souvenir laissé par Alexandre un peu partout dans la ville.

Dès lors, davantage que d'une histoire, il s'agirait une nouvelle fois d'une véritable démonstration, savamment distillée au fil des pages, à l'instar de ce qui se passait pour *Bonheur d'occasion*.

Ainsi, s'appuyant sur un narrateur omniscient, l'auteure met en place, dans *Bonheur d'occasion* aussi bien qu'*Alexandre Chenevert*, une réelle stratégie romanesque qui transparaît dans les jeux sur la modalisation, la sélection d'adjectifs et de substantifs modulant de véritables constellations connotatives, de discrets changements de plans qui font passer insensiblement du discours du personnage à celui du narrateur, ou même certaines intrusions plus franches, voire des apostrophes directes au lecteur, et surtout dans le traitement très particulier réservé aux personnages et même aux lieux, qui servent incontestablement la démonstration.

Il est intéressant de mettre cette technique d'écriture en relation avec la fortune qu'ont connue les premiers romans de Gabrielle Roy, ainsi qu'avec l'orientation ultérieure de son écriture. La réception particulièrement favorable réservée à *Bonheur d'occasion* s'explique en grande partie par l'aspect thématique de l'œuvre. Elle tient, on le sait, au caractère doublement novateur de l'ouvrage, à la fois roman urbain et roman de la classe ouvrière. Mais elle est due aussi, et pour une part non négligeable, à l'élection d'un moment privilégié : l'impact du roman est en effet d'autant plus grand que le contexte cerné par l'auteure est encore très proche dans le temps et surtout dans les esprits. Si l'action se déroule de fin février à fin mai 1940, référence est faite également à la crise des années trente, en tout cas à ses dernières années. C'est donc à la fois la fin de la crise et l'entrée en guerre du Canada qui servent de toile de fond au roman ; en définitive donc, un contexte proche avec juste ce qu'il faut de distanciation pour amortir le choc auprès de ceux qui eurent à en souffrir. Même si en 1945 la situation a changé – en effet la guerre a pris fin et le Canada connaît et connaîtra des années de prospérité socio-économique assise précisément sur la guerre et la reconstruction en Europe –, les échos réservés dans le roman aux problèmes quotidiens vécus peu de temps auparavant par la population de Saint-Henri sont nombreux et susceptibles de résonner en plus d'un. Ainsi sont abordés le problème du chômage, la question du travail des femmes, le thème des maternités multiples et ses corollaires inévitables, à savoir l'aggravation des problèmes économiques de départ, le vieillissement précoce de la mère, la faiblesse de constitution des enfants, etc.

Pourtant, malgré cette entrée royale en littérature, le roman suivant, *La Petite Poule d'Eau*, va susciter un certain étonnement et même une relative déception dans le public qui n'y retrouve plus le ton, l'univers et plus généralement la « griffe » de *Bonheur d'occasion*. Le troisième roman, *Alexandre Chenevert*, viendra quelque peu corriger cette impression en permettant de dégager – mais généralement par dessus le deuxième roman – certaines constantes thématiques et d'écriture. Il n'atteindra pourtant jamais le succès de *Bonheur d'occasion*, considéré comme le chef-d'œuvre de Gabrielle Roy.

À techniques sensiblement semblables, *Alexandre Chenevert* ne bénéficiait plus de « l'effet pionnier ». Bien sûr, Gabrielle Roy y poursuit la même dénonciation du tragique quotidien, mais le problème de la guerre froide, la campagne de non-violence de Ghandi, la reconnaissance de l'État d'Israël apparaissent comme beaucoup plus lointains que l'engagement de fils, de frères ou de maris dans les combats de la Seconde Guerre mondiale[5]. Les thèmes, mais aussi les procédés mis en œuvre dans *Bonheur d'occasion*, avaient du moins le mérite de la nouveauté ; reconduits, ils risquent à la longue de s'épuiser, ce qui explique la réception mitigée d'*Alexandre Chenevert* et celle, encore plus fraîche, réservée à *La montagne secrète*, perçu par d'aucuns comme un roman raté.

---

5. À ce titre, plus d'un lecteur devait s'identifier non à Alexandre, mais à Godias ou à Eugénie Chenevert.

La seconde veine, la veine homodiégétique, inaugurée tout de suite après *Bonheur d'occasion*, avec *La Petite Poule d'Eau*, offrira à Gabrielle Roy une heureuse solution. Elle pourra y aborder des sujets qui l'ont touchée directement, y évoquer des êtres qu'elle a personnellement côtoyés ; mais, en outre, sa subjectivité peut s'y afficher sans précautions oratoires. Ainsi, ce renouvellement opéré sur le plan de l'écriture évite à l'œuvre d'aboutir à une impasse, en même temps qu'il dégage son auteure de l'image de marque quelque peu encombrante de *Bonheur d'occasion*.

RÉFÉRENCES

Alain, Albert (1945). « Bonheur d'occasion », *Le Devoir*, 15 septembre : 8. Repris dans Roy, 1978 : 389-393.

Bakhtine, Mikhaïl (1978). *Esthétique et théorie du roman*. Paris : Gallimard.

Frédéric, Madeleine (1987). « Lecture » dans Neel Doff, *Keetje*. Bruxelles : Labor, 251-72.

Frédéric, Madeleine (1988). *« Keetje* de Neel Doff et *Bonheur d'occasion* de Gabrielle Roy : romans de crise et stratégie romanesque », *Cultures du Canada français*, 5, 155-162.

Frédéric, Madeleine (1989). « Le roman québécois et la Seconde Guerre mondiale : Saint-Henri dans la tourmente », dans *Il Canada e la guerra dei trent'anni : l'esperienza bellica di un popolo multietnico*. Milan : Guerini, 301-312.

Frédéric, Madeleine (1992). « Montréal dans la crise des années 30 : *Bonheur d'occasion* ou la stratégie des chronotopes », dans Madeleine Frédéric (dir.), *Montréal, mégapole littéraire*. Bruxelles : Centre d'Études canadiennes, Université Libre de Bruxelles, 75-82.

Genette, Gérard (1972). *Figures III*. Paris : Seuil.

Kerbrat-Orecchioni, Catherine (1980). *L'énonciation de la subjectivité dans le langage*. Paris : Armand Colin.

Morand, Gilles (1954). *Le Temps*, 23 avril : 5. Repris dans Roy, 1979a : 388-390.

Roy, Gabrielle (1978) [1945]. *Bonheur d'occasion*. Montréal : Stanké.

Roy, Gabrielle (1979a) [1954]. *Alexandre Chenevert*. Montréal : Stanké.

Roy, Gabrielle (1979b) [1970]. *La rivière sans repos*. Montréal : Stanké.

Roy, Gabrielle (1980) [1950]. *La Petite Poule d'Eau*. Montréal : Stanké.

Alexandre Chenevert :
récit pluricodique

Vincent L. Schonberger

Alexandre Chenevert (Roy, 1979) est la preuve d'une excellence atteinte une fois dans la vie d'une écrivain. Loin de rompre avec la perspective de la production littéraire antérieure de Gabrielle Roy, cette œuvre paradoxale s'inscrit parfaitement dans le cycle de ses romans protestataires à narrateur externe. Elle se fonde sur les mêmes interrogations concernant l'existence humaine, sur le même espoir de paix et de fraternité universelles, sur la même aspiration à un monde meilleur, à un monde plus juste que *Bonheur d'occasion* (Roy, 1945). Gabrielle Roy exploite dans son *magnum opus* les mêmes problèmes de l'existence humaine que dans son premier roman, mais d'une manière différente. Elle nous montre que les bienfaits de l'ère technique, loin d'apporter le bonheur universel du paradis terrestre promis, n'entraînent bien souvent que des malaises funestes : ceux de la routine, de la névrose, de la désagrégation familiale et sociale. Ils occasionnent l'aliénation de l'individu de son travail, de lui-même et de ses semblables. Réduisant l'individu à l'état d'esclavage, les soucis de la vie moderne le condamnent à une existence tragique et machinale, à un emprisonnement psychologique et physique, à un dépérissement graduel mais inévitable (Whitfield, 1974 : 113). Dans son premier roman « miroir » misérabiliste qu'est *Bonheur d'occasion*, toutes les composantes du texte tendent à représenter cette réalité urbaine tragique. Les personnages sont associés à une personne, l'espace romanesque est décrit comme s'il s'agissait de lieux réels, les événements sont restitués par rapport à une chronologie comme s'ils s'étaient réellement passés. Sans rendre manifeste le fonctionnement du texte comme narration, le texte de ce roman socioréaliste donne l'illusion de la réalité. On ne voit que très peu de tension dans le rapport que le texte entretient avec la réalité « reflétée » (Dällenbach, 1977). En fait, c'est le souci du réalisme documentaire qui oriente toutes les composantes de ce roman « miroir » : sa narration, sa description, son espace, sa chronologie, aussi bien que la création de ses personnages (Smart, 1988 : 200-208). Soucieuse de « coller » le plus fidèlement possible à la réalité misérable de Saint-Henri, la romancière accorde une très grande importance aux procédés associés au roman de reportage, tels l'emploi de la troisième personne, la description minutieuse de la vie physique, sociale et affective des personnages, la préférence accordée à la narration de type panoramique aussi bien que l'appel constant au *logos*, c'est-à-dire au raisonnement logique du lecteur. Elle dissimule l'aspect fictif de son œuvre par une technique quasi naturaliste, à l'aide de descriptions détaillées, concrètes et abondantes (Ricard, 1984 : 444-446). Par conséquent, *Bonheur d'occasion* devient un miroir qu'on promène le long d'une route.

Dans *Alexandre Chenevert*, c'est la tension inverse qui prédomine. Gabrielle Roy remet en question le code narratif de son roman « miroir » qu'est *Bonheur d'occasion*. Elle se sert des éléments de la représentation pour dévoiler le fonctionnement du texte afin de nous montrer que le texte n'existe pas à l'avance, qu'il est production de sa propre réalité. En effet, il ne s'agit pas tant dans *Alexandre Chenevert* de la création de l'illusion d'une réalité objective que de l'exploitation des éléments de l'histoire pour bloquer cette référence initiale à la réalité, pour poser « à l'intérieur du texte le problème même de son fonctionnement » (Van Rossum-Guyon, 1972 : 415). En vérité, ce n'est pas l'anecdote qui fait défaut dans ce roman réfléchi, « existentialiste ». L'histoire tragique et pathétique d'Alexandre est représentative d'un assez grand nombre de personnes. Ce sont plutôt son caractère de certitude, sa tranquillité et son innocence qui sont mis en question. À l'opposé de *Bonheur d'occasion*, la romancière renonce à accréditer l'idée d'une plénitude du sens et d'une signification totalisante du monde. Elle n'hésite pas à récupérer, au profit du texte et de son exploration, les éléments de la représentation, à percevoir le texte comme un travail d'écriture, à utiliser les éléments de l'histoire d'Alexandre selon un processus d'auto-représentation, de mise en abyme, pour contester la référence que l'histoire tentera d'imposer. On se rappellera que le chapitre XV est entièrement consacré à la problématique des codes et de l'écriture (Roy, 1979 : 249-255). En effet, il importe moins d'inventorier les données documentaires d'*Alexandre Chenevert*, puisqu'une telle identification ne tiendrait pas compte de sa spécificité en tant qu'œuvre littéraire. Même si la conception du monde de ce roman montréalais représente un ensemble de commentaires sur la société québécoise des années quarante, sans la transposition de cette matière première, sans la mise en lumière des malheurs d'Alexandre, les drames tragiques de la vie soucieuse de ce pauvre caissier ne seraient devenus qu'une histoire assez banale, assez insignifiante, privée de toute vie véritable, de toute vérité artistique, de toute portée universelle (Janeway, 1955 : 5). Afin de mieux déceler les techniques d'organisation et d'exploration de cette réalité montréalaise première, qui, avant de trouver sa pleine réalisation dans ce grand roman protestataire, donna lieu à trois nouvelles satiriques, « Feuilles mortes » (Roy, 1948a), « La justice au Danaca et ailleurs » (Roy, 1948b) et « Sécurité »

(Roy, 1948c), il serait à propos de considérer le récit de ce livre forcé et imposé par le succès de *Bonheur d'occasion* (Ricard, 1984: 448-449) sous deux aspects différents: d'abord en tant qu'histoire, c'est-à-dire représentation de la suite d'un certain nombre d'événements survenus ou non au passé qui, jusqu'à un certain point, pourraient se confondre avec la réalité montréalaise représentée des années quarante, et deuxièmement en tant que discours, c'est-à-dire énonciation supposant un locuteur et un auditeur, voire une organisation particulière des événements de l'histoire d'Alexandre par le représentant fictif de l'auteure, son narrateur extrahétérodiégétique.

Afin de transposer l'histoire d'Alexandre en récit romanesque, Gabrielle Roy élargit la perspective restreinte de ses nouvelles satiriques par l'optique omnisciente de la trame narrative. Cependant, elle n'assume pas directement l'instance narrative, comme elle le fait dans ses œuvres autobiographiques à narratrice intrahomodiégétique, *La Petite Poule d'Eau* (1950) et *Ces enfants de ma vie* (1977). Tout comme dans ses œuvres à narratrice-actrice interposée, notamment *Rue Deschambault* (1955) et *La route d'Altamont* (1966), la romancière maintient la distance narrative au maximum. Elle considère son énoncé comme faisant partie d'un monde distinct d'elle-même. Ni sujet de l'énonciation ni sujet de l'énoncé, elle transforme l'instance narrative d'*Alexandre Chenevert* en instance narrative transsubjective et transpronominale. Tout ce que le lecteur connaît de ce narrateur anonyme, c'est qu'il raconte l'histoire d'un autre à la troisième personne et qu'il maintient constante la distance qui sépare son point de vue de celui de ses personnages. Externe à l'histoire, ce narrateur omniscient ne focalise jamais son point de vue sur la vision d'un d'entre eux. Il n'accepte jamais directement les pensées, les modalités ou les jugements de ses personnages. Sans exercer d'action directe sur le déroulement du drame, le narrateur omniscient d'*Alexandre Chenevert* se trouve dans la même position que Dieu. Il connaît les événements passés, présents et futurs de tous les personnages, simultanément, ce qui lui permet d'opérer une transition graduelle entre le contexte narratif et celui du paranarratif, de ramener à l'intérieur du récit fictif des discours sociopolitiques ou esthétiques qui lui sont fictivement extérieurs. Possédant les facultés d'ubiquité et d'omniscience, l'illusionniste qu'est ce narrateur recourt à une technique panoramique exhaustive. L'on peut facilement déceler la présence de cette instance narrative ubiquiste à fonction textuelle et paratextuelle dans la réflexion intradiégétique de l'histoire d'Alexandre, contamination discursive où le narrateur dépasse la dichotomie histoire/ discours par la reduplication de l'instance narrative. Diluant son discours dans le personnage, il injecte son discours personnel dans l'écriture d'un autre, ainsi dans le rapport médical apparemment objectif du docteur Hudon, écrit toujours à la troisième personne:

Petit homme maigre, d'aspect maladif, paraît plus âgé qu'il n'est... Avoue avoir déjà, *dans le temps*, consulté un autre docteur qui ne lui aurait rien trouvé... Se contredit fréquemment. *Jongle*. Souffre actuellement de l'estomac. Pas de douleur vive à l'épigastre. Céphalée en casque. Souffre de la gorge... de l'indélicatesse et du manque de savoir vivre de notre époque... Souffre des voisins, de leur radio, de la propagande qui *règne dans tous les domaines*. On ne sait plus, prétend-il, où on va de nos jours... (Roy, 1979 : 157).

Une telle mise en abyme sous forme de microrécit n'est en réalité qu'un aveu déguisé et dialogique de l'auteure avec son œuvre. Le roman se constitue en évidence, révélant ses propres lois de symbolisation, de structuration et de fonctionnement. Située aux confins du dedans et du dehors, cette répétition interne constitue une surface à deux dimensions. En tant que réplique miniaturisée de l'» histoire » d'Alexandre, cet autoenchâssement narratif en résumé intratextuel introduit dans la diégèse un facteur de diversification. Par sa pratique d'autoréférence concentrante de l'ensemble de l'histoire d'Alexandre, la romancière réactualise les événements antérieurs du texte. Elle exhibe ainsi la loi sous-jacente des modes fondamentaux d'arrangement et de structuration du roman, consistant à projeter sur l'axe syntagmatique un équivalent paradigmatique quasi mimétique. C'est la focalisation de la voix du personnage qui se trouve ainsi subordonnée au « mode », c'est-à-dire à la « vision » du narrateur. Comme point culminant d'une objectivité quasi scientifique, l'analogon synecdochique à narration extérieurement focalisée du docteur Hudon « montre » l'objet focalisé du récit, Alexandre, sans le truchement d'un narrateur intermédiaire. Il permet au récit de s'assurer comme récit et de contester la fiction, en annonçant discrètement, comme en une allégorie, la fin de cette fiction même. Ainsi la romancière cache-t-elle la création fictive sous une apparence de reproduction véritable, sous l'impersonnalité et l'impartialité de l'illusion du discours médical mimétique.

Cette technique de distanciation, qui se donne l'allure d'une étude quasi clinique, aboutit à un jeu baroque du récit sur le récit. En déléguant le récit à un deuxième narrateur intradiégétique, au docteur Hudon, le narrateur se détache de la représentation illusionniste pour rapprocher le récit du lecteur. Comme dans l'art abstrait, ce procédé narrativo-descriptif supprime la loi de la perspective narrative. Il aboutit à une représentation de la surface des choses, à une évocation mimétique du monde. Comme le souligne bien Barthes (1970), la multiplication des « effets de réel » facilite l'acceptation du fait romanesque.

Gabrielle Roy se sert de cette même stratégie d'hybridation, de ce même effacement des frontières entre le discours du narrateur et celui du personnage, de cette même équivocité d'accents, dans la démythification du discours socioculturel cité. Sa technique de dédoublement du discours citationnel consiste soit à agglutiner le discours du narrateur à la parole des autres, soit à substituer son discours à celui d'un sujet anonyme indéterminé, soit à supprimer le discours de l'autre par l'emploi de points de suspension. Se servant des valeurs poético-narratives des points suspensifs, l'auteure recule devant la formulation de la fin d'un message. Elle invite ainsi le lecteur à interpréter correctement son code polysémique et indéterminé, à poursuivre une réflexion, à examiner ses propres conceptions du monde. Van Rossum-Guyon a bien montré dans *Nouveau roman: hier, aujourd'hui* (1972 : 403) comment l'élaboration d'une nouvelle logique à partir de la double contrainte du mot à mot, l'insertion littérale des textes anciens ou contemporains, littéraires ou paralittéraires, qui sont soumis au travail de l'écriture, la multiplication des mises en abyme, la réflexion sur la problématique de l'écriture, tous ces procédés ont en commun de décentrer l'intérêt de l'histoire racontée vers le fonctionnement global du texte, en mettant à nu le procès de son énonciation. Le but de ces procédés de singularisation est d'obscurcir la forme, d'augmenter la difficulté du décodage, de prolonger la durée de la réception et d'inviter ainsi le lecteur à s'adonner à une méditation. Par exemple :

De l'encre, une plume, du papier et lui aussi allait confier ses impressions ! [...]

Du lac Vert, il ferait entendre sa voix. Il écrirait. Si possible, il éclairerait. [...]

Rien ne lui venait. C'est-à-dire rien que des bouts de phrases qui avaient l'air de lui arriver en droite ligne de son journal à cinq cents, des slogans répandus dans les tramways. C'était loin de ce qu'il attendait de lui-même, ces banalités, comme par exemple : « Le silence répare les nerfs... Nos tracas disparaissent d'eux-mêmes face à notre mère, la nature... Allez au fond des bois si vous voulez guérir... » Il se faisait l'effet d'écrire dans le ton des messages publicitaires, et il était le premier à sentir que cela ne touche personne. Il semblait que le ton faux de la propagande eût mis sa griffe sur lui (Roy, 1979 : 250-252).

Tout en soulignant l'étrangeté du texte publicitaire par l'encadrement des guillemets français, Gabrielle Roy met en relief la littérarité de son roman, contestant ainsi la notion traditionnelle de la mimêsis. Ces procédés d'intervention et d'opacification, qui relèvent du mimétisme graphique, permettent à la romancière de désigner son roman comme tel, comme un objet fabriqué qui est à la fois matériel et esthétique. En sortant le langage publicitaire de la norme représentée par le langage banalisé et monosémique des slogans, la romancière attire l'attention du décodeur sur l'acte de lire et, en particulier, sur le statut extraordinaire du texte littéraire par rapport au commun des textes référentiels ou publicitaires. C'est le cas de la « lettre toute faite » d'Alexandre, « écrite en phrases un peu longues et solennelles » (Roy, 1979 : 253), « le seul genre de prose qui lui était assez familier » (...) mais « dont il n'avait pas le goût » (Roy, 1979 : 255) :

« Nous avons le plaisir de vous remettre inclus extrait de votre compte courant arrêté au 1er novembre et présentant en votre faveur un solde de $ 100. 25 (cent dollars et vingt-cinq cents) dont nous vous créditons à nouveau. Nous vous prions de l'examiner et de nous dire... de nous dire... de nous dire... » (Roy, 1979 : 254).

Le langage utilitaire et strictement informatif de cette lettre d'affaires, de ce « texte d'idées », a pour objectif prioritaire la volonté de communiquer un message clair, transparent et unique. Les mots de ce langage idéalement monosémique ne servent qu'à transmettre une information d'une manière neutre (autant que possible) et ils s'évanouissent aussitôt qu'ils ont joué leur rôle de commis voyageurs de l'idée. Contrairement au texte littéraire qui cherche à agir sur le lecteur à la fois par le sens et par la forme, à suggérer autant qu'à informer, le message neutre et objectif véhiculé par ce langage transparent et utilitaire n'agit sur le destinataire que par son contenu. Donc, le mimétisme référentiel du langage publicitaire et commercial servirait à mettre en scène et à souligner la pauvreté de tout projet langagier qui se contente de nommer, de toute tentative pour étiqueter le monde, et à nous mettre en garde contre la réification du langage, contre sa prétendue capacité à cerner le « réel ». On se rappellera que, selon Genette, « la seule imitation, c'est l'imparfaite » (1969 : 56). Afin de dévoiler la discordance de ces codes socioculturels, c'est-à-dire l'irréductible inadéquation des mots par rapport à la vérité impossible à dire, la romancière applique au domaine des idées-concepts les principes d'une modalité particulière polyphonique, celle de la réflexivité, mode de réfutation antagonique qui, selon Freud (1934 : 174), opère par dénégation. Le glissement axiomatique vers la négativité de ce procédé antithétique fait reconnaître au lecteur les incongruités dans l'esprit des personnages, incompatibilités que ceux-ci s'avèrent, le plus souvent, impuissants à identifier. C'est le cas de l'abbé Marchand qui essaie de reconvertir Alexandre à l'hôpital :

— Il faut aimer Dieu ; c'est le premier des commandements. Allons, cessez de vous tracasser. Il suffit de penser, de dire : « Mon Dieu, je vous aime... » [...]

Suffisait-il de dire la chose ou ne devait-elle pas jaillir du cœur ? (Roy, 1979 : 327-328).

On rencontre dans le discours religieux de l'abbé Marchand deux voix incongrues : celle de l'abbé, qui tente d'offrir une explication cohérente de l'amour de Dieu, et celle du narrateur qui, sous forme de commentaire hypothétique, discordant et réflexif (« Suffisait-il de dire la chose ou ne devait-elle pas jaillir du cœur ? »), relève l'absurdité de l'attitude « officielle » de l'abbé. En mêlant ces deux voix, le narrateur cherche, d'abord, à persuader le lecteur du sérieux de son intention par l'autorité d'un texte biblique (« Il faut aimer Dieu ; c'est le premier des commandements »). Ensuite, la voix ambiguë du narrateur lui rappelle par l'intonation des propos de l'abbé (« Allons, cessez de vous tracasser. Il suffit de penser, de dire : "Mon Dieu, je vous aime"... »), que son propos n'est pas à prendre au sérieux. Une telle bifurcation du récit invite le lecteur à un renversement de valeurs, à une réinterprétation de la vision incongrue et dissonante du monde religieux dialectique de l'abbé, où s'intègrent, dans une formule apparemment harmonieuse mais illogique, deux conceptions exclusives de Dieu : celle d'un Dieu d'amour et celle d'un Dieu de vengeance :

> Est-ce que c'est du même Dieu qu'il est toujours question ?
>
> — Mais oui, concéda l'aumônier d'un air un peu pincé. Dieu est justice ; il doit punir le mal ; mais il est aussi amour infini, miséricorde sans limites. Ne soyez donc pas si soupçonneux (Roy, 1979 : 351).

Ce mode de double énonciation antonymique opère à partir de deux composantes dont la deuxième, parodique, pose le contraire du contenu communiqué. Afin de dévoiler l'absurdité à demi cachée de cette conception officielle et paradoxale de Dieu, la romancière revalorise rétroactivement l'un des éléments antithétiques (aimer-perdre) de la fausse logique de l'argumentation dialectique de l'abbé. Elle démythifie le caractère antithétique de son discours religieux à double isotopie initiale (aimer-perdre) par l'incompatibilité sémantique d'un commentaire parodique antagonique (aimer-craindre) :

> — L'amour, Dieu veut l'amour, dit l'aumônier. [...]
>
> — Il nous a créés libres, dit l'abbé, de l'aimer... ou de ne pas l'aimer... c'est vrai, fut-il amené à le concéder. Mais, si nous ne l'aimons pas, nous nous exposons à être privés de lui.
>
> Alexandre considéra ce non-sens, cette effroyable situation : aimer Dieu ou le perdre ; ou plutôt l'aimer parce qu'il était à craindre [...]. Est-ce que Dieu, avec son ciel, pensait donc acheter l'affection des hommes ? [...] Ainsi donc, l'au-delà faisait des hommes les esclaves de Dieu (Roy, 1979 : 328-329).

Nous retrouvons cette même technique d'élucidation antithétique dans la caractérisation parodique de l'abbé Marchand, un de « ces prêtres qui, plutôt qu'en alliés des hommes, se posent comme la police de Dieu ; qui paraissent moins être du côté de Dieu qu'avoir Dieu de leur côté » (Roy, 1979 : 322). La romancière renverse le parallélisme initial entre « alliés des hommes » et « police de Dieu » par l'interversion de ces deux signifiants quasi identiques, chiasme qui engendre deux signifiés très différents, voire opposés. Ce renversement de rapports opère par la revalorisation de l'élément différent à l'intérieur de la structure ressemblance/différence : « être du côté de Dieu [...] avoir Dieu de leur côté ». Par cette structuration oppositionnelle (même/autre) parodique, la romancière bouleverse non seulement le monde de l'abbé, mais toute une hiérarchie religieuse, dynamisée par la dialectique structurelle de l'antithèse. Dieu est, pour ainsi dire, remis au service des hommes de la religion. La grande romancière veut non pas tant expliquer que suggérer. Non seulement veut-elle faire « voir » au lecteur, elle veut également qu'il voie plus, qu'il voie différemment. Comme elle le souligne bien dans « Jeux du romancier et des lecteurs » : « Il n'y a rien de plus utile, de plus magnifique à accomplir en ce monde que de nous éveiller ainsi à tout ce que l'habitude nous cache » (Gagné, 1973 : 269).

La technique parodique et subversive de Gabrielle Roy vise la transgression de l'homologation des valeurs institutionnalisées, soit esthétiques, soit idéologiques. Étant de nature intertextuelle, elle présuppose la coexistence de deux formes, de deux voix incongrues, à l'intérieur d'un même texte. Tout en faisant appel à la répétition, à la contradiction et à la différence, ce procédé de distanciation et de transgression narrative souligne la dichotomie ressentie entre la forme et son contenu. Le parodié est donc un autre texte, un autre code. Afin de démasquer le caractère poncif et clandestin des affiches à caractère publicitaire, Gabrielle Roy recourt à l'usage de la technique du collage textuel, modèle pictural de l'écriture qui dissocie les stéréotypes socioculturels par la différenciation formelle, par la visualisation d'un autre langage, d'une autre écriture, celle des annonces publicitaires. Le narrateur prend ses distances vis-à-vis de ce langage sclérosé, stéréotypé et incongru et discrédite par une analogie linguistique tout ce qui est directement « voulu » et sérieusement proposé dans ces discours à persuasion clandestine, conventionnels et faux :

Santa Claus se mêlait de l'affaire. C'était à présent un personnage du commerce. Jusqu'à une banque qui annonçait, par la bouche d'un Santa Claus malin :

JE SUIS PRÊT POUR NOËL. L'ÊTES-VOUS ?
AVEZ-VOUS OUVERT UN COMPTE EN BANQUE ?

Les souhaits tombaient pour ainsi dire du ciel, étalés sur toute la longueur des panneaux-réclames.

SHELL VOUS SOUHAITE
SANTÉ, PROSPÉRITÉ, JOIE.

Paix au ciel et sur terre aux hommes de bonne volonté, rappelait une boulangerie métropolitaine. Les lettres étaient énormes, le pain aussi.

Les pneus, la gazoline, les lubrifiants souhaitaient également le bonheur aux hommes (Roy, 1979 : 304).

Mis à part spatialement, typographiquement et, bien souvent, chronologiquement, ces discours publicitaires renvoient à des situations en dehors de l'univers fictif du discours narratif. Indépendantes de l'instance de l'énonciation fictionnelle du narrateur, ces ellipses textuelles créent des clivages dans le texte. Elles renvoient le lecteur au-delà du cadre spatio-temporel de la diégèse et rendent le cadre du récit plus vaste et moins certain. C'est l'univers socio-réaliste même, dans lequel le lecteur essaye d'ancrer la référence et le sens du texte, qui se trouve ainsi déstabilisé. Une fois cités, ces mêmes discours socio-éonomiques ne sont plus les mêmes. Ils sont, pour employer la terminologie de Derrida (1967b : 112), décentrés et ne coïncident plus avec eux-mêmes. Ces discours cités au présent ne font pas partie du même continuum spatio-temporel que celui de la narration au passé. Isolés, ils sont débrayés de leur contexte énonciatif originel. Recommandés à l'attention spéciale du lecteur par l'isolement scripturaire des lettres capitales, ces énoncés de mimétisme graphique s'affichent plutôt comme reproductions d'un déjà-dit que comme signes à déchiffrer, comme choses plutôt que comme mots. À vrai dire, ces discours informatifs décontextualisés n'offrent plus à lire à l'intérieur du schéma de la communication textuelle, mais dans l'inflexion, dans le « recueillement » des voix qui y alternent. Le problème est justement de savoir qui parle à l'intérieur de cette doublure qu'est la citation. Pour y répondre, il faut plutôt s'interroger sur le type de relation qu'entretiennent entre elles la voix anonyme de la réclame et la voix du narrateur qui la cite, voix médiatrice, critique, ironique, voire parodique. En examinant la superposition de ces deux voix à l'intérieur d'un seul et même texte, le lecteur perçoit que le discours socio-économique cité est en relation parataxique avec la narration. La narration, à son tour, devient le lieu suspect et équivoque de deux discours, de deux codes parallèles où le narrateur tâche d'organiser et de maintenir une séparation radicale entre un texte à caractère persuasif et le discours qu'il soutient.

Dans l'exemple de l'exploitation commerciale de Noël, le narrateur avertit à l'avance son destinataire de l'inauthenticité de ces discours anthropocentriques à persuasion clandestine par l'embrayeur tonal de son commentaire : « Les souhaits tombaient pour ainsi dire du ciel ». Cette alerte s'inscrit dans l'incompatibilité sémique de son mode inférentiel, processus subversif dans lequel le sujet parlant de l'énoncé romanesque, le narrateur, affirme son propre énoncé inféré, à partir d'autres séquences référentielles, donc citationnelles. Le narrateur révèle la dérisoire inadéquation de ce procédé d'animation à la pensée logique par la création des isotopies destructrices des anomalies sémantiques. Il rapproche par un effet de langage (métaphorisation) des réalités naturellement éloignées dans leur contraste et leur exclusivité : « SHELL », entité abstraite, inanimée et « SOUHAITE », verbe performatif, normalement réservé aux personnes. La structure logique du langage même s'en trouve désorganisée. Il y a alors glissement de la dénotation initiale de la réclame vers la connotation contraire. On retrouve la même confrontation des structures sémantiques incompatibles à l'intérieur de la phrase : « Les pneus, la gazoline, les lubrifiants, souhaitaient également le bonheur aux hommes ». À l'intérieur de cette *pathetic fallacy*, comme dans la prosopopée de la phrase précédente, où une boulangerie métropolitaine rappelle la « paix au ciel et sur terre aux hommes de bonne volonté », les lexèmes « pneus, gazoline, lubrifiants », dénotant des objets inanimés, possèdent un axe sémantique antonyme de celui exigé par la combinatoire du verbe performatif « souhaitaient ». L'incompatibilité sémique de ce procédé artificiel, tout en renversant le sens des sèmes, délimite les possibilités référentielles du texte cité à une interprétation unique, négative. Ce mode indirect de la mise en place du code herméneutique, qui n'est rien d'autre qu'un instrument d'ambiguïsation du faire narratif, fonctionne par des principes de retardement du récit, par ce que Barthes (1972 : 51-52) appelle les leurres, système de fausses pistes, de blocages, d'indices vrais ou truqués, de suspens, d'équivoques, d'effets dilatoires, de réponses suspendues, etc., techniques narratives qui servent à brouiller ou à retarder l'information véhiculée par le récit. Ces stratégies référentielles, qui supposent et de la part du narrateur et de la part du lecteur une attitude de détachement, jouent un rôle important dans la circulation, la réception et l'exploration des messages du roman. L'emploi de cette approche subreptice de l'absurde ou diasyrme permet à la romancière de masquer son ironie, d'objectiver sa parole, de faire semblant de la donner à un autre :

> Et il lut dans le ciel :
>
> BUVEZ PEPSI-COLA.
>
> Il ramena le regard dans la rue. Une camionnette filait, couverte à l'arrière d'une affiche saisissante :
>
> LISEZ L'AVENIR DU PAYS. IL DIT LA VÉRITÉ.
>
> Devant un temple baptiste, on annonçait un sermon selon saint Mathieu... et on disait : Venez à l'église... La prière est toute-puissante... (Roy, 1979 : 270).

Gabrielle Roy intègre sa parole dans le discours d'autrui par les mots-agents inférentiels : « on disait », « on annonçait », « venez », « lisez », etc., autant d'embrayeurs qui fonctionnent à la fois comme jonctifs et translatifs. En tant que jonctifs, ils nouent deux énoncés minimaux (l'un narratif et l'autre citationnel) dans une troisième instance, celle de l'énoncé global du roman. En tant que translatifs, ces mots-agents transfèrent un énoncé idéologique d'un espace vocal ou scriptural dans un espace littéraire, celui de la narration. Conservant un statut d'objet étranger par rapport au discours narratif, ces signes/textes possèdent à la fois l'effet d'un énoncé et celui d'une énonciation, car ils appartiennent néanmoins à la totalité du texte écrit. Par leur décalage de la substance du contenu, ces référents possibles et virtuels fonctionnent comme débrayeurs sur le plan de la contiguïté et comme embrayeurs de la fiction sur le plan de la similarité. À la fois métatextes et suppléments au texte, ils se situent sur les bords ambigus de la fiction, agissant à la fois « en dehors »

comme « mode d'emploi » de la fiction, et « en dedans » comme extension de
ce même discours. L'art de la romancière consiste justement à maintenir, à la
manière d'un funambule, une position intermédiaire, indéterminée, hésitante
et équilibrée, tout en évitant de tomber soit dans l'acceptation sérieuse des
formules idéologiques soit dans la contradiction sans issue des paradoxes inso-
lubles. Étant simultanément destinataire d'un discours politico-économique
et destinatrice d'un nouveau discours littéraire dialogique (Bakhtine, 1970), la
romancière joint les deux instances de l'émission et de la réception dans une
troisième instance, celle de l'inférence romanesque. C'est le cas des inscrip-
tions appellatives en majuscules à la Banque d'Économie où, selon la bonne
conscience presbytérienne, religion et prospérité sont placées « sur le même
plan honorable » :

> DONNONS AU TRAVAIL
> TOUTE L'ÉNERGIE DE NOS BRAS.
> APPLIQUONS NOTRE VOLONTÉ
> À SUIVRE LE CHEMIN
> QUE NOUS MONTRE LA RELIGION.
> PUISONS NOTRE FORCE
> DANS L'ESPRIT DE SACRIFICE
> ET D'ÉCONOMIE.
> LA PROSPÉRITÉ ET LE BONHEUR
> RÉCOMPENSERONT NOS EFFORTS (Roy, 1979 : 39).

Le langage exhortativo-autoritaire (« donnons », « appliquons », « pui-
sons »), personnalisé (« nous », « notre », « nos ») et univoque de cette réclame
économico-religieuse vise à convaincre, à exhorter, à arriver à une sorte de degré zéro d'expressivité, à imposer au monde un sens préétabli, définitif, clos. À
l'opposé du discours arbitraire et polyvalent du langage littéraire, ce langage
coercitif, utilitaire et motivé est à la fois contraignant et contraint. Mode d'expression « officiel », transparent et antidialectique de l'administration sociale,
qui vise à imposer à la réalité un sens prédéterminé par la fonction conative du
langage, il ne constitue que le cadre de référence d'*Alexandre Chenevert*. La romancière ne se sert du discours socio-économique et séducteur d'autrui que
pour y ajouter une signification de plus. Elle superpose et oppose à l'intérieur
de la mise en scène de ces discours socioculturels deux consciences linguistiques : celle qui sert à représenter en images le langage des affaires, et celle qui
la représente, à savoir la conscience du styliste qui projette sur ce code mis en
valeur et « étranger » un éclairage nouveau. Ce procédé de singularisation et de
distanciation esthétique (véritable *Verfremdungseffekt* dans le sens brechtien),
dégage ces discours familiers et rebattus de leur contexte socio-économique
normatif afin de les investir d'une signification nouvelle, implicite, mais non
formulée. Par conséquent, le discours représenté n'est plus un simple signifié ;

il devient lui-même signifiant de l'intention structurante et contestatrice de l'auteure. Cette réactivation rétroactive du sens, à la lumière de laquelle le message familier est rendu étrange et problématique, s'effectue grâce à un procédé de dépragmatisation, celui de l'adjonction, type d'intervention sous forme de notation inopinément accrochée à la phrase, au moment même où celle-ci semble être terminée :

> Tout ici témoignait de l'efficacité de la formule, tout démontrait en effet que l'énergie appelle le succès, sauf peut-être les quelques visages pâles vus à travers les cloisons de verre, sauf surtout le petit homme de la cage n° 2 (Roy, 1979 : 39).

De prime abord, on remarque dans ce brouillage métalogique du même et de l'autre une tentative d'homologation. Le narrateur essaie de réintroduire le discours cité (« que l'énergie appelle le succès ») à l'intérieur de son propre discours. En s'appuyant partiellement sur l'usage instrumental du langage quotidien (« tout ici témoignait [...], tout démontrait en effet »), il fait semblant d'accorder quelque vérité à l'adversaire par concession, simulation vite dénoncée par un changement de mode, dénonciation démarquée à son tour par des modalisants disjonctifs « sauf peut-être » et « sauf surtout ». Ces modalisateurs introduisent dans la diégèse une dialectique entre l'affirmation de l'énoncé et sa mise en doute par le sujet. Le lecteur se trouve donc partagé devant le double référent du discours cité. En se prêtant à la parole du narrateur-personnage du discours cité, il s'identifie avec le narrataire. En se prêtant à la parole du narrateur-auteur, il se retrouve en face de ce que Ducrot *et al.* (1980 : 40) appellent l'« auditeur ». Il devient narrataire, tout comme le narrateur devient narrateur de sa prise de position dédoublée. C'est donc par le statut dédoublé du signe-texte, par la fonction métaphorique du citationnel, que la romancière ouvre dans le discours narratif un espace où le monde raconté peut se réfléchir sans cesse comme dans un prisme, où le discours initial modalisé peut renvoyer ses réverbérations à l'infini. En tant que modalisateur du discours narratif, le discours politico-économique cité est ainsi doté d'une présence ressentie dans sa modalité d'absence, d'un « dit » supprimé et ressenti comme « non-dit ».

C'est le cas de la démystification des « principes fondamentaux » de M. Fontaine, directeur de la Banque d'Économie de la Cité et de l'Île de Montréal. D'abord, le narrateur simule parfaitement le discours du personnage, M. Fontaine, pour y superposer ensuite son propre discours par une adjonction affirmativo-négative :

> Il était difficile en effet de découvrir quels principes fondamentaux M. Chenevert avait pu négliger : Économisez et vous prospérerez ; faites de l'exercice et vous serez en bonne santé... Quant au travail, certainement le pauvre bougre en faisait trop (Roy, 1979 : 96).

Par un jeu d'intertextualité non innocent, plutôt ironique, Gabrielle Roy greffe sa parole sur le discours préalable d'un savoir préétabli, sur ce que Genette (1969: 56) désigne comme un discours général et diffus de l'opinion publique. Le jeu habile de son économie discursive consiste à exploiter aussi bien le faux naturel de la visée « réaliste » des maximes de M. Fontaine qu'à démasquer leurs opérations secrètes, à jouer sur leur vraisemblance par un modalisant adjonctif: « Quant au travail, certainement, le pauvre bougre en faisait trop ». L'*anticlimax* de ce modalisant antithétique affirmatif sous forme de commentaire surajouté, introduit dans la narration par des points de suspension, conduit le lecteur à forcer le rapprochement de ces éléments personnalisés d'une même fonction, à accentuer les pôles extrêmes de la coordination, afin de mieux les opposer, à s'interroger sur le bien-fondé des « principes fondamentaux » du directeur:

> *Play hard... work hard* était un de ses slogans. Il en avait plusieurs: Ne perdez pas une minute de temps, et le temps vous appartiendra; maintenez-vous en bonne santé, et la vie vous paraîtra digne d'être vécue. *Comment réussir dans la vie et se faire des amis* était son livre de chevet. [...] Il n'y avait pas une minute de l'existence de M. Fontaine qui n'eût une valeur de réclame (Roy, 1979: 90).

Il ne s'agit pas dans ces hybrides intertextuels d'un simple mélange de deux formes de discours, de celui de l'opinion publique des slogans, adoptée par M. Fontaine comme principe fondamental de vie, et de celui d'un narrateur omniscient, mais de la superposition en contraste de deux manières de voir le monde, de deux consciences: de celle du personnage, qui est à représenter, et de la conscience linguistique du styliste, à la lumière de laquelle le discours syllogistique et logocentrique du directeur acquiert une signification nouvelle. Comme le souligne bien Compagnon, le discours citationnel « suppose que quelqu'un s'empare du mot, l'applique à autre chose, parce qu'il veut dire quelque chose de différent » (1979: 38). Par l'exploitation des frontières du récit à l'intérieur de ce travail particulier non innocent de dédoublement textuel, la romancière réduit la parole ordinaire citée à un code figé, vidé de sens, à un pur élément phatique qu'on ne peut plus prendre au sérieux. C'est le cas d'un des discours pacifistes, proféré à la radio par un personnage influent:

> C'était à peu près le ton de la plupart des discours à la radio. Un personnage influent du pays y parla comme suit: « Nous voulons la paix, nous sommes des gens pacifiques et paisibles qui entendons montrer au monde que nous voulons vivre en paix... et voici pourquoi nous construisons des corvettes de guerre. »
>
> Alexandre fut très irrité de voir son argent ainsi employé par les « dirigeants » (Roy, 1979: 285).

L'actualisation spécifique de l'énoncé est désignée à l'intérieur de ce cadrage narratif par une tournure d'approximation : « C'était à peu près le ton de la plupart des discours à la radio », prise de position critique qui est également soulignée par la désignation postposée et ironique du paradigme « dirigeants ». Quant à l'actualisation du message narratif, elle s'effectue dans cette énonciation dichotomisée et paradoxale par un changement de focalisation, mise en valeur par la fonction disjonctive de la conjonction « et », effet de rétroaction qui, tout en mettant l'accent sur la perspective du « personnage influent », signale une prise de distance de la voix narrative par rapport à son énoncé. Reliant des idées logiquement incompatibles et exclusives, la conjonction de coordination « et » acquiert dans le discours pacifiste cité une fonction disjonctive. Elle devient le signal d'une transmutation sémantique antagonique. Cette inversion antithétique de la voix et du mode narratif est artistiquement démarquée dans le texte par l'accrochage conjonctif de la formule de démonstration : « et voici pourquoi nous construisons des corvettes de guerre ». Ayant l'air de préciser ou d'expliquer la logique syllogistique du discours pacifiste et personnalisé d'un « personnage influent du pays », la formule de démonstration syntaxique fait basculer le début de l'énoncé. Sa tournure antiphrastique devient un véritable contre-récit qui sape l'information première : « Nous voulons la paix, nous sommes des gens pacifiques et paisibles ». Son incompatibilité sémique démasque l'absurdité et la naïveté de la fausse logique de l'argumentation pacifiste des « dirigeants », basée sur l'adage *Si vis pacem para bellum*. L'isotopie dénotative, qui coïncide avec le début de l'énonciation « pacifiste », est ainsi altérée par une nouvelle isotopie, celle de la connotation contraire de l'adjonction, désorganisation sémique qui apporte un « surplus » de sens à l'énonciation initiale. Reliant par la fausse logique de leur causalité deux propositions antithétiques, unités paradoxales qui n'ont entre elles aucun rapport objectif, la romancière espère que le lecteur s'apercevra du ridicule et du tragique de la situation, que le personnage en question est incapable de voir, et qu'il découvrira, comme dans une radiographie, la fracture à l'intérieur du discours pacifiste de M. Fontaine, « représentatif d'une opinion assez répandue » :

> — Oui, dit M. Fontaine, sûr de son fait ; je crois qu'on a des chances sérieuses de consolider la paix, mais à condition de mettre toutes nos économies à nous préparer ; dans les munitions, vous entendez. Il faut être le plus fort, Monsieur Chenevert, si l'on veut la paix (Roy, 1979 : 284).

Dans le but de démasquer l'absurdité de l'argumentation illogique de M. Fontaine, Gabrielle Roy recourt à l'économie de la réfutation parodique, art de distanciation narrative qui lui permet d'introduire dans le récit son point de vue, sans intervention directe de sa part. Son démasquage du discours politico-économique de l'administration totale – caricature de la raison dialectique –

opère par la conjonction linguistique d'incongruités irréconciliables dans une structure familière, apparemment logique.

Afin de percevoir l'incongruité illogique de ces discours, il est nécessaire de se placer avec l'ironiste, le narrateur hétérodiégétique, à un point zéro, à un point d'équidistance entre le positif et le négatif, c'est-à-dire d'introduire dans le processus de la lecture un décalage entre le discours du personnage et sa reprise dans un discours ultérieur, métadiégétique, car le discours ironique de l'auteure ne trouve son fondement que dans la réflexion, que dans la relation d'antonymie qui existe entre le signifié de l'énoncé et le discours implicite, intentionnel et supplémentaire de l'énonciation, antonymie que l'énoncé métadiégétique ne fait qu'impliquer. Comme le souligne bien Booth (1970 : 511-524), il faut distinguer dans ces séquences entre le « mode » d'un côté et la « voix » de l'autre, car c'est précisément cette opposition qui se trouve fonctionnalisée en situation − signe ironique. C'est de cette même technique d'élucidation à double énonciation que se sert la romancière dans le chapitre XVII de la deuxième partie du roman où Alexandre, de retour du lac Vert, aperçoit parmi la multitude de panneaux-réclames un « Christ électrifié » et des « saints auréolés de bougies électriques » :

> Un Christ surgit au bord du chemin national. Il était relié par des fils électriques à un poteau de l'Hydro-Québec. Au dos, il portait un appareil à demeure : cables tressés, filins, une boîte à fusibles sans doute. Alexandre se demanda s'il n'y avait pas aussi un compteur enregistrant le nombre de kilowatts que le Christ pouvait consommer, la nuit, lorsqu'il devait être allumé, si le Christ s'allumait automatiquement ou, ce qui paraissait plus probable, si quelqu'un du voisinage venait à heure fixe pousser quelque levier de l'appareil (Roy, 1979 : 264).

Si l'aspect socioréaliste d'*Alexandre Chenevert* vient tout de suite à l'esprit, il faut bien chercher dans les « non-dits » la véritable signification de ce segment ironique, la démythification de tout un catalogue de mythes socio-culturels. Le sens primaire de cette série d'images mythifiées est aussitôt subverti par une série de modalisateurs apparemment secondaires. Tout d'abord, c'est par un verbe dubitatif (« Alexandre se demanda ») que le narrateur se distancie à un point zéro, à un point d'équidistance entre le positif et le négatif. Cette prise de position dubitative et chancelante est renforcée par toute une série de tournures hypothétiques, dont une négative (« s'il n'y avait pas aussi un compteur ») et deux positives (« si le Christ s'allumait automatiquement », « si quelqu'un du voisinage venait à heure fixe pousser quelque levier de l'appareil »). Cette prise de position hypothétique du personnage est vite renversée par l'adjonction de probabilité du narrateur omniscient (« ce qui lui paraissait plus probable »). Un tel discours supplémentaire et réflexif crée un décalage entre le discours du personnage et sa reprise réfléchie dans un discours ultérieur, métadiégétique par le narrateur. Pour vérifier l'écart métasocial entre le *dictum* et l'*indicatum* de ce segment de critique religieuse à base ironique, il faut rechercher la proposition contraire ou implicite, aussi bien que les indices d'ironie, tels la conjonction et l'entrelacement des propositions affirmatives, interrogatives et négatives, la juxtaposition de sémantismes opposés, les rapports euphoriques et disphoriques à l'intérieur d'une même phrase, aussi bien que la neutralisation d'une affirmation hypothétique renversée. En effet, selon Freud : « L'ironie consiste essentiellement à dire le contraire de ce que l'on veut suggérer, tout en évitant aux autres l'occasion de la contradiction, les influxions de la voix, les gestes significatifs, quelques artifices de style dans la narration écrite, indiquent clairement que l'on pense juste le contraire de ce que l'on dit » (1979 : 289).

En tant qu'instance dialectique à l'intérieur de la narration, cette technique de sémantisation polyphonique sous-tend des stratégies romanesques engagées dans la mise en scène d'une mobilité fonctionnelle de la narration qui transgresse la fixité, l'artifice et la limite des normes du code commun. Tout en donnant à l'œuvre une coloration ironique de fond, cette oraison de silence enfreint deux lois narratives : celle de la sincérité et celle de la non-contradiction. Dévoilant la disparité entre une image fermée du monde et une conception plus large de sa vérité demi-cachée, le « miroir » déformant de la citation devient un auxiliaire du savoir « objectif » des discours familiers, un indispensable adjuvant de la sagesse. En effet, l'objectif de Gabrielle Roy est non pas de présenter au lecteur un « modèle » de la réalité, mais une combinatoire ouverte d'opérations réflexives par lesquelles la réalité peut être contemplée. En tant que contestation culturelle, ce réflexe salutaire acquiert une fonction corrective. La romancière, cette idéaliste qui souffre de l'erreur, voudrait corriger tout ce qui est injuste, tout ce qui est coercitif, tout ce qui déforme la vérité. Que ces opérations discursives prennent la forme d'une simple polysémie des sémantismes graphiques (« Pauvres hommes » [Roy, 1979 : 295]), celle d'une métaphore *in absentia* (« *Poor old devil !* » [Roy, 1979 : 97]), celle de l'idéogrammatisation des mimétismes graphiques (« A-S-P-I-R-I-N-E. Je répète : A-S-P-I-R-I-N-E » [Roy, 1979 : 23]), ou celle d'une citation-appel interrogative en italique (« *Do You Want Truth ?* » [Roy, 1979 : 271]), elles produisent toujours un supplément de sens. Suivis d'ellipses lacunaires, ces procédés de condensation et de sémantisation créent des espaces sans signes, des lieux d'écoute où se fondent en une interrelation nécessaire écriture et lecture. En tant que moments d'interrogation et de silence, ces ruptures elliptiques, ces hiatus ou « places vides » (Iser, 1976 : 28) se présentent toujours comme absence de raccord des sens concurrentiels. Tout en interrompant la bonne continuation de la lecture, ces prélèvements de discours remplissent paradoxalement le rôle de charnière, puisque ce sont précisément ces lieux que la lecture doit investir de signification. En tant que « places libres », c'est-à-dire, « places » à prendre, ces *membra disjecta* du texte représentent une structure d'appel à l'activité créatrice du destinataire (Riffaterre, 1979 : 9). Ils invitent le lecteur à compléter la communication littéraire, à réduire l'indétermination des lacunes, à remplir les vides intentionnels de l'histoire discontinue. Le lecteur est donc appelé non seulement à comprendre le sens latent de l'histoire d'Alexandre ou à décrypter les signaux, mais aussi à collaborer à la reconstruction du sens, à examiner le jeu subtil entre le « dit » et le « non-dit », à effectuer un balisage des signifiants énoncés qui vont être aussitôt désavoués et réinterprétés.

En effet, il n'est pas tellement question dans *Alexandre Chenevert* de la manifestation d'un autre texte, mais de l'intégration d'une série de discours transparents, monosémiques, antidialectiques et anticritiques dans un récit littéraire. C'est précisément l'emploi de cette technique d'interdiscursivité polyfonctionnelle qui permet à la romancière d'explorer la réalité tragique de ce *Jedermann* qu'est Alexandre (Janeway, 1955 : 5), de démasquer tout un ensemble de discours socioculturels divers. Le « travail du texte » (Kristeva, 1969) consiste justement à poser au début le non-sens de ces discours socioculturels afin d'y introduire, par suite de son activité perceptive même, la plénitude de sens requise. Ce que le roman raconte, l'écriture le réalise à nouveau. Le récit du roman devient différence (Derrida, 1967a : 305-306), instauratrice du savoir, mais instauratrice d'un savoir socioculturel déjà su. Loin de se contenter de mimer la dimension référentielle du texte, le mimétisme graphique d'*Alexandre Chenevert* devient un supplément du texte, dédoublant son processus de production, de structuration et d'actualisation. Tout en se repliant sur lui-même, le texte met en cause l'illusion de sa référentialité. Que la mise en abyme scripturale concerne la fiction, la narration ou l'écriture, le lecteur est amené à mettre en cause le statut de tout ce qui se fait passer pour le « réel ». En se démasquant pour ce qu'il est, c'est-à-dire un artefact humain, le texte pluricodique d'*Alexandre Chenevert* souligne la seule réalité qui compte en littérature, celle du langage, y compris ses capacités productrices et ses limites mimétiques.

Pour résumer, en tant qu'œuvre essentiellement paradoxale, le *magnum opus* de Gabrielle Roy est autre chose que son histoire même. Il est à la fois signe d'une histoire tragique et résistance à cette histoire, un acte de protestation contre le « terrorisme » du code monosémique et coercitif de tout langage autoritaire. Son opération contestatrice s'effectue à l'intérieur d'un discours dédoublé, polycontextuel et polyphonique où l'acte locutoire se manifeste deux fois : une première fois, dans l'énoncé mimétique argumentatif du discours social cité et, une seconde fois, dans le fonctionnement de l'énonciation narrative. Ces deux valeurs argumentatives, c'est-à-dire ce que dit l'énoncé de son énonciation et ce que cette dernière dit d'elle-même, se contestent et se contredisent. Il y a alors paradoxe argumentatif entre le réel idéologique et le réel sémiologique. L'énoncé commente constamment sur le mode représentationnel. Il se présente comme un argument en faveur du récit, alors que l'énonciation se commente comme un argument en faveur du non-récit. Incontestablement, il s'agit dans ce grand roman socioréaliste d'un travail sur le sens. Ce travail contestataire aboutit à une relativisation du sens initial, à un dépassement de l'« histoire » d'Alexandre par une hybridation des structures discursives dont la fonction principale est l'exploration du sens et de l'existence. Cette recherche du sens se déroule dans la zone ambiguë, problématique et précaire des silences, des réflexions et des interrogations. Privant le langage ordinaire de son rôle instrumental, la romancière instaure un espace apparemment neutre entre les formules socioculturelles stéréotypées et leur sens, un décalage où apparaît une mutation entre le sens nommé et le sens suggéré, écart qui empêche l'identification directe du lecteur avec la réalité foncièrement tragique du monde kafkaesque d'Alexandre.

Fonctionnellement motivé, le récit pluricodique d'*Alexandre Chenevert* dépasse la clôture univoque du langage antidialectique de l'administration publique. Il acquiert par l'usage poétique du langage une forme non contrainte, subversive, polyphonique, épiphanique. Une telle épiphanisation du savoir collectif s'accomplit par un geste dialectique, par un jeu des structures narratives et rhétoriques polyfonctionnelles, déclenchant chez le lecteur le processus de cognition. Cette élucidation référentielle par le biais des transformations discursives et narratives sémiotise le référent primaire. Elle fait de ce référent vraisemblabilisant un prétexte, un signe de renvoi au réel, condamné à être l'objet d'un jeu de références. Ainsi le *dictum* romanesque est-il stratifié. Le narrateur reprend la parole socialisée ou bien il s'en détourne, tout en la citant. Le référent est alors médiatisé par un certain déplacement des perspectives, par la création d'un espace intercalaire qui distancie le narrateur du référent modalisé. Se repliant sur lui-même, le signifié narratif fournit au texte un nouveau palier rhétorique rebelle, voire subversif. Logique et rhétorique, dans leur coexistence, se révèlent donc être les deux faces indissolubles d'un seul et même phénomène, le champ transformationnel du signe où le savoir (Greimas, 1966) est relié à la sagesse de l'écriture. Ainsi, le discours du roman se double d'un métadiscours discordant qui n'est rien d'autre que la narrativisation de l'étrangeté et de la contestation. Orienté sur une modalité ludique et ironique, ce jeu stratégique de dédoublement discursif, plutôt que d'emporter le clivage contradictoire de la narration, lui superpose un mode narratif intermédiaire entre la vérité exprimée qui est proposée et le caractère indicible de la vérité, qui reste toujours à rechercher et à dire. Le texte joue donc non seulement sur l'opposition opératoire entre l'énonciation et l'énoncé, mais il constitue également l'espace narratif où s'accomplit la sémantisation de l'énoncé et de l'énonciation. Il devient signe de la mise à l'épreuve et de la recherche de la vérité, véritable mise en œuvre du code d'indicibilité. Le résultat de ce mode de narration déceptif et réfléchi est une forme ouverte qui feint sa clôture, la création d'un discours littéraire vertical, paradigmatique, qui recherche la vérité tout en la projetant dans l'indécis, dans la polysémie du paradoxe. Surdéterminée par un savoir réversible, cette hybridation locutive devient la meilleure forme de l'exploration et de l'expression du référent romanesque.

RÉFÉRENCES

Bakhtine, Mikhaïl M. (1970). *Problèmes de la poétique de Dostoïevski.* Paris : Seuil.

Barthes, Roland (1970). *Mythologies.* Paris : Seuil.

Barthes, Roland (1972). *S/Z.* Paris : Seuil.

Booth, Wayne C. (1970). « Distance et point de vue : essai de classification », *Poétique,* 4 : 511-524.

Compagnon, Antoine (1979). *La seconde main : ou le travail de la citation.* Paris : Seuil.

Dällenbach, Lucien (1977). *Le récit spéculaire : essai sur la mise en abyme.* Paris : Seuil.

Derrida, Jacques (1967a). *L'écriture et la différence.* Paris : Seuil.

Derrida, Jacques (1967b). *De la grammatologie.* Paris : Seuil.

Ducrot, Oswald *et al.* (1980). *Les mots du discours.* Paris : Minuit.

Freud, Sigmund (1934). « La dénégation », *Revue française de psychanalyse,* 7 (2) : 174-177.

Freud, Sigmund (1979). *Le mot d'esprit et ses rapports avec l'inconscient.* Traduit par M. Bonaparte et M. Nathan. Paris : Gallimard.

Gagné, Marc (1973). *Visages de Gabrielle Roy.* Montréal : Beauchemin.

Genette, Gérard (1966). « Frontières du récit », *Communications,* 8 : 152-163.

Genette, Gérard (1969). *Figures II.* Paris : Seuil.

Genette, Gérard (1972). *Figures III.* Paris : Seuil.

Greimas, Algirdas Julien (1966). *Sémantique structurale.* Paris : Seuil.

Hutcheon, Linda (1978). « Ironie et parodie : stratégie et structure », *Poétique,* 36 : 371-384.

Iser, Wolfgang (1976). *Der Akt des Lesens.* Munich : Fink.

Janeway, Elizabeth (1955). « The Man in Everyman », *The New York Times Book Review,* 16 octobre : 5.

Kristeva, Julia 1969. *Semeiotikè.* Paris : Seuil.

Ricard, François (1976). *Gabrielle Roy.* Montréal : Fides.

Ricard, François (1984). « La métamorphose d'un écrivain : essai biographique », *Études littéraires,* 17 (3) : 441-455.

Riffaterre, Michael (1979). *La production du texte.* Paris : Seuil.

Roy, Gabrielle (1945). *Bonheur d'occasion.* Montréal : Beauchemin.

Roy, Gabrielle (1948a). « Feuilles mortes », *La Revue de Paris,* 1 : 46-55.

Roy, Gabrielle (1948b). « La justice en Danaca et ailleurs », *Les œuvres libres*, 23 : 163-180.

Roy, Gabrielle (1948c). « Sécurité », *La Revue moderne*, 29 (11) : 12, 13, 66, 68, 69.

Roy, Gabrielle (1950). *La Petite Poule d'Eau*. Montréal : Beauchemin.

Roy, Gabrielle (1955). *Rue Deschambault*. Montréal : Beauchemin.

Roy, Gabrielle (1966). *La route d'Altamont*. Montréal : HMH.

Roy, Gabrielle (1977). *Ces enfants de ma vie*. Montréal : Stanké.

Roy, Gabrielle (1979) [1954]. *Alexandre Chenevert*. Montréal : Stanké.

Smart, Patricia (1988). *Écrire dans la maison du père : l'émergence du féminin dans la tradition littéraire du Québec*. Montréal : Québec/Amérique.

Van Rossum-Guyon, Françoise (1972). « Conclusions et perspectives » dans Jean Ricardou et Françoise van Rossum-Guyon (dir.), *Nouveau roman : hier, aujourd'hui* tome 1. Paris : Union générale d'éditions, 399-426.

Whitfield, Agnès (1974). « Alexandre Chenevert : cercle vicieux et évasions manquées », *Voix et images du pays*, 8 : 112-114.

L'espace narratif dans *De quoi t'ennuies-tu, Éveline ?*[1] : l'avènement d'un dire libérateur

Lucie Guillemette

Voyageurs, promeneurs, vagabonds se multiplient dans l'œuvre de Gabrielle Roy dont la plupart des récits s'articulent autour de départs et d'arrivées. Il n'est donc guère étonnant que ce phénomène narratif ait donné lieu à de nombreuses interprétations d'une telle mouvance chronique : « élément de la réalité imaginaire » (Gagné, 1973 : 97), fondement dialectique de « l'errance » et de « l'appartenance » (Ricard, 1975 : 74), le mouvement associé aux personnages migrateurs s'inscrit dans une thématique de la route (Lewis, 1980 : 816) ; ainsi l'imaginaire de la romancière semble-t-il tirer sa cohérence diégétique de « l'appel de l'inconnu » (Lafleur, 1980 : 75). *De quoi t'ennuies-tu, Éveline ?*, tout particulièrement, regrouperait « les éléments caractéristiques de l'œuvre de Gabrielle Roy » dans la mesure où « la majorité des personnages [...] ont cet ardent désir de voyage, de découverte et d'évasion d'un milieu contraignant » (Babby, 1989 : 423).

À la lumière de ces considérations sur l'énoncé romanesque, force est de reconnaître *De quoi t'ennuies-tu, Éveline ?* non seulement comme un texte évocateur de l'imaginaire de la romancière, mais également comme un modèle exemplaire de la spatialité narrative développée dans l'ensemble de l'œuvre régienne. C'est donc l'opposition spatiale entre un ici et un ailleurs qui va créer des réseaux de significations dans un récit actualisé par la mouvance et l'errance de sujets qui se remémorent, anticipent, voient et disent des lieux, autant de

---

1. Dans cette étude, les nombres entre parenthèses renvoient à l'édition suivante : Montréal : Boréal, 1984. Le récit qui date du début des années soixante se situe, nous dit l'éditeur, dans le prolongement de *Rue Deschambault* (Montréal : Beauchemin, 1955 ; rééd. 1974) et *La route d'Altamont* (Montréal : HMH, 1966). Publié à faible tirage aux Éditions du Sentier en 1982, *De quoi t'ennuies-tu, Éveline ?* rassemble une myriade de personnages représentés dans les deux récits parus antérieurement. L'édition à laquelle nous nous référons ici est composée de deux nouvelles, *De quoi t'ennuies-tu, Éveline ?* et *Ély ! Ély ! Ély !*

composantes spatiales qui permettent de saisir le sens du voyage dans le texte étudié ici.

De quoi t'ennuies-tu, Éveline ? appartient vraisemblablement à la catégorie des récits de voyage, puisqu'il s'agit d'une dame âgée qui parcourt, depuis le Manitoba, près de 2 000 kilomètres pour se rendre en Californie chez son frère Majorique. Si le récit reproduit infailliblement le paradigme oppositionnel de l'ici et de l'ailleurs, du connu et de l'inconnu et, par conséquent, de la réalité et du rêve, la dynamique des lieux successivement vus, remémorés et dits à travers les figures de la spatialité réconcilie passé et présent dans le développement diégétique de l'histoire. Nous aimerions démontrer que le voyage d'Éveline en Californie sert à mettre en place les données de l'information narrative nécessaires à la qualification d'un personnage absent de l'histoire, soit Majorique. Or, la description et l'analyse des lieux énoncés par le discours rétrospectif devraient révéler des figures de sens dont la structure événementielle ne peut rendre compte : autrement dit, c'est l'énonciation d'un espace-temps associé au passé et à Majorique qui tend à déconstruire le signifié premier du parcours de la vieille dame. C'est « l'enchantement » qui prime ici « la détresse » normalement ressentie lors de la disparition d'un être cher. Il nous apparaît donc essentiel de bien circonscrire l'univers diégétique qui reproduit la maladie et le décès de Majorique : ces événements se posent en fait comme un prétexte davantage que le motif véritable du départ d'Éveline. Pourquoi la protagoniste se rend-elle alors en Californie ?

L'examen du réseau des analepses nous permettra dans un premier temps de relever les indices spatiaux définissant les lieux valorisés positivement et négativement par le discours rétrospectif. Dans un deuxième temps, nous tenterons de décrire les lieux californiens visités par la Manitobaine en vertu des propriétés spatiales d'un ailleurs idéalisé. Nous pensons que le voyage en Californie dépasse la dimension référentielle du compte rendu ; le discours sur les lieux américains, s'il relate un trajet géographique, divulgue surtout les rêves et les projets de longue date de l'héroïne.

D'ailleurs, faut-il le souligner, c'est sur le plan de l'énonciation que le récit produit ses figures les plus marquées. L'histoire, en effet, est prise en charge par une narratrice homodiégétique qui devra céder la place à une voix omnisciente. À ce titre, Ellen R. Babby clarifie l'identité quelque peu ambiguë de l'instance narrative lorsqu'elle observe que « le prologue [...] est narré par la fille d'Éveline qui s'efface aussitôt son introduction terminée. La novella proprement dite est racontée par une tierce personne qui est omnisciente » (1989 : 423). Adrien Thério (1983), de son côté, prétend que la narratrice de *Rue Deschambault* qui répond au nom de Christine et qui relate les péripéties d'Éveline peut difficilement assumer cette même fonction dans *De quoi t'en-nuies-tu, Éveline ?* étant donné que Christine n'a pas accompagné sa mère en Californie. L'instance narrative, croyons-nous, qui emprunte la forme gram-maticale de la troisième personne, se confond avec une instance voyante douée de parole qui interrompt le trajet du personnage pour faire place au passé. Tout se passe comme si le discours du personnage *se souvenant* occultait le discours de la narratrice n'ayant jamais fait de voyage sur la côte ouest.

Il convient de noter tout d'abord que la narration hétérodiégétique par-tage le récit en deux grandes séquences diachroniques. Le premier volet de la nouvelle – qui occupe le plus grand nombre de segments diégétiques – est consacré au départ et au trajet d'Éveline en autocar et concerne le processus de mythification d'un ailleurs éloigné à la fois dans le temps et dans l'espace tan-dis que le dernier tiers, qui décrit l'arrivée et le séjour californien, repose sur la figuration de l'ailleurs rêvé transformé en un ici réel. Résumons brièvement le parcours diégétique afin de reconstituer les principales étapes des circuits spatio-temporels.

Ayant reçu un télégramme plutôt énigmatique de son frère Majorique désirant la revoir, Éveline entreprend avec bravoure et enthousiasme, depuis un Winnipeg glacial, une longue expédition à bord d'un autobus inconforta-ble qui la conduira en Californie. Entourée de compagnons de route obligeants et attentionnés, la septuagénaire se rend à Bella Vista, petit village en bordure du Pacifique, où on lui annoncera dès l'arrivée le décès de son frère. Néan-moins, activités et réunions entourant les cérémonies funèbres prennent une tournure de réjouissances pour la Canadienne qui découvre en Californie des gens accueillants et des sites enchanteurs. Comment expliquer alors ces images de bonheur et de beauté qui scandent la seconde tranche du récit où la vieille dame, sitôt débarquée, apprend une nouvelle aussi désolante que celle de la mort d'un frère bien-aimé dont elle était séparée depuis trente ans ?

Il importe de s'attarder à la narration de la randonnée en autocar, inter-rompue par de nombreuses anachronies temporelles qui énoncent un passé lointain : Éveline, durant son parcours à travers les États-Unis, se remémore des moments partagés avec Majorique plus de trente ans avant l'exil de ce dernier : « Le seul fait d'être en route mettait en branle ses pensées, les dégour-dissait » (17). Tout se passe comme si les lieux parcourus suscitaient un flot de réminiscences articulées par un acte de discours et une situation narrative pri-vilégiée : les souvenirs de la vieille dame revivent au grand plaisir des autres passagers ravis d'entendre ces histoires drôles et touchantes. De fait, le dépla-cement dans l'espace se fait le corollaire d'un déplacement dans le temps dans la conduite du récit.

Toujours est-il que les changements graduels de température ne font qu'accroître l'effet d'éloignement provoqué par la trajectoire d'un itinéraire s'effectuant du nord au sud-ouest : la première analepse se produit au moment où le personnage, au cœur d'« un immense pays gelé qui criait sa solitude en longs coups de vent » (16), vient d'entamer un long voyage vers la Californie. Une axiologie polarisée par des sèmes de froid et de chaleur est alors générée par le rythme accéléré des saisons tributaire des déplacements d'Éveline. Enveloppée de vêtements très lourds, la voyageuse incarne bien l'hiver de son Manitoba natal qu'elle laisse derrière elle pour « [s'élancer] vers la Californie comme si c'était au pôle qu'elle se rendait » (15). Peut-être s'agit-il alors pour la vieille dame, visualisant la distance géographique qui la sépare de sa destination, de hâter, par l'accumulation de doux souvenirs, les retrouvailles avec un parent exilé.

Lancée sur les routes et les autoroutes menant à Los Angeles, Éveline retourne donc à l'époque de l'adolescence et revoit Majorique âgé de dix-huit ans « déguisé en photographe ambulant » (18-19) à la ferme paternelle. À travers ce tableau d'un Manitoba rural, le jeune homme fait figure d'un être espiègle et imprévisible qui, ayant emprunté l'identité d'un itinérant, bouleverse momentanément avec ses déguisements saugrenus les habitudes quotidiennes de la famille : « Personne ne l'aurait reconnu sans le chien qui avait sauté tout à coup aux épaules du photographe et lui avait arraché barbe, chapeau et lunettes » (21).

Pareils segments rétrospectifs dont la portée est de cinquante-huit ans, compte tenu de l'information narrative divulguée précédemment dans l'énoncé « j'ai soixante-treize ans, donc Majorique en a soixante-seize » (18), se composent de qualifications spatiales opératoires dans le récit. En dépit des années, le frère et la sœur semblent toujours aussi unis, puisqu'Éveline se rend visiter un Majorique vivant à des milliers de kilomètres. Une simple anecdote suggère déjà une territorialisation des acteurs qui s'intègre aux composantes spatio-temporelles d'un circuit diégétique signifiant : l'appel de l'ailleurs actualisé par l'exil du faux photographe originaire du Manitoba sur la côte ouest américaine et le voyage de sa cadette vers la même destination trente ans plus tard. À la lumière du contenu spatial de l'analepse se dessine l'opposition sémique de mobilité et d'immobilité, de sédentarisme et de nomadisme qui est introduite par le premier discours temporel et reprise au sein des passages anachroniques subséquents.

Or, le langage spatial attribue au personnage de Majorique les premières déterminations de l'être de passage voué ultimement à l'errance et à l'exil. Par ailleurs, des sèmes d'ouverture et d'immensité déterminent les lieux au sein desquels évolue maintenant Éveline traversant le décor hivernal de la plaine canadienne. Il n'est donc pas étonnant que l'esprit de la voyageuse, au fil des souvenirs, associe son frère exilé à un espace lointain et étranger, lui qui la réclame depuis sa chaude Californie. Remarquons que le signifié du message télégraphique « *Majorique à la veille du grand départ souhaite revoir Éveline* » (12), que celle-ci s'efforce de déchiffrer, comporte déjà les traits d'une figure de l'ailleurs et oblige la protagoniste à suspecter les propos de l'émigré : « Et ce télégramme pouvait bien n'être qu'une autre de ses ruses tendres. N'avait-il pas toujours promis qu'il la ferait venir un jour en Californie ? » (19). La distance temporelle qui existe entre le récit premier et le récit second établit un rapport d'opposition entre les lieux de l'énonciation et ceux qui sont évoqués par le discours anachronique : le Manitoba d'antan où une Éveline casanière a passé toute son existence et les chemins sans frontières qui mènent à la terre d'adoption de Majorique.

C'est un vocable géographique qui suscite le deuxième mouvement analeptique où l'héroïne songe à son époux Édouard, qui « avait longuement parcouru » (26) les régions centrales des États-Unis avant leur mariage, au moment même où on lui signale l'arrivée dans le Dakota du Nord. Ce sont les marques spatiales du discours qui assurent les transitions diégétiques du métarécit débutant par de brèves allusions aux voyages du défunt mari et se terminant par des propos échangés avec Majorique avant son émigration. Bien entendu, les personnages évoqués qui affichent ces particularités nomades comptent parmi les êtres chers qui sont aujourd'hui disparus, comme le récit le confirmera ultérieurement lors de l'arrivée en Californie dans le cas du frère. L'incidence du langage spatial sur l'histoire est telle qu'un possible événementiel est établi à partir des concordances temporelles : le lecteur peut anticiper la mort de Majorique en vertu du parallélisme thématique opéré au sein des segments anachroniques.

Il n'en demeure pas moins que les pensées de la vieille dame traversant le Dakota du Nord se polarisent autour du caractère migratoire du frère audacieux. Une scène qui se déroule trente ans avant le départ de la Manitobaine pour la Californie présente une Éveline qui aurait aimé, il va sans dire, se libérer des tâches domestiques : « en passant », Majorique s'était rendu saluer sa sœur retenue à la maison par une marmaille accaparante. L'actualisation lexicale des énoncés rétrospectifs renvoie à des sèmes contrastés de captivité et de liberté décrivant la situation respective des personnages. À partir du segment diégétique se distribuent les pôles du rêve et de la réalité dans les systèmes de représentation spatiale : immobilisée par la réalité contraignante de sa besogne familiale, Éveline « s'ennuie de ce qu'elle n'a pas vu » tandis que Majorique part à l'aventure dans le but de concrétiser ses rêves de voyage. Mais encore faudrait-il préciser que l'ennui tel que thématisé par le récit « n'est pas dans le vocabulaire de Gabrielle Roy une désaffection ou même une nostalgie,

mais le puissant appel de l'ailleurs, de ce qui est promis à tout être de désir »
(Marcotte, 1984 : 125). Il semble que « l'appel de l'ailleurs », qui représente le
trait d'union entre le frère et la sœur complices en vertu du désir de connaître
des lieux nouveaux et de goûter le charme du dépaysement, favorise la communication des pensées les plus intimes :

> Comment avait-il su qu'elle désirait autre chose que tout ce qu'elle possédait
> [...] ? Il avait pris entre ses mains le visage de sa sœur, scrutant les yeux : « De quoi
> t'ennuies-tu, Éveline ? » Et elle avait répondu : « Je ne le sais même pas » (27).

Ce sont des éléments de réponse à des questions renaissant du fond des âges qui
sont apportés à la vieille dame parcourant un État américain en autocar, elle
qui n'avait jamais franchi la frontière canadienne. Sans doute la voyageuse,
face, par la mémoire, à un besoin d'évasion confié jadis à un Majorique qu'elle
ne pouvait s'empêcher d'envier puisqu'il « [allait] partir bientôt » (28), attri-
bue-t-elle à son « escapade » une valeur plus sentimentale qu'utilitaire. Bien
qu'elle s'inquiète de la santé de son frère qui se dit « à la veille du grand départ », Éveline savoure intensément chaque minute d'un voyage instructif et
émancipateur qui lui fait voir « ce qu'elle n'a pas vu » étant jeune.

Passé et présent empruntent ainsi la même courbe diégétique, car les espoirs de la septuagénaire, qui n'a jamais cessé d'imaginer des ailleurs lointains,
ont été entretenus au fil des ans par les paroles bienveillantes qu'elle se remémore : « Un jour, je te ferai venir, loin, là où je serai, peut-être en Californie »
(28). Émue par le rappel de ces promesses de voyage, Éveline communique sa
joie à une dame Leduc, une Canadienne française rencontrée à bord de l'autobus et à qui elle manifestera une affection sincère : « Car voyez, dit Éveline à
voix haute, voyez, je m'en vais effectivement rejoindre Majorique au pays du
soleil » (28). Distance temporelle et distance spatiale coïncident ici dans la
mesure où les souvenirs se superposent à une réalité dont l'essentiel est verba-
lisé par la protagoniste. Tout en se rapprochant du « pays du soleil », Éveline se
rapproche enfin de Majorique, qui personnifie l'ailleurs rêvé et qui s'attire la
sympathie de tous les voyageurs à bord de l'autocar filant sur les routes améri-
caines, grâce aux bonnes paroles de sa sœur : « Quelques autres voyageurs qui
s'étaient réveillés eurent leur part de cet aimable souvenir revenu subitement à
la petite vieille dame, et ils en aimèrent Majorique encore davantage » (28).

Le troisième fragment rétrospectif est lié directement à la situation spatiale du personnage se délectant de nouveaux paysages. C'est un sentiment de
bien-être qu'éprouve la voyageuse admirant les plateaux désertiques du Montana : « Le cœur d'Éveline s'exaltait de cette sauvagerie. C'était son amour des
espaces infinis, de ces grands espaces qu'on dirait inutiles, qui revivait ici »
(38). De tels énoncés soulignent l'importance de la perception du sujet et

mettent en œuvre un processus de défamiliarisation où « le *vu* l'emporte sur le *connu* » (Babby, 1989 : 430). Dans un contexte où elle « se [sent] délicieusement dépaysée » (42), l'héroïne retourne une fois de plus à l'époque de sa jeunesse et, à la demande des passagers, expose les motifs qui ont poussé son frère à s'établir en Californie[2]. La récapitulation des circonstances entourant le départ de Majorique pour des lieux meilleurs, adaptés aux besoins de son épouse malade, concourt à territorialiser ce personnage intrépide et bourlingueur : les voyages respectifs du frère et de la sœur vers le sud à trente années d'intervalle se situent de toute évidence dans la pratique de l'énonciation qui consiste à donner la parole spontanément à celui et à celle qui voient.

Éveline, qui fait part des déplacements de son frère aux gens qui l'accompagnent sur les chemins des États-Unis, rapporte en effet le contenu des lettres écrites par un homme qui valorise le *vu* : « [I]l était question [...] du désert de la Californie qu'il avait été voir au temps où les cactus sont en fleurs » (40). La narration des missives expédiées il y a longtemps démontre l'insistance du discours sur la soif de découverte amenant le « voyageur perpétuel » (71) à éliminer la distance séparant le vu du non-vu.

C'est pourquoi le récit de la vieille dame inclut une information narrative qui signale le rapport harmonieux existant entre Majorique et les lieux d'abondance dont il n'est pas originaire : passionné d'horticulture, il « [avait] tourné toute son attention vers le beau verger qu'il avait acheté » (39-40) à la mort de son épouse. Visiblement, les décors à la végétation luxuriante, typiques des paysages californiens, incarnent un espace privilégié pour l'infatigable explorateur qui n'aurait pu jouir que provisoirement dans son Manitoba natal de l'effervescence estivale de la nature. C'est donc la pratique d'écriture – les lettres destinées à Éveline – qui actualise les déterminations spatiales du discours rétrospectif chargé de glorifier l'appel de l'ailleurs chez l'individu qui a découvert à Bella Vista un environnement idéal. On suppose alors que la cadette parvenue en Californie appréciera tout autant ce décor unique.

Mais les collines du Montana se font le catalyseur d'une autre analepse au moment où la voyageuse troublée par ces « silhouettes très noires » (40) songe au « petit village montagneux du Québec d'où [sa mère] était partie un jour pour le Manitoba » (41). Le parcours spatial du personnage l'autorise à établir des liens de similarité topographique entre des régions distinctes : le Québec et l'État du Montana. Parallèlement, le souvenir comporte une valeur narrative

---

2. La nouvelle « Thérésina Veilleux » parue dans *Rue Deschambault* fait référence aux pérégrinations, à travers le Canada, de Majorique et des siens, dont le but ultime est de se rendre un jour en Californie.

exemplaire dans la mesure où Éveline, qui songe à ses parents émigrés au Manitoba, s'inscrit dans une authentique quête du moi.

Si la voyageuse porte en elle des atavismes légués par des générations d'émigrants, elle s'évertue à les exprimer aux passagers qui la côtoient. Manifestement, le voyage en autocar octroie un savoir spatial à la protagoniste qui retrouve ainsi ses origines d'exploratrice alors qu'elle est captivée par des lieux qui invitent à la réflexion et qui président à l'avènement de la parole : « Et ce souvenir devint si présent en elle, la pressa tant de lui donner vie, qu'Éveline éleva un peu la voix » (41). Tout se passe comme si le personnage à cet instant précis se définissait par une « obsession du langage » et une « quête d'identité » : « Les commentateurs [...] ont quelque peu négligé le fait que beaucoup de ses [Gabrielle Roy] personnages appartiennent à « l'âge de la parole ». Les conteurs de Gabrielle Roy [...] reconnaissent que c'est par le fait de « nommer » qu'ils conserveront leur identité » (Babby, 1989 : 428).

Si elle se présente d'abord comme une spectatrice passive qui se rend en Californie par obligation familiale, Éveline se transforme en une actrice du récit qui, douée d'une faculté de dire, « appartient à l'âge de la parole ». Ce sont des talents prodigieux de conteuse qui permettent à la septuagénaire de rassembler les gens autour d'elle en retraçant les prouesses du frère attachant auxquelles elle redonne vie : « Des banquettes voisines, deux ou trois personnes avaient prêté l'oreille au récit d'Éveline [...]. La physionomie, les gestes de cette petite vieille étaient si vivants » (21). On constate que l'expédition à travers les États-Unis consiste non seulement à parcourir la distance qui sépare Éveline de Majorique et de la Californie, mais aussi à ressusciter par les mots un passé qui lui tient à cœur : « [Le] voyage est construction, en ce sens qu'il élargit les cadres de la compréhension et permet une meilleure saisie de la réalité, du vécu » (Lafleur, 1980 : 76). Ces retours sporadiques dans le passé « [permettent] à tout le monde autour d'[Éveline] de retrouver son propre temps perdu et de résoudre, dans la durée heureuse de la rencontre, l'énigme du vivre » (Robidoux, 1983-1984 : 18). Un pareil enchevêtrement de souvenirs ressassés, dans le récit de l'héroïne, au rythme des espaces parcourus trouve donc son sens dans le mouvement de lieux prédisposant à la parole[3].

---

3. Dans la perspective d'un espace narrativisé, Françoise Van Rossum-Guyon dans une étude de *La modification* intègre la mobilité d'un sujet parcourant une distance donnée au cours d'un voyage en train à la progression narrative : « [Les repères spatio-temporels] soutiennent et articulent le développement du récit pour le lecteur et ont aussi pour fonction d'encadrer et de rythmer les pensées du voyageur » (1970 : 190). Parcours spatial et « modification » psychologique se posent dans le texte de Butor comme des structures narratives impliquant dans leur mode de fonctionnement le monologue intérieur du personnage principal qui se rend à Rome.

Or, les discours intérieurs actualisés par la parole et destinés à un auditoire désigné corroborent la fonction narrative des lieux américains intégrés à la progression du récit : « Ah, que les récits avaient le don de rassembler les gens, se dit Éveline » (41). Bien entendu, ce sont les lieux vus et admirés qui entérinent la démarche intérieure de l'héroïne, laquelle, par ricochet, revendique la parole en faisant revivre le passé. Aussi faut-il noter que les espaces clos aux décors artificiels sont décrits au moyen de lexèmes spatiaux à valorisation négative. La « lumière trop dure » et la « musique criarde » qui envahissent un casse-croûte du Dakota du Nord indisposent considérablement la vieille dame dominée durant ce temps d'arrêt par une impression d'égarement et de solitude : « Elle avait peine encore à se remettre, dans cet endroit bruyant éclairé par les néons » (32). Dans cet espace restreint qui interdit le mouvement, le personnage se sent visiblement à l'étroit et en proie à un isolement déroutant. C'est une expérience similaire que vit Éveline à Las Vegas au cours d'une autre halte routière. Le langage spatial s'attarde en fait à des lieux rébarbatifs dépeignant la ville aux « lumières vives » et aux « enseignes multicolores » qui consternent le personnage : « Éveline clignait des yeux, se croyant le jouet de quelque monstrueuse folie » (56). L'opposition sémique mobilité/immobilité s'articule dans ces passages qui présentent un sujet éprouvant des malaises à la fois physiques et psychologiques à l'occasion des pauses rendues nécessaires par la longueur du voyage. Les réactions négatives dont rend compte le discours spatial visent à démontrer que la protagoniste s'identifie davantage aux lieux et aux objets évoquant le mouvement : « [D]ans l'autobus, elle se retrouvait un peu comme dans son élément, dans ses affaires à elle. Le moteur gronda, on repartit, et Éveline eut un soupir presque heureux » (33).

Par opposition à des décors figés, le silence de lieux en mouvement, au plafond illimité et aux paysages sauvages, attise la curiosité de la vieille dame toujours stimulée par les hasards d'une route inconnue. Un *rancher* du Montana à bord de l'autocar perçoit tout de suite le caractère aventureux de sa compagne canadienne et lui décrit avec hardiesse sa terre natale :

> Sous son grand chapeau du pays, avec ses fortes moustaches un peu sauvages, il eut l'air tout heureux d'intéresser les gens à cette vie qui était la sienne depuis toujours. [...] le ciel plein d'étoiles, les hauts plateaux où l'air est vif et fouette les sangs, les chevauchées nocturnes où il semble qu'on domine le paysage et qu'on entre à jamais dans la sérénité des choses (36).

Si Éveline se présente comme une conteuse exemplaire, elle adopte aisément la position de l'auditrice attentive, fascinée qu'elle est par le récit de l'Américain, récit dont l'action se situe dans un décor mouvementé aux allures grandioses. C'est le langage spatial nourri d'images bucoliques qui requiert cette double fonction narrative du personnage passé maître dans l'art des mots, soit celui de narrer et d'écouter. Implicitement, ce sont les effets d'engendrement d'un discours intériorisé qui transparaissent dans l'attitude des voyageurs transformés eux aussi en conteurs, heureux de récupérer des fragments de leur passé.

C'est toujours un ailleurs ressuscitant de tendres moments qui émerge du récit lorsque la protagoniste parcourt l'Idaho au « ciel très bleu » et aux « arbres géants » : la voyageuse retourne une fois de plus au temps de sa jeunesse où, âgée de vingt ans, « elle aurait tout donné pour suivre Majorique » (49). Une conversation puisée dans le réservoir de souvenirs est de nouveau imprégnée du désir insatiable de mouvement : « Où vas-tu cette fois ? – Au village. – Tu iras certainement plus loin. Emmène-moi » (49). Pareille mobilité répond à un besoin de voir et de s'évader de lieux statiques qui renvoient inlassablement les mêmes images. En route vers la Californie, Éveline matérialise le rêve de la jeune Éveline qui, jadis, s'en remettait à son frère pour percer le mystère des terres lointaines.

Si le temps a passé, l'espace géographique parcouru par la protagoniste s'est aussi modifié considérablement. De fait, le passage de la Manitobaine en Idaho est marqué par des énoncés exprimant un changement radical des températures. En raison de l'absence de neige dans les champs, qui se démarquent d'un Winnipeg blanc, la distance parcourue s'accentue. Les figures du discours qui élucident la position spatiale du sujet et des lieux de départ modifient quelque peu la vitesse du récit accélérant la narration du parcours dans ses derniers kilomètres. Au cours de la traversée des États de l'Utah et du Nevada, Éveline voit en effet diminuer la distance qui la sépare de la Californie au même rythme que ralentit la marche des souvenirs. Captivée par les paysages sablonneux et tout particulièrement par les arbres de Judée, la vieille dame découvre des lieux lugubres évoquant tristesse et tragédie. Le « paysage qui devait vivre à jamais dans son souvenir » (55) adopte des contours qui figurent la cruauté de la mort. Le tableau presque macabre assombri par l'absence de végétation et l'aridité des sols, qui échappent heureusement au regard d'Éveline trompé par l'obscurité, n'instaure aucun retour dans le passé à travers les pensées du personnage. Synonyme de mort, le décor n'engage point la parole qui se définit dans le récit comme une pulsion de vie, et par conséquent libératrice. Au contraire, « à cause de ces pauvres arbres en croix, Éveline eut le cœur étreint de pressentiments, la vie lui parut un instant tragique » (55-56). C'est donc la mort et sa symbolique et non la mort comme événement qui semble perturber la vieille dame.

Cependant, les montagnes de la Sierra Nevada font rapidement oublier à Éveline l'intermède pathétique des « arbres crucifiés », tandis que, lui rappelant Majorique, le relief géographique rigoureusement focalisé répète sur le plan discursif une structure narrative signifiante. Le discours à polarisation mimétique qui rapporte les propos échangés entre les jeunes gens à une époque lointaine est engendré une fois de plus par la topographie des lieux américains : « "Est-ce que tu ne t'ennuies pas parfois [...]" ? – "Pas beaucoup de ce qui est en arrière [...]. Pour le moment, je m'ennuie de hautes montagnes, très loin, que j'aimerais voir au moins une fois" » (57-58). L'appel de l'ailleurs thématisé par l'ennui se dresse sans contredit comme un leitmotiv à travers le discours rétrospectif. L'homme sans regrets émigré en Californie a certainement vu « une fois » les profils escarpés du Nevada au même titre que sa sœur peut maintenant « voir » de sa fenêtre ce qui lui a longuement manqué.

Si l'activité d'énonciation instituée par les contes de la vieille dame dynamique regroupe des compagnons de route autour du souvenir d'un être en mouvement, elle souligne également les vertus d'un homme participant au bonheur de la voyageuse. Sur le plan discursif, ce sont des images de vie et de plénitude qui sont invariablement associées au personnage exilé aux États-Unis bien que ce même homme soit déjà mort à l'arrivée d'Éveline. Un tel phénomène narratif autorise le récit à poser la disparition de Majorique dans l'histoire non comme un événement que l'on appréhende avec angoisse, mais comme la renaissance de vieux rêves.

Au moment où « la petite vieille dame » de l'autocar arrive en Californie, le discours narratif met fin aux analepses qui entrecoupaient les énoncés relatant le voyage. La distance spatiale qui séparait la protagoniste de ses rêves les plus chers est dès lors abolie : « Serait-ce aussi beau qu'elle l'avait désiré ? Elle eut peur pour le vieux rêve qui vivait en elle depuis si longtemps. Était-ce un rêve fou ? » (59). De fait, la Californie que la voyageuse « [dévore] du regard » avec son « soleil chaud et ardent » ses « arbres magnifiques couverts de feuilles » et ses « massifs de fleurs surprenantes » (59) correspond aux descriptions illuminant les lettres de Majorique : « Tous les hivers, toute sa vie, elle y avait pensé, s'en était ennuyée, car on lui écrivait là-bas que c'était le paradis du monde » (58). Les lieux édéniques récompensent en quelque sorte cette femme épuisée à la suite d'un si long trajet. On aura constaté que le voyage dans l'espace et dans le temps se termine pour Éveline qui laisse derrière elle les lieux de l'ennui, du connu, spatialité et temporalité combinant ainsi leur système de représentations ; l'amoncellement des souvenirs qui redonne vie au passé et à Majorique témoigne du temps retrouvé nécessaire à la poursuite du rêve.

En dépit du décès de Majorique, la Californie ne décevra jamais la septuagénaire. Rêve et réalité se fondent en une même structure narrative dans la scène où le personnage découvre sur le littoral du Pacifique des lieux splendides et des êtres charmants. Le là-bas décrit dans les missives du disparu s'est transformé en un ici chaud, fleuri et odoriférant :

Comment veillée funèbre fut-elle si peu funèbre ! Peut-être était-ce à cause de la chaleur. Il avait fallu tout laisser ouvert, et sans cesse les parfums d'herbes, de fleurs et d'arbres fruitiers pénétraient dans la maison (81).

Ce renversement événementiel trouve sa signification dans le discours spatial qui traduit l'émerveillement de la protagoniste par l'entremise de syntagmes à valeur climatique : l'hiver californien qui ne ressemble en rien à l'hiver du Manitoba est vécu comme un rêve par Éveline veillant celui qui a mis fin à son ennui. Exprimé par le langage des lieux de villégiature, l'appel de l'ailleurs se transpose sur le plan humain au moment où Éveline rencontre les proches du défunt : « Tous les moments de la vie s'échangeaient parfaitement, songea Éveline, le passé et le présent [...], comme si c'était cela, la mort : tous les instants enfin réunis » (83). En vertu du parcours formateur et de l'ailleurs retrouvé, la mort de Majorique ne ressemble plus à une tragédie, mais incarne la beauté des êtres et des choses.

Toujours est-il que l'instance voyante du récit constitue une des modulations narratives opératoires de la structuration spatiale dans la mesure où chaque élément topographique actualise dans l'ici et le maintenant ce qui fut longtemps un là-bas inconnu et éloigné. En ce sens, les lieux de résidence de Majorique et leur paysage environnant « éblouissent » littéralement la Manitobaine pouvant jouir dès les premières lueurs de l'aube d'un spectacle qui matérialise la somme des splendeurs imaginées :

> Ainsi il était venu se fixer en l'un des endroits de la terre à la fois le plus fleuri, le plus abrité et le plus accueillant. Son village était groupé sur un plateau verdoyant complètement entouré de cimes plus hautes. De grandes corolles blanches comme neige pendaient des arbres. Jamais elle n'avait respiré un air si léger, si parfumé (88).

L'unicité du décor s'exprime dans un langage spatial aux tonalités émotives polarisées par l'inflation d'un style privilégiant les épithètes dans leur forme superlative. La lexicalisation chromatique qui évoque la vie dans ses aspects les plus attrayants mobilise toutes les ressources du sujet voyant. Apercevant les milliers d'arbres plantés par Majorique, la nouvelle arrivante se familiarise peu à peu avec les espaces californiens à mesure qu'on l'informe du mode de vie et des activités de son défunt frère.

Pareille information narrative est inscrite dans la mimêsis du discours au moment où enfants et petits-enfants prennent successivement la parole et cherchent à décrire l'existence de Majorique à Bella Vista qui était demeurée étrangère à la Canadienne française jusqu'à ce jour : « Nos maisons sont toutes ici sur la colline. Père possédait le plus beau site du monde, et il nous en a vendu à chacun une parcelle » (69). Réciproquement, la maisonnée réunie autour d'Éveline invite celle-ci à lui raconter des histoires ayant trait à la jeunesse de son frère. C'est un contexte d'énonciation identique à celui du parcours en autobus que créent les échanges de bons mots auxquels se livrent les hôtes et la visiteuse. À nouveau, l'épisode de la photographie piégée relatée par la conteuse improvisée captive et divertit les auditeurs parmi lesquels règne une atmosphère de festivités : « On eût dit qu'ils se sentaient comblés par tout cet inconnu qui leur paraissait maintenant si proche, si intimement lié à leurs propres vies » (75). On voit comment les effets douloureux de la mort sont atténués par les microrécits qui représentent la vie dans ses instants les plus humains et les plus inventifs.

Mais là où la narrativité des lieux américains demeure exemplaire, c'est dans le passage consacré à l'enterrement de Majorique. Au terme de son parcours spatial et identitaire, Éveline attribue une signification *autre* au « grand départ » de son aîné, et ce, en vertu du renversement de sens opéré par le langage des lieux californiens : « Ah, le doux chagrin que lui causait Majorique, ah, la peine éblouissante, comme s'il montrait par sa mort la joie singulière qu'il y a à accepter chaque chose en son temps » (88). C'est parce qu'elle peut finalement voir ce dont elle s'est tant ennuyée qu'Éveline parvient à comprendre le message de son frère et à dépouiller la mort de ses connotations tragiques et cruelles.

Un dernier système de correspondances spatiales s'élabore au moment où l'histoire atteint en quelque sorte son intensité dramatique. Le frère et la sœur voient leurs rêves de jeunesse se concrétiser lorsque le cortège traverse un espace presque magique : « L'air devint encore plus léger. La montagne verdoyante, les fleurs exquises, ce ciel d'été quand ce devrait être l'hiver [...]. Et pendant tout le service ce fut un gazouillement joyeux, plein de fraîcheur et d'amitié » (93). Ayant gravi le sentier qui le conduisait au cimetière indien où il est enterré, Majorique, entouré des gens qu'il aime, a réalisé « une promenade magnifique ». Quant à Éveline, elle procède à la dernière étape de sa quête identitaire lorsqu'elle se retrouve devant la mer. La « surface calme, brillante et infinie » (94) occupe des fragments descriptifs dont les déterminations figurent un espace onirique. C'est l'acte de perception lui-même qui actualise le rêve de la vieille dame se demandant si elle n'est pas victime d'un mirage. Rêve et réalité s'entremêlent à ce moment dans l'esprit du personnage voyant :

De nouveau elle regarda briller ce lointain uni, immense, sans rides, plus exaltant dans son mystère que tout ce qui l'avait saisie d'émotion pendant sa vie entière. Et cependant, ce n'était rien ; non, rien que de l'uni, de l'infini, le calme parfait (94).

Le discours spatial opère, grâce à ces dernières images, le recoupement des circuits temporels mis en place par les énoncés rétrospectifs du texte : « Éveline, en définitive, sera venue participer au grand départ de son frère, fête digne et joyeuse de la réunion universelle, découverte de l'océan, projection confiante dans l'infini spiritualiste » (Robidoux, 1983-1984 : 18). Tout se passe comme si Éveline, absorbée par ces décors de quiétude et de sérénité, prenait conscience des véritables enjeux de son voyage en Californie et saisissait la portée des messages laissés par le disparu : « Voir cela était peut-être, au fond, l'unique but de son voyage » (76). Au terme de son expédition, la protagoniste considère la beauté attribuée aux paysages étrangers et lointains d'un œil nouveau. L'acte de perception qui parvient à rendre réels les lieux de rêve transcende l'objet de la perception. C'est d'ailleurs ce qu'affirme Eva Kushner en examinant les données de l'univers imaginaire de Gabrielle Roy : « [L]e véritable éloignement n'est pas géographique, et ce que peint Gabrielle Roy [dans ses récits] c'est l'éloignement de l'homme en quête de beauté, c'est-à-dire hors de lui-même afin de puiser en lui-même un vécu transformé en vision » (1979 : 40). Il importe pour Éveline de conserver ces visions de l'océan et de les intégrer à son vécu spatial, puisqu'elles évoquent recommencement et vie, bref ce que son frère aîné a toujours personnifié. Alors que la mort de Majorique est niée explicitement par le discours dans des énoncés tels « Majorique n'est pas mort » (93), « "[o]n ne dirait pas que Père est mort " » (72), le voir et le dire, qui sous-tendent cette articulation discursive, traduisent dans les registres de l'énonciation vie et mouvement.

Si le voyage d'Éveline en Californie se veut une réponse à l'appel de Majorique, il permet avant tout à la protagoniste de se réconcilier avec un passé qui fut longtemps associé à un monde de contraintes et d'ennui. L'expédition vers le sud qui demeure une accumulation de souvenirs articulant la parole se transforme en un parcours intérieur dans la mesure où le personnage parvient à s'expliquer cet appel de l'ailleurs qui l'a toujours habité. Le voyage de la vieille dame prend sa signification non pas dans le projet de revoir Majorique – celui-ci est déjà décédé quand elle arrive en Californie –, mais dans l'expression des mots qui savent immortaliser la beauté et les êtres chers. C'est ce qu'Éveline voit et admire tout au long du trajet en autocar qui engendre des récits racontés aux autres passagers, tout comme le souvenir du défunt suscite des histoires aussi intéressantes les unes que les autres lors du séjour à Bella Vista. Dans un contexte d'énonciation où le vu précède le dit, on comprend pourquoi ses talents remarquables de conteuse permettent à l'héroïne de relater des événements qui vont se graver à jamais dans la mémoire des auditeurs. En ce sens, la mort de Majorique n'afflige Éveline que momentanément, tandis que les forces de vie trouvent leur prolongement dans le discours des descendants qui habitent le jardin fleuri créé par leur parent et ami.

Bref, une narratrice omnisciente qui a cédé la parole à un sujet voyant conduit à la représentation de lieux en mouvement déclencheurs de retours dans le passé. À travers ces fragments rétrospectifs s'esquissent les véritables enjeux du voyage d'Éveline en Californie, à qui son frère aîné Majorique pourtant malade et mourant indique le chemin de la vie de l'ailleurs. En ce sens, les mécanismes narratologiques de l'espace de fiction subvertissent l'ordre chronologique des événements à un premier niveau. Ainsi la mort de Majorique est-elle occultée par le discours d'Éveline dont l'acte de voir se transforme en un acte d'énonciation. Si le voyage en Amérique effectue un renversement des signifiés de l'histoire, il permet également à une voix féminine de se faire entendre.

RÉFÉRENCES

Babby, Ellen R. (1989). « À la recherche du sens : *De quoi t'ennuies-tu, Éveline ?* », *Voix et images*, 42 : 423-432.

Gagné, Marc (1973). *Visages de Gabrielle Roy, l'œuvre et l'écrivain*. Montréal : Beauchemin.

Kushner, Eva (1979). « De la représentation à la vision du monde », *Québec français*, 36 (décembre) : 38-40.

Lafleur, Jacques (1980). « Gabrielle Roy », *Écriture française dans le monde*, 2 (1-2) : 74-77.

Lewis, Paula Gilbert (1980). « The Incessant Call of the Open Road : Gabrielle Roy's Incorrigible Nomads », *The French Review*, 53 (6) : 816-825.

Marcotte, Gilles (1984). « Le testament de Gabrielle Roy », *L'Actualité*, 9 (septembre) : 127.

Ricard, François (1975). *Gabrielle Roy*. Montréal : Fides.

Robidoux, Réjean (1983-1984). « Gabrielle Roy, au lendemain du grand départ », *Lettres québécoises*, 32 (hiver) : 17-18.

Roy, Gabrielle (1966). *La route d'Altamont*. Montréal : HMH.

Roy, Gabrielle (1974) [1955]. *Rue Deschambault*. Montréal : Beauchemin.

Roy, Gabrielle (1984). *De quoi t'ennuies-tu, Éveline ?* suivi de *Ély ! Ély ! Ély !*. Montréal : Boréal.

Thério, Adrien (1983). « De l'Atlantique au Pacifique. Le goût de liberté. *De quoi t'ennuies-tu, Éveline ?* », *Lettres québécoises*, 31 : 31-32.

Van Rossum-Guyon, Françoise (1970). *Critique du roman : essai sur* La modification *de Michel Butor*. Paris : Gallimard.

Formations discursives pour l'hétérogène dans *La rivière sans repos* et *Un jardin au bout du monde*

Estelle Dansereau

Le Manitoba de Gabrielle Roy, nous le savons par ses essais, est peuplé de gens d'origines diverses, formant une véritable courtepointe comme les terres manitobaines divisées « en milles carrés » (Roy, 1978 : 109). Cette configuration sert de métaphore pour représenter un des procédés fondamentaux des récits régiens : une structure dialectique saisissant à la fois le pays comme espace englobant et le peuple comme identité et expérience hétérogènes. Antinomiques d'abord, ces tendances posent pour la lectrice des récits régiens un problème particulier de décodage quand elle vient à en capter la diégèse. Afin que le déroulement de l'histoire réussisse à traduire pour la lectrice la diversité des expériences, le pouvoir monologique du discours du narrateur, qu'il s'agisse d'un narrateur intra- ou extradiégétique, devrait être éclaté pour ne pas créer l'illusion d'une voix totalisante. Nous adopterons une méthode de lecture, mettant en valeur la polyphonie opératoire dans l'énonciation, qui laisse la lectrice entendre les voix plurielles, les dissonances[1]. Cette polyphonie servira à privilégier les tendances conflictuelles de l'intrigue qui s'étendent au discours.

Inspiré par le dialogisme bakhtinien, Oswald Ducrot raffine le postulat du maître qui dit que plusieurs voix parlent simultanément dans un texte et avance de son côté une théorie de la polyphonie de l'énoncé. Rejetant au départ

---

1. Bref, nous nous proposons d'adopter cette même perspective qu'adoptent les critiques travaillant sur l'identité soit nationale soit sexuelle pour les moyens qu'elle offre de valoriser simultanément plusieurs optiques. Pierre L'Hérault la décrit ainsi : « [L'hétérogène] offre un modèle de dépassement culturel conçu autrement que comme un ghetto ou une force assimilatrice et totalisante, où chacun, sans sacrifier ses mémoires, trouve le lieu de les aménager, de les faire jouer par l'ouverture sur et à l'ailleurs, à l'étranger, par glissement, par déplacement » (L'Hérault, 1991 : 105).

la notion homogénéisante de sujet de conscience proposée par Ann Banfield[2], il montre que de nombreux énonciateurs[3] parlent à l'intérieur d'un même énoncé et peuvent exprimer des points de vue différents (Ducrot, 1984 : 171-172). Ce concept nous paraît particulièrement utile pour notre analyse des marques textuelles opérant des failles dans le discours, afin de faire ressortir le thème de la différence culturelle – différence basée sur les paradigmes oppositionnels d'exclusion et d'inclusion dans les récits rassemblés dans *La rivière sans repos* (1970) et *Un jardin au bout du monde* (1975)[4]. Cette approche, valorisant une polyphonie opératoire du discours, nous permettra d'examiner certains récits extradiégétiques dans lesquels figurent des personnages exilés ou colonisés pour déduire par quels moyens les énonciations captent des voix et des perspectives divergentes et les mettent en valeur. Comme l'explique Maingueneau, par cette pratique accordant « un rôle privilégié au repérage des déséquilibres et des blancs du texte, on tente de cerner ces singularités et ces interstices qui seraient des « symptômes » de « l'autre discours ». Passent ainsi au premier plan les phénomènes d'hétérogénéité énonciative » (Maingueneau, 1991a : 28). À partir de ces considérations, nous procéderons à une analyse discursive basée sur la théorie de l'énonciation avancée par Ducrot et Maingueneau et nous emprunterons à Kerbrat-Orecchioni les précisions qu'elle apporte sur les déictiques. Nous montrerons que la diégèse des récits régiens, bien que construite selon des paradigmes oppositionnels, maintient un équilibre entre eux non pour déprécier l'un par rapport à l'autre, mais pour rehausser la complexité de l'expérience humaine et la puissance du désir.

---

2. Percevant dans le discours indirect libre la possibilité qu'une « pluralité de sujets pourraient être introduits dans l'énoncé », Ducrot reproche à Banfield d'avoir construit un postulat qui maintient l'unicité du sujet parlant : « Elle pose d'abord qu'il ne peut y avoir, pour un énoncé donné, qu'un seul sujet de conscience, repoussant d'emblée dans le domaine de l'anormal les exemples qui feraient apparaître une pluralité de points de vue juxtaposés ou imbriqués. Et ensuite, afin de traiter les cas où le sujet de conscience n'est pas l'auteur empirique de l'énoncé, elle pose qu'il n'y a pas, dans ces énoncés, de locuteur » (Ducrot, 1984 : 172).

3. Dans son chapitre, « Esquisse d'une théorie polyphonique de l'énonciation », Ducrot fait ainsi la distinction entre locuteur et énonciateur : « J'appelle « énonciateurs » ces êtres qui sont censés s'exprimer à travers l'énonciation, sans que pour autant on leur attribue des mots précis ; s'ils « parlent », c'est seulement en ce sens que l'énonciation est vue comme exprimant leur point de vue, leur position, leur attitude, mais non pas, au sens matériel du terme, leurs paroles. [...] [L]e locuteur, responsable de l'énoncé, donne existence, au moyen de celui-ci, à des énonciateurs dont il organise les points de vue et les attitudes » (Ducrot, 1984 : 204-205). Selon lui, le narrateur est l'équivalent du locuteur. Ainsi, le concept renverra dans cet article uniquement à la fonction de « faire accomplir l'acte de narration dont il est dit en même temps qu'il n'existe pas ou n'existe plus » (Ducrot, 1984 : 207-208).

4. Désormais, toutes références à ces recueils seront indiquées entre parenthèses dans le texte comme suit : *La rivière sans repos* (*RR*) et *Un jardin au bout du monde* (*JBM*).

Pour une thématique de la diversité

Dès ses premiers écrits, Gabrielle Roy exprime une passion profonde pour la diversité humaine sociale et culturelle du peuple canadien. Dans ses reportages de 1942 et 1943 sur les groupes ethniques de l'Ouest, publiés dans *Le Bulletin des agriculteurs*, sa curiosité et son attitude compatissante et généreuse à l'égard de tous ceux qui avaient modelé par leur courage, leur peine et leur patience le visage du Canada imprègnent ses portraits des peuples migrants. Il ressort de ces essais, cependant, une tendance à privilégier le côté héroïque de l'histoire de déplacement, à souligner la communauté fraternelle plutôt que la diversité humaine et sociale. Bien que Gabrielle Roy ait toujours aspiré à un multiculturalisme harmonieux pour le Canada, vision énoncée encore dans « Terre des Hommes » en 1967 lors de l'ouverture de l'exposition universelle à Montréal (Roy, 1982 : 199-233), l'espoir cède souvent la place dans ses récits à une angoisse à la fois viscérale et culturelle représentant l'expérience des peuples dépossédés et exilés ou colonisés.

Textes choisis pour leur représentation de groupes et cultures divers situés dans les marges de la société dominante, les récits des recueils *La rivière sans repos* et *Un jardin au bout du monde* se prêtent particulièrement bien à cette étude, puisqu'il en ressort une immense compassion pour les dépossédés. Qu'ils soient venus de pays lointains comme les *homesteaders* ukrainiens Martha et Stépan Yaramko et comme le restaurateur chinois Sam Lee Wong, ou qu'ils soient tolérants et tâchent de comprendre la suprématie d'une culture pour eux étrangère, comme Deborah, Barnaby et les Inuit de Fort Chimo dans l'Ungava, leurs histoires, telles que Roy les écrit, racontent le déracinement et la déchéance culturels, l'exil et l'aliénation, vécus courageusement et contrariés par un espoir de recommencement, de quête d'identité et de désir d'appartenance. Ces remarques de Ricard sur les Esquimaux de *La rivière sans repos* expliquent ainsi la structure conflictuelle de l'univers du dépossédé :

> [L]e drame de tous ces personnages [...] découle des difficultés qu'ils éprouvent à s'adapter au progrès, et plus précisément de leur inaptitude à joindre harmonieusement en eux l'apport de la civilisation blanche au fond esquimau traditionnel. Toute la thématique de l'œuvre est construite sur l'antinomie de ces deux univers, entre lesquels les personnages hésitent, incapables de se fixer ni d'un côté ni de l'autre (Ricard, 1975 : 133-134).

C'est ce conflit des cultures que nous voulons reprendre pour en montrer la présence au sein du discours.

Retenues pour cette étude sont les trois nouvelles qui précèdent le roman *La rivière sans repos*, « Les satellites », « Le téléphone » et « Le fauteuil roulant », ainsi que le roman même, et les trois nouvelles à narration extradiégétique d'*Un jardin au bout du monde*, « Où iras-tu Sam Lee Wong ? », « La vallée

Houdou » et « Un jardin au bout du monde ». Ces textes nous intriguent tout particulièrement pour trois raisons principales : ils présentent la situation du colonisé, dans le cas des Inuit, et de l'immigré dans le cas des habitants de la plaine canadienne ; ils mettent à notre disposition des récits à narrateur extradiégétique[5], ce qui nous permettra de simplifier nos considérations des modalités de l'énonciation ; et ils n'ont engendré que de rares commentaires critiques[6]. Nous pourrions en ajouter une quatrième : dans un merveilleux renversement, Gabrielle Roy situe au centre de ses récits des personnages habituellement perçus comme marginaux et incarnant l'Autre d'une société homogène, tandis qu'elle confine plutôt à l'abstraction et aux marges l'idéologie dominante. Notre configuration se complique davantage par la considération que la narratrice extradiégétique assumant la voix la plus distante et neutre est productrice du discours à travers lequel la lectrice connaîtra les immigrés.

Tous les textes manifestent d'abord sur le plan événementiel cette structure antinomique notée par Ricard. Les Esquimaux de *La rivière sans repos* subissent tous l'influence, parfois bénéfique, souvent néfaste, de la société envahissante et matérialiste des Blancs. Cette culture envahit d'abord le grand Nord par les institutions assurant l'ordre (la police et le clergé) et l'approvisionnement (le marchand) ; elle touche de près les personnages à travers ses symboles de progrès : l'hydravion, le téléphone, le fauteuil roulant, la hutte Quonset et la médecine moderne. Si d'une part cette technologie facilite la vie en chassant l'ennui, l'adversité et le malheur, d'autre part elle masque si bien la misère que l'Esquimau, comme ensorcelé, s'éloigne de sa vie traditionnelle et perd petit à petit son identité. Agonisante, Deborah dans « Les satellites » est transportée par hydravion dans le Sud où, bénéficiaire de la technologie médicale moderne, elle découvre dans le monde des Blancs son ancienne passion pour la terre et la création. Ironiquement, cela l'amène à réfléchir, comme par présage de sa mort prochaine, aux limites de ce progrès qu'incarnent les Blancs pour le peuple esquimau :

> Chez les Blancs aussi elle se fit des amis, et parmi ceux-ci il en mourut. Quand elle vit qu'ils [...] étaient atteints des mêmes afflictions du corps, elle en éprouva

---

5. Contrairement aux autres nouvelles du corpus qui sont considérées comme hétéro- et extradiégétiques, « Un vagabond frappe à notre porte » et « Un jardin au bout du monde » sont narrées par un sujet qui dit « je » (une narration homodiégétique). Elles diffèrent entre elles, cependant, par le fait que la narratrice d'« Un vagabond » est un personnage qui joue un rôle important dans le récit, produisant une narration intradiégétique, tandis que le rôle de la narratrice d'« Un jardin » est réduit presque entièrement à celui de productrice de parole, donnant donc une narration extradiégétique. Pour une définition de ces concepts, voir Genette (1972 : 238-240, 252-259).

6. Exception faite des livres d'Ellen Reisman Babby (1985) et Marc Gagné (1973) et des articles de Nicole Bourbonnais (1982, 1992) et Monique Crochet (1993).

de l'étonnement d'abord, ensuite presque autant de peine pour eux que pour ses compatriotes malades. Alors s'éteignit pour de bon le vague espoir qu'elle avait jusqu'ici entretenu, en se le cachant à moitié, que les Blancs en viendraient à étirer sans fin la vie humaine (*RR* : 38).

Peu après son retour dans le Nord, elle revient à ses traditions et invite elle-même la mort quand celle-ci devient inévitable. Comme Deborah, Isaac dans « Le fauteuil roulant » perçoit l'absurdité d'une vie prolongée artificiellement : « On en était donc venu, ici comme un peu partout, à tâcher de « garder » les gens en vie le plus longtemps possible, de gré ou de force. La mort s'éloignait des Esquimaux presque autant que des Blancs » (*RR* : 93-94). Lui, cependant, prisonnier de son fauteuil roulant, devra s'y soumettre. Dans « La rivière sans repos », la guérison presque magique qu'offre la pénicilline représente pour Elsa Kumachuk un autre piège tendu par la société des Blancs pour « attraper les hommes libres » (*RR* : 248).

Le conflit entre les valeurs inhérentes aux deux cultures est au centre de la nouvelle « Le téléphone ». Barnaby, vieil homme esquimau dans la soixantaine, s'abonne au téléphone quoiqu'il n'ait ni besoin de ce symbole de la technologie moderne ni les connaissances lui permettant de s'en servir. Inévitablement, il s'en lasse facilement :

Barnaby, pour sa part, fut saisi à l'instant du désir d'aller à la pêche. Tout à coup le jeu du téléphone ne l'amusait plus. D'ailleurs il en était toujours ainsi avec les inventions des Blancs. Pendant quelque temps rien n'était plus distrayant, puis, un bon matin, on s'éveillait déçu à tout jamais (*RR* : 70).

Il regagne son ancien campement, éloigné de l'influence des Blancs, et laisse sonner « sur la grève, parmi la ferraille tordue et les détritus du campement abandonné, le téléphone, déjà à moitié enfoncé dans le sable » (*RR* : 88). Plus complexe est le rapport d'Elsa dans « La rivière sans repos » avec les colonisateurs de l'Ungava. Mère d'un fils illégitime suite à un viol, Elsa subit l'acte déshumanisant du dominateur, mais s'émerveille par la suite devant ce fils à sang mêlé qui s'insère au centre de son univers. Comme la pénicilline qui sauvera son fils, pour Elsa la présence de la culture blanche à la fois asservit l'être libre et libère l'être asservi. En somme, le rapport des Esquimaux avec les Blancs n'est pas simple dans ces récits et encore moins pour la lectrice sensible au discours faisant valoir l'ambivalence.

Moins évident est le rapport des immigrants d'*Un jardin au bout du monde* avec la culture dominante. L'angoisse du déplacement et le désir d'appartenance de Sam Lee Wong, des Doukhobors, de Martha et Stépan Yaramko figurent explicitement dans le récit tandis que les références aux autres habitants de la plaine canadienne restent plutôt sous-entendues. La nouvelle « Où iras-tu Sam

Lee Wong ? » se concentre sur la vie solitaire d'un Chinois qui choisit sa profession de restaurateur selon les limites imposées par la loi de 1885 sur l'immigration chinoise : il exerce son métier à Horizon, en Saskatchewan, pendant vingt-cinq ans sans jamais faire partie intégrante de la communauté villageoise. Les murs de son café semblent délimiter son univers tandis que les collines lointaines prennent plutôt une qualité de rêve pour Sam. Cet univers assume une valeur ambivalente par le fait que le café du marginalisé en devient le centre quand les villageois y pénètrent de leurs multiples sites externes. Dans les nouvelles « La vallée Houdou » et « Un jardin au bout du monde », la présence de l'Autre en tant que société ou idéologie dominante est encore plus indiscernable. C'est plutôt le thème implicite de la lutte qui lui confère une fonction d'opposant aux désirs des personnages principaux : lutte pour retrouver le pays perdu (les Doukhobors), pour ressaisir les contours de leur identité (Martha et Sam). Nous pourrions dire que la société de l'Ouest canadien est le produit du contraste : tant que l'immigrant doit lutter pour se frayer une place dans son nouveau pays, il donne forme à son concurrent qui dispose du pouvoir, même si celui-ci n'est pas explicitement identifié dans les récits.

L'ambivalence fondamentale, qui ne veut pas dire opposition ou ambiguïté, est évidente dans l'intrigue simplifiée de chacun de ces récits. Ce qui nous intéresse, cependant, ce sont précisément les formations discursives[7] qui renforcent cette complexité et ont pour effet de mettre en valeur les paradigmes oppositionnels opératoires sur le plan événementiel. En somme, à la base de notre étude est l'hypothèse que l'intrigue se simplifie faussement si, à partir de la dimension référentielle seulement, nous cherchons à énoncer une résolution aux situations de colonisation ou d'exil. Nous postulons aussi qu'une tentative d'identifier les formations discursives mettant en valeur le positionnement des locuteurs (que celui-ci soit conscient ou non) et ainsi soulignant la coexistence de messages contradictoires permet de saisir remarquablement bien la conjoncture de désirs inconciliables au centre du récit régien.

---

7. Nous préférons employer le concept « formation discursive » au lieu du terme « stratégie discursive », ce dernier ayant été utilisé précédemment dans d'autres études que nous avons publiées sur *Un jardin au bout du monde*, par crainte qu'il mette trop fortement l'accent sur l'intentionnalité signifiante. Tel que l'explique Kerbrat-Orecchioni, il est utile de concevoir le sujet de l'énonciation non uniquement comme « doté d'une certaine individualité », mais surtout comme « un produit collectif et déterminé » (1980 : 182-183). Elle cite Maingueneau qui démontre l'importance du positionnement du sujet dans le sens de l'énonciation : « Étant donné une conjoncture déterminée par un état de la lutte des classes et une « position » (idéologique et politique) dans cette conjoncture, une « formation discursive » détermine ce qui peut et doit être dit à partir de cette position » (Kerbrat-Orecchioni, 1980 : 183).

L'hétérogène dans le discours

Comment se manifeste donc, dans le discours, l'ambivalence thématique ? Par quels moyens les positions divergentes des sujets sont-elles marquées ? Ou comme le demande Whitfield pour son projet pragmatique : « Comment les choix événementiels, thématiques et indiciels sont-ils pris en charge au niveau du discours ? » (1987 : 37)

Les notions de la narratologie nous ont laissé croire qu'une narration hétéro- et extradiégétique est produite par une voix neutre et distante des événements mêmes, puisqu'elle est attribuée à un narrateur ne laissant aucune trace interne de sa présence. Bien que celui-là soit externe aux événements et prétende en décrire et en rapporter le déroulement sans intervention personnelle, la théorie de l'énonciation nous permet de montrer que le narrateur laisse, au sein du discours, des indices de voix multiples, de visions conflictuelles, d'opinions et d'évaluatifs. Quand les récits à narration extradiégétique, assez rares par ailleurs dans l'œuvre régienne, sont examinés dans l'optique de la dimension interactive du discours, il devient évident qu'ils sont marqués comme toutes les autres productions de voix narratives par une hétérogénéité énonciative.

La théorie de l'analyse du discours, comme les écrits de Bakhtine, nous ont montré qu'aucun discours n'est neutre, que tout choix, même lexical et syntaxique trahit une position idéologique, que toute énonciation est sous-tendue d'intentions, d'opinions, parfois même de préjugés qui sont étrangers au locuteur (Bakhtine, 1978 : 114-115). Signalant, à l'instar de Bakhtine, que des voix multiples peuvent jouer à l'intérieur d'une seule énonciation[8] et non seulement entre énoncés, Authier-Revuz et Ducrot avancent une théorie de l'énonciation apte à faire ressortir la « polyphonie non intentionnelle de tout discours » (Authier-Revuz, 1984 : 101) et proposent de précieux outils d'analyse. Ainsi s'ouvre le fécond article d'Authier-Revuz, « Hétérogénéité(s) énonciative(s) » :

La « complexité énonciative » est à la mode : distanciation, degrés de prise en charge, dénivelés ou décalages énonciatifs, polyphonie, dédoublement ou division du sujet énonciateur... autant de notions qui – dans des cadres théoriques

---

8. L'énonciation est définie par Ducrot comme « le produit de l'activité du sujet parlant » et « l'événement constitué par l'apparition d'un énoncé » (Ducrot, 1984 : 178-179). Pour sa part, Mainguéneau souligne l'indissociabilité de l'énonciation et de l'énoncé : « L'énonciation n'est pas cette scène illusoire où viendraient se dire des contenus élaborés ailleurs mais un dispositif qui est partie prenante dans la construction du sens et des sujets qui s'y reconnaissent. L'analyse du discours n'a pas seulement à rendre raison du fait que tels énoncés et non tels autres ont été proférés, elle doit également rendre raison de la manière dont ils ont pu mobiliser des forces, investir des réseaux sociaux » (Mainguéneau, 1987 : 35).

différents – rendent compte de formes linguistiques discursives ou textuelles altérant l'image d'un message monodique. De nombreux travaux en témoignent, ces dernières années, qui portent sur discours rapportés (direct, indirect, indirect libre), guillemets, italiques, citations, allusions, ironie, pastiche, stéréotypie, présupposition, préconstruit, énoncé divisé, mots « argumentatifs »... (1984 : 98).

Les formes citées de l'« hétérogénéité montrée » peuvent servir d'indices pour marquer ou suggérer la présence de l'Autre dans le discours et ainsi seront fort utiles pour nos propos : « La présence de l'Autre émerge bien, en effet, dans le discours, en des points où son insistance vient en déchirer la continuité, l'homogénéité, faire vaciller la maîtrise du sujet » (Authier-Revuz, 1984 : 108).

Considérant ainsi la propriété hétérogène de l'énonciation, il est donc possible d'examiner les récits de Gabrielle Roy dans cette perspective, d'une part pour montrer quelques moyens par lesquels les visions contradictoires cohabitant dans les récits s'insèrent même à l'intérieur de l'énonciation, et d'autre part pour suggérer des conséquences possibles pour le sens. Nous avons fait le parcours des sept récits de notre corpus pour repérer les unités linguistiques pouvant mettre en évidence une conscience autre que celle du narrateur. Cette enquête nous montre que la majorité des indices relève de procédés discursifs qui interrompent la structure logique de la langue. Nous regroupons, en premier lieu, les marqueurs qui soulignent la situation d'énonciation et ceux qui annoncent la présence de différents niveaux d'énonciation ; parmi eux nous discuterons du rapport entre locuteur et allocutaire et des discours rapportés. Associés à ces procédés mais discutés indépendamment d'eux, les déictiques spatiaux et temporels non adéquats créent également une rupture dans l'énonciation. Enfin, les modalités de l'énonciation, surtout celle de l'assertion et son inverse le non-certain, complètent le rôle que joue le locuteur par rapport au récit. À partir de ces constatations, nous allons organiser notre discussion autour de trois formations discursives rehaussant les paradigmes qui privilégient l'ambivalence remarquée de la thématique : le mélange de perspectives et de voix évident dans la situation de communication comme des descriptions ; l'usage de déictiques renvoyant à une autre situation d'énonciation ; et l'emploi d'évaluatifs non conformes à la perspective externe adoptée par la narratrice. Chacun de ces éléments met en question ce que Maingueneau ainsi que Kerbrat-Orecchioni appellent « l'unicité du sujet de l'énonciation » (1980) et Ducrot « l'unicité du sujet parlant » (1984 : 171).

Ce que signifie l'énoncé dépend des circonstances de son énonciation, nous rappelle Maingueneau (1991b : 8), et celles-là sont marquées dans l'énonciation par ce que nous appelons déictiques ou *shifters* étant donné que le sens des mots désignés par ce terme varie selon la situation d'énonciation. Kerbrat-Orecchioni donne la définition suivante des déictiques :

[C]e sont *les unités linguistiques dont le fonctionnement sémantico-référentiel (sélection à l'encodage, interprétation au décodage) implique une prise en considération de certains des éléments constitutifs de la situation de communication, à savoir*

— *le rôle que tiennent dans le procès d'énonciation les actants de l'énoncé,*

— *la situation spatio-temporelle du locuteur, et éventuellement de l'allocutaire* (1980 : 36).

Il importe donc pour cette étude d'identifier les référents, y compris les référents instables auxquels se rapportent les déictiques.

À qui sont imputés les énoncés des récits étudiés ? Dans tous les exemples sauf un, nous pouvons dire qu'il s'agit d'une narratrice hétéro-extradiégétique qui crée l'illusion d'un discours communément dit neutre, car la narratrice qui domine et contrôle la vision de la lectrice ne se laisse, en principe, pas voir, ce qui implique une allégeance moins directe et évidente avec une prise de position idéologique. La narratrice homodiégétique, si typique des récits manitobains de Roy, disparaît presque entièrement de notre corpus pour céder la voix à une narratrice externe aux événements, qui ne se montre jamais ; une narratrice à qui, par souci de cohérence logique, les interventions personnelles seraient interdites. La nouvelle « Un jardin au bout du monde » se distingue des autres textes par sa narration homo-extradiégétique. La narratrice, écrivaine de profession (« Écrire m'était une fatigue » [*JBM* : 155]), prête la parole à son personnage quasi muet, l'immigrée Martha Yaramko : « Voici donc son histoire telle que, petit à petit, j'appris à la connaître » (*JBM* : 156). Ce positionnement du sujet parlant engendre une situation d'énonciation particulièrement complexe dont nous ne pourrons épuiser toutes les modalités.

Ni le roman *La rivière sans repos* ni les nouvelles qui le précèdent n'incarnent les propriétés caractéristiques pures de la narration extradiégétique. La voix de la narratrice dans ces récits réussit à capter l'art de l'observation tout en faisant valoir l'innocence et la raillerie du peuple esquimau. Cette conjoncture est effectuée par un glissement dans la perception, on pourrait dire dans la conscience, allant de la narratrice au personnage, et produisant ainsi deux consciences dans un même énoncé. Le paragraphe liminaire de la nouvelle « Le téléphone » montre cette double conscience :

Assis au milieu de sa tente qui était dressée dans le sable, au bord de la rivière Koksoak, Barnaby, le vieil homme esquimau, écoutait le timbre de son téléphone, souriant d'une oreille à l'autre. Le vendeur avait dit vrai : cet objet était bien vivant (*RR* : 63).

Passant d'une observation relativement objective à une reprise de paroles provenant d'un, sinon de deux autres énonciateurs, cet extrait illustre précisément l'imbrication des voix qui sert à traduire l'innocence presque enfantine des

Esquimaux dans leur tentative de comprendre le mode de penser des Blancs. L'organisation interne du discours est assez typique du récit régien. Dans la première phrase, la narratrice et le narrataire (locuteur et allocutaire de l'énoncé) sont externes à la description de Barnaby, cela étant implicite dans la voix apparemment neutre de la narratrice-observatrice n'utilisant aucun déictique. Au moyen du discours indirect, la deuxième phrase est imputée par la narratrice à un personnage qui aurait énoncé des paroles non rapportées directement, mais dont le sens est assumé par la narratrice[9]. C'est, au dire de Kerbrat-Orecchioni, « l'instance qui valide l'énoncé » (1980 : 129). La phrase suggère deux autres énonciateurs – le vendeur et Barnaby –, mais l'absence de marques textuelles, tels les guillemets, rend ambiguë l'origine des mots mêmes de l'affirmation « cet objet était bien vivant ».

Plus ambiguë est l'énonciation suivante tirée des « Satellites » : « Fort Chimo avait parlé pourtant » (RR : 16), qui imbrique une constatation distanciée sur le plan narratif et un discours naïf sur le plan événementiel, ce dernier étant réalisé par la personnification de Fort Chimo et provenant d'une perspective ignorante de la technologie moderne. Une énonciation attribuable à un énonciateur est enchâssée dans l'énoncé du locuteur sans qu'il y ait de marqueurs discursifs indiquant ce glissement. Le procédé d'imbrication remarqué et discuté par Babby (1985 : 80-84) confirme le paradigme oppositionnel déjà observé et l'installe dans des structures discursives qui, elles-mêmes, en transmettant des pensées autres à l'intérieur d'une voix hétérodiégétique, favorisent l'effet d'intimité et de sympathie.

Capable de faire valoir l'hétérogénéité énonciative, le discours indirect libre ne porte pas en soi de marques linguistiques ni textuelles claires. Cette construction se distingue par le fait qu'elle rassemble deux plans énonciatifs différents, celui du locuteur et celui de l'énonciateur, et que la source de l'énonciation n'est attribuable ni à l'un ni à l'autre exclusivement, mais aux deux à la fois. Mélange et coïncidence de deux consciences, « [c]ette forme mixte emprunte au discours direct *le ton et l'ordre des mots* et au discours indirect *les temps et les personnes des verbes* » (Bakhtine, 1977 : 195). Le discours indirect libre dépend du contexte pour lui conférer son caractère pleinement polyphonique (Maingueneau, 1991a : 148).

Gabrielle Roy utilise souvent cette forme de discours rapporté dans les nouvelles surtout, bien que nous en ayons repéré plus d'une vingtaine d'exem-

---

9. Comme le dit Maingueneau en citant Kerbrat-Orecchioni : « Ce qui passe au premier plan, *c'est l'instance qui valide l'énoncé*; [...] ' toute assertion est prise en charge explicitement ou implicitement par un sujet énonciateur et c'est pour ce sujet, d'abord, qu'elle est vraie ' » (1991a : 129).

ples également dans le roman *La rivière sans repos*. Dans l'extrait suivant qui mêle discours direct, discours indirect et discours indirect libre, le locuteur glisse dans son discours des paroles qui pourraient appartenir à Deborah, l'Esquimaude souffrante qui attend l'hydravion dans « Les satellites » :

> Le bonheur ! Une autre expression à n'y rien comprendre ! Si le bonheur vivait seulement quelque part sur la terre, où était-ce ? Arrivée dans le Sud, elle avait pu croire pendant quelque temps que c'était ici, au milieu de la grâce et de la richesse (*RR* : 54).

Bien qu'intégrées dans le fil de la narration, les deux exclamations témoignent d'une réflexion sur la façon dont les Blancs accordent à leur existence une valeur existentielle, question étrangère à la culture de Deborah (tout comme « avenir », mot impénétrable pour Elsa [*RR* : 175]). L'absence de temps historique et de marques textuelles désignant le discours direct dans les deux exclamations augmente l'effet ambigu de ces énoncés. Cependant, l'interrogation utilisant l'imparfait réintroduit le temps de la narration externe et le superpose au temps présent du personnage, marqué par le déictique « ici ». Ainsi, dans cet extrait, la narratrice reconnaît ouvertement le choc culturel vécu par les Esquimaux de l'Ungava, quoique dans son rôle de locuteur, elle ne révèle jamais clairement sa propre position par rapport à lui. L'ambivalence est ainsi soutenue par le discours.

De tous les récits, ce sont surtout les nouvelles « Où iras-tu Sam Lee Wong ? » et « Un jardin au bout du monde » qui tirent profit de ce procédé. Nouvelle construite à partir d'une réflexion très personnelle sur la vie de l'exilé culturel, « Où iras-tu Sam Lee Wong ? » dépend des nombreuses structures interrogatives incorporées au discours de la narratrice pour mettre au premier plan l'incertitude, l'hésitation et la perplexité de Sam Lee Wong dans sa quête pour sa propre identité : « Sa vie avait-elle pris naissance entre des collines ? Il croyait parfois en retrouver le contour en lui-même, intime comme son souffle » (*JBM* : 61). Ces phrases liminaires du récit annoncent la perspective adoptée par la narratrice qui révèle à la fois une connaissance privilégiée de la réflexion de Sam Lee Wong et suggère que l'interrogation est conduite par Sam lui-même. Cette imbrication d'énonciateurs crée l'illusion non seulement que la conscience de Sam Lee Wong est parfois au centre du discours, mais que son exploration est simultanée à sa production. Dès la phrase liminaire de la nouvelle, l'incertitude est représentée dans le discours indirect libre, créant l'illusion que la narratrice reprend exactement dans leur déroulement les pensées de Sam Lee Wong ; ce glissement vers une voix plus intime sert également à brouiller le rôle d'une narratrice exerçant son autorité sur le récit. Dans cette nouvelle, c'est surtout au moyen de questions, comme dans les nouvelles esquimaudes, c'est par les exclamations, correspondant à l'étonnement d'un être naïf, que l'imbrication des voix de la narratrice et du personnage rejoint le thème de l'interrogation personnelle de l'être clivé suite à son exil. L'indéterminé créé par l'origine double des énoncés soutient la vision ambivalente produite eu égard aux événements.

Le rapport étroit établi par la narratrice d'« Un jardin au bout du monde » entre elle-même et Martha Yaramko dont elle raconte la vie justifie en quelque sorte le mélange de voix qui pénètre la nouvelle entière. Menée par une réflexion sur la vie en général et non seulement celle des immigrés, la narration ne cesse de superposer les perspectives et les interrogations de Martha et de la narratrice :

> Elle se prit à pleurer doucement. Elle se voyait pour ainsi dire sans parents et sans enfants. Quelle était la cause d'une telle solitude ? Trop de progrès trop vite ? Ou pas assez ? Tout ce qu'elle croyait entrevoir c'est que, un jour sans doute, des êtres issus d'elle, mais assez loin de leur origine pour se sentir à l'aise dans le pays, n'auraient peut-être pas honte, eux, de la vieille grand-mère immigrée. Elle sourit en son âme à ces inconnus dont elle entendait en imagination l'un deux s'enquérir : « Notre vieille petite mère Yaramko, comment était-elle donc vraiment ? » (*JBM* : 179)

Renvoyant parfois aux pensées de Martha (« se voyait », « entendait en imagination »), mais situés dans un contexte de récit historique, les énoncés de la narratrice transmettent les méditations de Martha sur sa vie d'immigrée. Les démarcations d'univers et de positionnements se brouillent pour créer une sororité bienveillante. L'extrait comprend également deux autres sortes de discours rapporté : le discours direct de la dernière phrase et les trois questions du début appartenant au style du discours indirect libre. L'emploi d'un énoncé interrogatif dans une telle situation crée chez l'allocutaire, nous dit Ducrot, l'attente d'une réponse (1984 : 174). La collaboration intime entre les deux femmes qui occupent différents niveaux discursifs est donc permise par l'emploi du discours indirect libre enchâssé parmi des énoncés de constatation : à la fois interrogations soulevées par la narratrice et par Martha, ces questions ne peuvent pas susciter de réponses concluantes. Elles deviennent les signes d'une méditation intérieure partagée. Étant donné la fréquence des discours indirects libres dans cette nouvelle, l'emploi de guillemets pour marquer la pensée individuelle de Martha est inattendu. Chacun des énonciateurs, dont l'un est hypothétique, est délimité par le style du discours direct et donc sert à faire valoir le conflit entre les générations qui est en partie créé par le milieu du pays adoptif.

Entre autres, l'activité énonciative est organisée selon les règles de l'interdiscours ; l'échange produit est indiqué dans l'énonciation par les pronoms personnels renvoyant à des rôles précis. Nous utiliserons le concept d'énonciateur ici dans le sens proposé par Ducrot (1984 : 204). Un examen de certaines positions inscrites dans le discours et suggérées par les pronoms personnels renvoyant à la situation de communication peut faciliter la mise en évidence des rapports entre les univers conflictuels des récits régiens. Dans le discours, les pronoms personnels des première et deuxième personnes sont « dépourvus d'autonomie référentielle » (Benveniste, 1966 : 252 ; Kerbrat-Orecchioni, 1980 : 43) et ne renvoient qu'à une situation d'énonciation donnée à l'intérieur du discours. Les nouvelles à narrateur extradiégétique n'inscrivent pas de la même façon que les récits intimes de Roy les rôles du locuteur et de l'allocutaire, car toutes, à l'exception du récit homodiégétique « Un jardin au bout du monde », adoptent une voix externe aux événements racontés. Notre parcours des récits nous a permis de relever l'usage de pronoms personnels renvoyant à un allocutaire non identifié dans l'énoncé. La très haute fréquence du pronom collectif « on » est particulièrement intrigante bien que les « nous » et « vous » y figurent également[10]. Les pronoms « nous », « on » et « vous » suggèrent des actualisations de sens intéressantes pour notre étude, puisque, ayant la propriété de renvoyer à plus d'une personne dans le discours, ils présentent des problèmes de référentialité surtout dans une narration extradiégétique.

Dans « Les satellites », la communauté esquimaude et les lois de l'univers, comme les agents sans visage qui transportent Deborah de son village à la grande ville et donc qui signifient l'aliénation de l'individu sont désignés par le pronom « on » dans le discours de la narratrice : « [O]n avait laissé de la lumière dans la hutte », « On vivrait sans fin », « On serait des multitudes de vieillards » (*RR* : 16), « On y mettrait Deborah. On l'emmènerait dans un hôpital du Sud. Et là, presque certainement on la guérirait » (*RR* : 20). Les mystères de l'univers, qu'il s'agisse de transporter et de soigner, à grande dépense, une vieille qui pourrait aller mourir sur la toundra selon la coutume esquimaude, ou des agents anonymes de ces actes et de ces machines, tombent sous l'égide du pronom dont le sens est le plus difficile à cerner. Le sens de « on » peut être ambulant dans un même énoncé, selon Maingueneau, et le mot peut fonctionner comme « "frontière" entre ce qui est identifiable et ce qui ne l'est pas », selon Atlani, cité par Maingueneau (1991 : 20). Comment est-il possible donc de déterminer si ce pronom est utile pour exprimer l'hétérogène ? D'abord, en reconnaissant que dans la majorité des usages, Gabrielle Roy ne semble pas faire de distinction entre « nous » et « on » et les utilise de façon interchangeable quoique le « on » prédomine dans ses récits.

---

10. Ailleurs, nous avons remarqué le rôle significatif des pronoms personnels « nous » et « on » dans la nouvelle « Où iras-tu Sam Lee Wong ? » (Dansereau, 1991).

Cependant, dans de nombreux exemples, un positionnement par rapport aux univers conflictuels identifiés sur le plan événementiel est suggéré par les pronoms. Le discours suivant de Thaddeus situe le « nous » clairement dans la collectivité esquimaude qui ressent la distinction des univers tandis que le « on » renvoie à une collectivité plus abstraite :

> Aujourd'hui, fit-il, on en est à tout critiquer, à tout blâmer. On dit que la Compagnie nous exploitait, nous grugeait. Ce n'est qu'un son de la cloche. En vérité, la Compagnie nous achetait nos fourrures ; nous, nous ne lui achetions guère plus que l'essentiel (*RR* : 183).

Mais quand la scission des cultures doit être exprimée par les personnages, c'est le pronom « ils » entre guillemets qui sert à l'attaque : « Vous avez vu avec Deborah. « Ils » sont arrivés avec toutes leurs questions ; « ils » ont demandé pourquoi. « Ils » nous ont fait honte » (*RR* : 111). Dans d'autres exemples, c'est le contraste rendu possible par la juxtaposition des pronoms qui situe les oppositions : « Car c'était lui à qui on avait dit adieu » (*JBM* : 123), « que l'on avait mis à leur disposition », « alors, on les entendait » (*JBM* : 133). Si le pronom « nous » a cette capacité d'inclure « d'autres sujets que l'énonciateur » (Maingueneau, 1991a, 110), il suggère une communauté, une collectivité plus distincte qui ne ressort pas du « on », plus neutre et moins identifiable, donc moins attribuable à un groupe particulier.

Par contre, dans un récit homodiégétique comme « Un jardin au bout du monde », le « nous » est clairement inclusif quand il paraît dans le discours indirect libre : « Parmi tant de spectacles affligeants en ce monde, comment, pour de simples fleurs, pouvons-nous donc encore trouver en nous des regrets et de la compassion ? » (*JBM* : 187). Lorsque cet énoncé est pris par la lectrice comme relevant de la conscience de Martha, il a pour effet de projeter l'interrogation sur l'humanité entière ; quand la locutrice est perçue comme énonciatrice, le « nous » inscrit la locutrice, l'allocutaire[11] et l'énonciatrice dans cette méditation sur la condition humaine. Le « on » ici comme dans les autres récits renvoie à des positions différentes : « Quand s'éclairait la basse petite fenêtre du feu de la lampe, on aurait dit que leurs plaintes rendaient un autre son » (*JBM* : 202), fait valoir l'acte de focalisation de la narratrice et d'autres sujets restant anonymes ; « On était talonné » (*JBM* : 202) ne comprend que ceux accomplissant la même tâche que Martha de traire les vaches. D'après ces exemples, il est évident que dans certains cas, les pronoms personnels peuvent entraîner la conscience de divisions comme le suggère Maingueneau : « Bien

---

11. Selon Maingueneau, « par le *nous* le destinataire se trouve inclus dans la sphère du scripteur pour assumer l'énonciation avec lui » (1991b : 24).

souvent le « on » en première position [...] permet d'opposer le groupe énonciateur au monde dévalorisé des autres » (1991a : 111).

L'usage fréquent de déictiques spatiaux et temporels non adéquats, dont nous trouvons de nombreux exemples dans ces textes de Roy, contribue à l'effet de coexistence de deux univers avec leurs idéologies divergentes. Ces déictiques n'ont pas de référents à l'extérieur d'une instance de discours et ont comme fonction « d'inscrire les énoncés-occurrences dans l'espace et le temps par rapport au point de repère que constitue l'énonciateur » (Maingueneau, 1991b : 26). Ils sont dit non adéquats quand ils réfèrent à l'instance de discours du narrateur (Kerbrat-Orecchioni, 1980 : 44) dans un récit historique. Les exemples de telles discordances spatiales ou temporelles abondent dans les récits régiens, ce qui a pour effet premier de rehausser l'ambivalence dans la voix narrative surtout par rapport aux discours indirects libres. Paraissant le plus fréquemment dans des énoncés au passé, les adverbes « ici », « maintenant » et « aujourd'hui » renverraient normalement à l'activité énonciatrice : « Maintenant elle se sentait brisée d'émotion et de fatigue » ; « Les gens qui s'y tenaient [...] lui parurent avoir l'air préoccupés et abattus. S'était-il donc produit ici aujourd'hui quelque événement accablant ? » (*RR* : 34) ; « Même la nuit d'été, ici à peine sombre, n'était pas un refuge » ; « Privé de mystère, il était donc, ici encore plus qu'ailleurs, ramené à ce que l'on ose en dire l'essentiel » (*RR* : 117). Le déictique spatial « ici » est particulièrement efficace pour évoquer le territoire de l'Ungava comme site de l'énonciation, surtout quand la locutrice l'utilise dans une structure qui l'oppose clairement à un ailleurs lointain : « Par la suite elle eut l'occasion d'étudier des visages du Vietnam [...]. Elle les trouva ressemblants avec les gens d'ici, surtout les femmes au long regard sombre qui appelait de très loin – elles étaient moins rieuses toutefois que celles d'ici » (*RR* : 298-299). Dans tous ces textes, mais en particulier ceux d'*Un jardin au bout du monde*, l'emploi de l'adverbe temporel « maintenant » dans un récit historique a pour effet de réduire la distance entre la narratrice externe aux événements et l'histoire. Les déictiques ont la double fonction de rendre perceptibles ces deux instances, de rappeler à la lectrice leur distinction, mais en même temps de réduire la distance entre les instances : « Maintenant le soir n'était plus loin » ; « À présent, il n'y en avait plus de visible » (*JBM* : 144). Associé aux déictiques spatiaux parce que renvoyant au lieu de l'énonciation est le verbe « venir » dont l'usage assez particulier dans certains passages semble transgresser le point de vue selon lequel l'espace est considéré : « Martha était venue sur le pas de la porte » (*JBM* : 205) ; « Cent fois par jour [Sam Lee Wong] venait sur son seuil guetter une éclaircie » (*JBM* : 98) ; « Ces légères collines à faible distance du village [...] qu'il était venu presque chaque jour contempler de son seuil » (*JBM* : 125). L'effet de frontière imposée à l'espace qu'occupent les personnages est une illusion créée par la narratrice qui, elle, transgresse par le discours son site d'énonciation. Toutes ces particularités contribuent à transmettre l'ambivalence du message, à créer une instabilité discursive, à soustraire à un discours avec tout le potentiel de contrôle son univocité. Elles rappellent à tout moment (car les exemples sont très nombreux) que divers univers avec leurs idéologies distinctes se côtoient, parfois se rencontrent. Il en ressort que la voix narrative s'humanise, qu'elle prend progressivement partie pour le personnage, que celui-là se nomme Barnaby, Deborah, Martha ou Sam Lee Wong.

Enfin, les modalités énonciatives, surtout celles se rapportant à l'assertion, contribuent à insérer l'incertain dans le rapport entre le locuteur et le sujet de son énoncé. Se posant en observatrice de ce qu'elle raconte, la narratrice des récits adopte très souvent les modalités du certain et de l'incertain par l'emploi fréquent de verbes, d'adverbes (« pourtant », « même »), de locutions verbales ou adverbiales (« sans doute »), du mode conditionnel et même de marques textuelles (points de suspension) pour exprimer des réserves sur ce qu'elle affirme : « Et maintenant rien n'avait peut-être plus d'attrait pour elle que ce singulier pays qui lui avait été si dur » (*RR* : 28). L'incise « peut-être » est employée particulièrement souvent, comme les interrogations, dans les énoncés mêmes de la narratrice. Dans cet extrait d'« Un jardin au bout du monde », la narratrice prête à Martha le moyen d'exprimer la confusion, le doute, l'hésitation :

> Ce n'était pas non plus pour l'avenir qu'elle nettoyait ce sol. Sans ces enfants, Volhyn n'avait plus que quelques années, peut-être seulement des mois à se survivre. Peut-être même Volhyn mourrait-il définitivement le jour où elle-même disparaîtrait (*JBM* : 181).

Ces conjectures sont les plus fréquentes dans les nouvelles mettant en scène des personnages qui se cherchent ou qui cherchent à comprendre un monde qui leur est étranger. Analogues aux structures interrogatives des discours indirects libres, ces procédés fonctionnent pour soustraire l'autorité univoque des descriptions : « ou encore », « sans doute », « pourtant », et « peut-être » signalent le besoin de comprendre, de rassurer, de gagner une certitude inaccessible, comme dans cette citation de « Où iras-tu Sam Lee Wong ? » : « Il est pénible, il faut en convenir, en écoutant quelqu'un qui vous raconte avec élan quelque chose d'important, peut-être sa vie, peut-être ses malheurs, de n'en pas attraper un seul mot et de ne même pas savoir quelle mine prendre, apitoyée ou réjouie ! » (*JBM* : 78-79) L'emploi fréquent d'éléments linguistiques exprimant la conjecture confirme les tendances simultanées à situer les visions contradictoires et à les défaire en les mettant en question.

Ces formations discursives contribuent toutes à faire éclater l'univocité (rendue possible par la voix narrative des récits), à subvertir l'autorité virtuelle des textes. L'innocence de Barnaby, l'isolement de Deborah et la perplexité de Sam Lee Wong, pour autant qu'ils suscitent la sympathie de la lectrice, se révèlent de faibles opposants à l'hégémonie culturelle venant de l'extérieur. Ce sont cependant les formations discursives qui font valoir l'imbrication des perspectives coexistant dans un même texte et qui expriment la vision complexe qu'a Gabrielle Roy des exilés et des dépossédés. Les thèmes constants chez Roy de la disparité humaine et de la capacité de l'esprit humain à espérer se manifestent dans le discours par des formations discursives mettant en valeur des positions divergentes. L'histoire récente et actuelle sert de présage à la disparition des diversités culturelles, même au Canada, à l'hégémonie d'une culture qui en absorbe ou étouffe une autre. À l'encontre de ces tendances et presque comme remontrances, les récits de Gabrielle Roy offrent une vision de généreux partage et de coexistence bienveillante. En insérant et faisant entendre les voix des exilés et des colonisés à l'intérieur d'une voix ayant l'autorité de faire taire les autres, Roy met au premier plan le courage héroïque des dépossédés et rehausse l'hétérogène dans le discours.

RÉFÉRENCES

Authier-Revuz, Jacqueline (1984). « Hétérogénéité(s) énonciative(s) », *Langages*, 73 : 98-111.

Babby, Ellen Reisman (1985). *The Play of Language and Spectacle : A Structural Reading of Selected Texts of Gabrielle Roy*. Toronto : ECW Press.

Bakhtine, Mikhaïl (1977). *Le marxisme et la philosophie du langage : essai d'application de la méthode sociologique en linguistique*. Traduit par Marina Yaguello. Paris : Minuit.

Bakhtine, Mikhaïl (1978). *Esthétique et théorie du roman*. Traduit par Daria Olivier. Paris : Gallimard.

Banfield, Ann (1979). « Où l'épistémologie, le style et la grammaire rencontrent la théorie littéraire », *Langue française*, 44 : 9-26.

Benveniste, Émile (1966). *Problèmes de linguistique générale 1*. Paris : Gallimard.

Benveniste, Émile (1974). *Problèmes de linguistique générale 2*. Paris : Gallimard.

Bourbonnais, Nicole (1982). « La symbolique de l'espace dans les récits de Gabrielle Roy », *Voix et images*, 7 (2) : 367-384.

Bourbonnais, Nicole (1992). « Gabrielle Roy : les figures du temps », dans François Gallays *et al.* (dir.), *Le roman contemporain au Québec 1960-1985*. Montréal : Fides, 411-426.

Crochet, Monique (1993). « Du Moi au Soi, le voyage psychique de Sam Lee Wong : interprétation jungienne du symbole de l'horizon dans « Où iras-tu Sam Lee Wong ? » de Gabrielle Roy », *Cahiers franco-canadiens de l'Ouest*, 5 (1) : 55-66.

Dansereau, Estelle (1990). « Le mutisme ethnique ou l'enjeu de la parole dans *Un jardin au bout du monde* de Gabrielle Roy », dans André Fauchon (dir.), *Actes du neuvième colloque du Centre d'études franco-canadiennes de l'Ouest, Langue et communication*. Winnipeg : CEFCO, 89-102.

Dansereau, Estelle (1991). « Convergence / éclatement : l'immigrant au risque de la perte de soi dans la nouvelle « Où iras-tu Sam Lee Wong ? » de Gabrielle Roy », *Canadian Literature / Littérature canadienne*, 127 : 94-109.

Ducrot, Oswald (1984). *Le dire et le dit*. Paris : Minuit.

Fabry, Anne Srabian de (1975). « À la recherche de l'ironie perdue chez Gabrielle Roy et Flaubert », *Présence francophone*, 11 : 89-104.

Gagné, Marc (1973). *Visages de Gabrielle Roy, l'œuvre et l'écrivain*. Montréal : Beauchemin.

Genette, Gérard (1972). *Figures III*. Paris : Seuil.

Kerbrat-Orecchioni, Catherine (1980). *L'énonciation : de la subjectivité dans le langage*. Paris : Armand Colin.

Lewis, Paula Gilbert (1983). « Tragic and Humanistic Visions of the Future : The Fictional World of Gabrielle Roy », *Québec Studies*, 1 (1) : 234-245.

L'Hérault, Pierre (1991). « Pour une cartographie de l'hétérogène : dérives identitaires des années 1980 », dans *Fictions de l'identitaire au Québec*. Montréal : XYZ, 53-114.

Maingueneau, Dominique (1987). *Nouvelles tendances en analyse du discours*. Paris : Hachette.

Maingueneau, Dominique (1991a). *L'analyse du discours : introduction aux lectures de l'archive*. Paris : Hachette.

Maingueneau, Dominique (1991b). *L'énonciation en linguistique française*. Paris : Hachette.

Ricard, François (1975). *Gabrielle Roy*. Montréal : Fides.

Roy, Gabrielle (1979)[1970]. *La rivière sans repos*. Montréal : Stanké.

Roy, Gabrielle (1981)[1975]. *Un jardin au bout du monde et autres nouvelles*. Montréal : Beauchemin.

Roy, Gabrielle (1982)[1978]. *Fragiles lumières de la terre : écrits divers, 1942-1970*. Montréal : Stanké.

Simon, Sherry (1991). « Espaces incertains de la culture », dans *Fictions de l'identitaire au Québec*. Montréal : XYZ, 13-52.

Whitfield, Agnès (1987). *Le Je(u) illocutoire : forme et contestation dans le nouveau roman québécois*. Québec : Les Presses de l'Université Laval.

Écrire le regard :
analyse du discours optique
dans *Bonheur d'occasion*

Jo-Anne Elder

Dans son livre *New Perspectives in Nonverbal Communication,* Poyatos discute l'importance de la communication non verbale dans le roman :

> [I]l existe d'innombrables situations, d'habitude décisives, où des messages ne sont encodés que par voie non verbale et, surtout, par le comportement kinési-que ; et même quand sont employés des mots, la vraie signification de ces mots peut se trouver dans les gestes et les regards, dans les manières et dans les postures conscientes ou inconscientes du corps (1983 : 286 ; traduction libre).

Écrire un texte littéraire présuppose la transposition des éléments acousti-ques, visuels, olfactifs et tactiles dans des codes graphiques (orthographe, mor-phologie, ponctuation, typographie) qui paraissent, à la base, plus ou moins adéquats, mais qui témoignent néanmoins d'une capacité expressive sans pa-reil[1].

Une analyse approfondie de *Bonheur d'occasion*[2] tiendrait donc compte non seulement du discours verbal – déjà très complexe, comme le révèlent d'autres études –, mais aussi des systèmes de signes non verbaux divers : gestuel, acous-tique, vestimentaire et ainsi de suite. Dans cette étude, nous démontrerons qu'une des manifestations du système visuel, le discours optique, est particu-lièrement bien développée dans ce roman. [De fait, les signes visuels

---

1. « Dans un roman, les signes acoustiques visuels, tactiles et kinesthétiques, olfactifs et gus-tatifs sont tous réduits à des signes perçus visuellement. Voilà la contrainte et la merveille du mot écrit. [...]
   D'un point de vue sémiotique – peut-être pas d'un point de vue littéraire proprement dit, à moins de revoir le sens de « littéraire » — dans n'importe quel roman, même un roman mal écrit, se révèle une manifestation fascinante de pouvoir communicatif et de transmis-sion de sens » (Poyatos, 1983 : 289 ; traduction libre).
2. Toutes les citations tirées de cet ouvrage renvoient à l'édition de 1977 dont la pagination est indiquée entre parenthèses.

comprennent les signes ayant trait au regard (discours optique) ainsi que ceux reliés à l'apparence physique, les objets visibles, etc.] Bien que cette constatation ne soit guère surprenante, les études de la signification du regard n'ont pas, jusqu'ici, analysé de façon systématique et détaillée le fonctionnement des signes optiques. Puisque Poyatos nous a indiqué la manière de typifier les signes non verbaux, il serait intéressant de comprendre plus précisément comment ces signes sont employés dans *Bonheur d'occasion*. On pourrait, par exemple, examiner les paradigmes du regard, les oppositions entre les discours optique et auditif, les différentes façons dont est décrit le regard des personnages, et les relations entre le regard des personnages et celui du narrateur.

Le regard comporte souvent une signification qui lui est propre et est essentielle à la compréhension du roman. Les signes ayant trait au sujet qui regarde, à la façon de regarder et au contenu communiqué par le regard sont présentés de façon variée et cohérente à la fois. Nous étudierons également la structure des signes optiques afin d'éclaircir leur importance dans *Bonheur d'occasion*. Que ce soit le point de vue du narrateur omniscient et omnivoyant (relié au genre réaliste, malgré la contestation générique et les glissements du point de vue narratif qui caractérisent ce roman), le regard de Jean, ou la façon dont Florentine se voit elle-même, le regard, fortement empreint du masculin, subjugue une Florentine fragmentée et violentée. Le fonctionnement du regard est rattaché à d'autres éléments déjà relevés par des études féministes. Ainsi, on pourra saisir plus clairement la nature violente du regard masculin dans ce roman.

Nous considérerons d'abord un extrait du roman (11-14) pour analyser la fonction du regard. Notre choix se justifie de plusieurs manières : cet extrait du tout début du roman met en place les structures narratives du roman et la relation entre Florentine et Jean. Ensuite, Florentine elle-même présente un intérêt particulier pour notre étude du regard, puisque dans cet extrait, elle est à la fois sujet et objet des regards. Finalement, le même extrait a déjà été étudié par Brochu (1974) ainsi que par Amprimoz (1982) dans un article portant sur le gestuel[3]. Si notre méthode d'analyse du regard correspond à la méthode qu'Amprimoz applique aux gestes, certaines conclusions sur la signification du regard sont partagées avec l'étude de Brochu. Notre analyse se distingue de ces deux études, cependant, en ce qu'elle adopte une perspective

---

3. Brochu nous présente un roman où le regard est toujours et peut-être excessivement présent et relie ce regard à la perspective narrative. Dans son étude des mouvements et des gestes, Amprimoz décrit un jeu de rapprochements et de reculs où Jean s'impose physiquement à Florentine. Il le fait également par son regard. Tout en reconnaissant la grande valeur de ces études, nous voudrions ajouter une analyse féministe : le discours optique, comme le gestuel, est caractérisé par la domination et la violence masculines.

féministe comme celle de Bourbonnais (1988, 1990) et de Smart (1990). Tandis que la première se concentre sur la description du corps féminin, Smart considère plus globalement le rôle des femmes en tenant compte, notamment, des tendances masculines soulevées par le roman réaliste aussi bien que des relations de pouvoir entre les personnages régiens. Ces tendances et ces relations sont confirmées par une étude systématique du discours optique. Autrement dit, le fonctionnement des signifiants reliés au regard participe à l'élaboration de la signification profonde du roman.

La scène se déroule dans le restaurant du magasin *Quinze-Cents*. Dès le début du roman, nous nous apercevons de l'abondance des détails visuels : le narrateur regarde ce qui se passe autour de lui en fixant son regard, à plusieurs reprises, sur Florentine ou encore en empruntant ses yeux pour regarder ailleurs. Comme l'affirme André Brochu,

> On peut dire que la dimension du regard, dans *Bonheur d'occasion*, est continuellement présente ; il n'est pas de page qui ne contienne au moins une indication de regard, quand ce n'est trois, quatre ou davantage.
>
> L'analyse stylistique nous montre que le regard, ici, est une réalité autonome [...]. (Brochu, 1974 : 210-211).

En d'autres mots, le regard fonctionne comme un personnage qui est très proche du narrateur et fortement empreint de masculinité. « Le discours de l'Œil », comme l'explique Ouellette-Michalska dans un texte portant ce titre, est fondamentalement masculin : c'est l'Œil des Pères[4]. Selon Smart, le regard narrateur, ou le point de vue, est une

> manifestation littéraire de la Maison du Père : une solide construction de langage grâce à laquelle, nous a-t-on toujours dit, l'écrivain « capte » le réel et « transcende » le temporel par les formes éternelles de l'art. [...] [Dans le roman réaliste traditionnel] l'écrivain s'assure de son emprise sur l'altérité en se revêtant de l'autorité d'un narrateur omniscient, doté de par le pouvoir de son regard de la capacité de réduire la multiplicité du réel à la cohérence rassurante d'une vision unie. [...] [I]l s'agit [...] d'une épistémologie « au masculin » (1990 : 28).

Malgré l'autorité féminine prise en charge par l'auteure, le discours optique demeure sous la domination du personnage de Jean et du narrateur, tous deux

---

4. « [...] Le Père a l'Œil à tout. C'est pourquoi il détermine à quoi l'on doit passer son temps et comment on peut mesurer celui-ci. Pourquoi il distribue les tâches, répartit les rôles, délimite les lieux habitables pendant la vie et après la mort » (Ouellette-Michalska, 1981 : 37). Le Père, qu'elle décrit comme le Grand Un, ressemble tout à fait au Père dans l'ouvrage de Smart : « L'histoire de l'Œil se termine par un meurtre » (Ouellette-Michalska, 1981 : 59). Ouellette-Michalska nous présente aussi « Un homme [...] [qui] m'interrogeait et me harcelait par l'Œil des Pères » (1981 : 7).

positionnés comme sujets du regard. Bourbonnais explique que « [l]a réification du corps féminin se poursuit sous le regard de l'instance narrative qui
corrobore pour l'essentiel les observations de Jean dont la crédibilité se trouve
ainsi rehaussée » (1988 : 78). Le regard du narrateur anonyme est parfois plus
attendri que celui de Jean ; cependant, il contribue, lui aussi, à la fragmentation et à la réification du personnage de Florentine de par les glissements entre
ses focalisations multiples et de par le réalisme du roman qui nous présente le
point de vue supposément objectif d'un narrateur omnivoyant qui observe sans
intervenir.

Un des premiers indices de l'importance du regard dans ce roman est le
nombre de signes optiques, par exemple, *regarder, voir, guetter, chercher des yeux,*
etc. Un deuxième indice est leur diversité. Par contre, les signes qui ont trait à
la voix sont plus rares, dans cet extrait comme ailleurs dans le roman. Poyatos
conseille d'entreprendre une étude des éléments acoustiques, entre autres, le
timbre, le registre, l'intonation, le rythme, l'articulation, la tension articulatoire,
le contrôle respiratoire, les formes de chuchotement ou de rire, les sifflements,
les articulations sonores non verbales, les pauses et les silences (1983 : 288
sqq.). Or, l'étude de cet extrait ne dévoile que la rareté des signes acoustiques
paralinguistiques, pénurie quantitative aussi bien que qualitative. Ces signes
paraissent à peu près deux fois moins nombreux que les signes optiques et ne
sont, dans presque la moitié des cas, que des indications de discours direct
comme « dit-elle », « reprit-il », etc. La transcription d'alternants, de
différenciateurs et de qualificateurs est assez limitée (« timbre de sa voix »,
« change imperceptiblement de ton », « note familière », etc.).

Cette analyse préalable, qui ne tient compte que des signifiants reliés au
regard et à la voix dans un court extrait, suppose une hiérarchie plus générali-
sée dans les structures plus profondes. Cela veut dire que, dans l'organisation
narrative du roman, les regards semblent porter plus de signification que la
voix. Cette impression se renforce à d'autres moments clés du roman. Même la
définition de l'amour de Florentine est reliée au jeu de cachette du visible/
invisible : « Alors, elle comprit l'amour : ce tourment à la vue d'un être, et ce
tourment plus grand encore quand il a disparu, ce tourment qui n'en finit
plus » (143).

D'ailleurs, l'épisode où Rose-Anna est face au fait que son mari s'est enrôlé
dans l'armée (368-375) révèle la même hiérarchie. La conversation se poursuit
dans une noirceur quasi totale qui déplaît à Rose-Anna parce qu'elle veut faire
voir leur nouveau-né. Elle demande à Azarius : « Fais de la lumière pour le
voir ». Azarius n'allume cependant pas et la conversation continue, pénible :
« sa voix l'étranglait » à la mention de Daniel. « On se voit pas, Azarius, dit-
elle. Fais de la lumière ». Azarius affirme son intention de rester invisible :

« J'ai à te parler avant », dit-il, mais « [l]e silence s'appesantit encore une fois sur eux ». L'auditif, que ce soit parole ou silence, ne permet pas le rapprochement. La voix d'Azarius est « mal assurée, encore mouillée de larmes, hoquetante », et le silence reprend peu après.

Le long monologue dans lequel Azarius décrit leur vie conjugale est dominé par des signes optiques :

> [J]e pouvais pas m'imaginer qu'on en était rendu à ça.
>
> [...] Je pouvais pas le voir. Je voyais à la place [...] C'est ça que je voyais toujours. Je la voyais pas notre misère. Je la voyais de temps en temps [...], je voyais la tienne, mais quand même je ne pouvais pas croire que c'était vrai. Je pouvais pas croire que toi, qu'avais été si rieuse [...], tu riais pus jamais. J'avais encore tout ton rire de jeunesse dans les oreilles. Et je voulais pas écouter aut'chose ; je me fermais les yeux au reste (371).

Ainsi, le souvenir auditif remplace le visuel et empêche la compréhension. Finalement, craignant des mensonges, Rose-Anna insiste : « Azarius, allume que je te voie ! » et il obéit enfin. La fin de l'épisode est significative :

> Éblouie, Rose-Anna ne vit d'abord que les mains d'Azarius qui voltigeaient, puis le visage pâle mais déterminé et si jeune qu'elle en fut troublée mortellement.
>
> Son regard s'abaissa jusqu'aux épaules. Il descendit à la taille, aux jambes prises dans un vêtement qu'elle ne reconnaissait pas. Ses yeux s'ouvrirent, démesurés. Sa bouche frémit. Et soudain elle poussa un grand cri, un seul, qui se perdit dans la marche sifflante d'une locomotive.
>
> Immobile, Azarius se tenait devant elle, vêtu de l'uniforme militaire (375).

Apparemment, Rose-Anna ne peut accéder à la vérité que par le regard ; même son cri est rendu inaudible par la locomotive qui, comme la marche des pas d'hommes, représente la guerre et le progrès patriarcal. Rose-Anna regarde Azarius d'abord par petits morceaux ; sa vision est fragmentée. À la fin, elle le voit au complet, en « uniforme » : la violence du patriarcat est ainsi révélée, comme on le verra plus loin.

Il devient clair que le regard est considéré comme étant la voie privilégiée de la perception, pour les personnages comme pour l'auteure[5]. Même si l'on se

---

5. En choisissant de souligner les signes qui ont rapport au regard plutôt qu'à la voix, Roy met en vedette l'aspect spectaculaire du roman. Voir aussi Babby (1985) qui a consacré une étude à la représentation spectaculaire et constate : « Une lecture consciencieuse des textes de Roy révèle une préoccupation marquée pour l'acte de regarder. Les personnages sont sans cesse en train d'observer et/ou de se faire observer (par eux-mêmes comme par d'autres). L'espace qui entoure ces personnages encourage souvent l'acte visuel : les miroirs, les fenêtres

limite au développement de la relation entre Florentine et Jean, on trouve dans la scène initiale plusieurs indices importants de la nature non seulement de la narration et de la caractérisation du roman, mais également de la représentation. Ainsi, le regard, dont nous avons déjà expliqué la fréquence et la diversité des signifiants, comporte des signifiés aussi complexes et aussi importants. La relation de Florentine et de Jean se développe à travers un jeu de regards compliqué et significatif pour ce qui suit. Ce jeu de regards fait ressortir la signification du *gestus* relevée par Amprimoz : « Comme dans une joute amoureuse traditionnelle, Jean doit tâcher de conquérir Florentine, tandis que cette dernière doit tenter de se défendre » (1982 : 132).

Les fonctions du regard sont donc, pour Florentine et Jean, en opposition plutôt qu'en complicité ou au moins en complémentarité. Pour chaque personnage, le rôle du regard a une cohérence assez étonnante. Comme voie privilégiée de la perception, le regard doit permettre aux personnages de se connaître, mais ce que chacun/e cherche à voir et à savoir chez l'autre est fort différent. Florentine cherche à voir pour savoir se défendre, tandis que Jean observe, examine pour savoir vaincre. Il cherche à ne pas voir, mais regarde malgré lui : ses sentiments à propos de Florentine sont ambigus et sa vision d'elle survient malgré ses tentatives de l'oublier. D'ailleurs, Brochu constate que

> Les personnages de Gabrielle Roy ne « regardent » généralement pas, au sens où ils exerceraient une activité volontaire et consciente. Ils « aperçoivent », ils « voient », ce qui implique chez le sujet un enregistrement passif de l'objet ; au mieux, ils « ont un regard » [...]. Mais le regard conserve une existence propre (1974 : 211).

Brochu parle ensuite du « regard regardé » ou du « voir voir ». On pourrait résumer en disant que le regard est « réfléchi » plutôt que « réciproque » entre les deux personnages. Là où Brochu décrit le fonctionnement du regard-écran, il faudrait mentionner l'importance des miroirs dont on discutera plus loin.

Brochu compare aussi deux occurences du terme *guetter*, dans notre extrait initial et dans l'épisode où, devant le cinéma, Jean décide qu'il « guetterait la venue de Florentine sans être vu d'elle » (39). Brochu écrit :

> Dans le premier, Florentine est déroutée par l'arrivée de Jean ; celui-ci ne *vient* pas, il surgit comme étant déjà là : Florentine échoue à posséder Jean de l'intérieur, à le *prévoir*. Au contraire, dans le second, Florentine vient, est vue mais ne

---

et le terrain qui reproduit la structure dyadique du spectacle y reviennent de façon obsessive. Même le lecteur/la lectrice et le narrateur/la narratrice sont impliqué/e/s dans cet acte « spectaculaire » : leurs « visions » jouent un rôle critique dans plusieurs textes » (1985 : 4 ; traduction libre).

voit pas : c'est Jean qui la possède, mais pour aussitôt se soustraire à cette possession (1974 : 219).

Dans l'extrait en question, Jean parle du « plaisir de la voir prise dans son filet » et, quand elle tarde à venir, « sa curiosité [prend] une forme aiguë et cruelle à son amour-propre [...] comme s'il se [voyait] moins séduisant, moins agréable de sa personne, moins sûr de plaire » (39-40).

Le regard de Florentine est souvent posé sur l'autre. Dans l'extrait du début du roman, l'autre est, évidemment, Jean. Ce qui est moins évident, c'est que plusieurs des mots ou des phrases qui décrivent son regard se rapportent à la période précédant l'arrivée de Jean. Florentine anticipe donc l'interaction en la vivant en solitaire. Le narrateur se rapproche de Florentine et les deux partagent un même point de vue. La position typique du narrateur d'un roman réaliste contredit cependant l'intériorisation du regard. C'est plutôt que Florentine se regarde de l'extérieur, comme le fait aussi le narrateur[6]. À plusieurs reprises dans le roman, Florentine pose sur son reflet ou ses réflexions un regard externe de tierce personne : « Elle réfléchissait. [...] Elle songeait aussi à son petit chapeau neuf, au parfum qu'elle venait de s'acheter, et [...] au couple élégant qu'ils formeraient, elle et Jean, presque de la même taille » (25) ; « Elle rencontra [le] regard [de Jean] ; elle s'y vit comme dans une glace, et ses mains s'activèrent pour rétablir l'équilibre de son petit chapeau » (79). Le miroir joue un rôle très important dans la construction de son identité. Dans le restaurant où elle se trouve avec Jean, « [c]e qui la grisait surtout, c'était dans une glace profonde derrière le jeune homme, sa propre image vers laquelle elle se penchait fréquemment » (83). Le reflet semble être plus clair que l'objet ou la personne, et la représentation plus claire que le référent : « Elle se raidit sous ce brutal examen, et il la vit mieux ; il la vit reflétée à mi-corps dans la glace du mur, et il fut frappé de sa maigreur » (14).

Florentine se regarde donc comme elle regarde(rait) un/e autre et il est évident qu'elle se plaît à se regarder. Jean, lui aussi, se plaît à la regarder, et le narrateur également. Le système du regard est donc construit sur l'objectification de Florentine, tant regardée par les autres. D'une certaine façon, cette objectification est à la base de toute narration du genre réaliste dépendant du point de vue externe où un narrateur omniprésent, omniscient et invisible observe les autres personnages. Mais l'objectification narrative est renforcée par les regards complices des personnages : de Jean, à cause de la fréquence et

---

6. Les critiques adressées par Bessette selon lequel « une grande partie du malaise que nous ressentons [...] provient des fréquents et rapides changements d'optique narrative » (1968 : 225) semblent, aujourd'hui, un peu déplacées ; il est devenu difficile de prétendre à une narration objective et englobante.

de la nature de ses regards, et de Florentine elle-même, qui semble se voir, elle aussi, comme un objet qu'elle ne possède pas encore. Nous observons ainsi, chez Florentine, une complicité avec les regards des autres. Le narrateur et Jean l'insèrent fermement dans sa position d'objet, et même son rôle de sujet de l'action narrative ne lui permet pas de bien posséder sa propre identité.

Les jeux du regard entre Florentine et Rose-Anna sont analysés par Lewis (1985), à l'instar de Chodorow (1978), de Gilligan (1982) et de Dinnerstein (1976), en termes de psychologie féminine. Selon Lewis, « l'échec [du] reflet nécessaire entre deux générations de femmes » (1985 : 166) constitue un obstacle au processus d'autonomisation de la jeune femme. En étudiant la scène où Rose-Anna devine la grossesse de sa fille, mais n'ose pas en parler, Lewis découvre « une barrière de haine, mais aussi d'identification pure » (1985 : 167) à la base des appels, des détournements et des abaissements de regards entre la mère et la fille. Rose-Anna, par « peur de ces émotions nues [...] nie le reflet mère-fille et se transforme en objet indifférent » (1985 : 167). Dans le roman, le passage en question se lit ainsi :

> [Rose-Anna] s'était tue et les deux femmes se regardaient comme deux ennemies. [...]
>
> Florentine, la première, abaissa la vue.
>
> Une fois encore elle chercha les yeux de sa mère [...] la première fois et la dernière fois de sa vie sans doute qu'elle mettait dans son regard cet appel d'être traqué. Mais Rose-Anne avait détourné la tête. [...] [E]lle semblait être devenue une chose inerte, indifférente, à demi enfoncée dans le sommeil.
>
> Alors Florentine, avec une impression de recul infini, se vit toute jeune, gaie, fiévreuse sous le regard de Jean (263).

Cet extrait est extrêmement révélateur pour notre étude. Entre autres, il témoigne de l'interaction entre les gestes et le regard en même temps qu'il souligne la primauté de ce dernier. La signification profonde des jeux de regards, nombreux dans le roman, est présentée ici du point de vue des relations interpersonnelles ; le rapport parallèle mère-fille et femme-homme est intéressant pour la psychologie du personnage de Florentine. Il est très clair que Florentine cherche à se faire regarder, à devenir objet d'un regard, que ce soit celui de sa mère (apparemment fondamental pour son autonomisation) ou celui de Jean, et qu'elle désire davantage se faire regarder que regarder l'autre. L'envie d'être « sous le regard » de Jean renforce la domination de ce dernier, sa position de sujet du regard. Ainsi, elle semble, comme sa mère, éviter de regarder en détournant ou en abaissant les yeux, sans toutefois chercher à ne pas être vue. Sa fuite subséquente est autant une recherche du regard de Jean, imaginé ou potentiel, qu'une tentative pour échapper à sa mère. Être regardée, sans regarder, c'est alors devenir un objet, tout comme les objets que Florentine convoite.

L'évocation par Florentine de la rue Sainte-Catherine, qu'elle associe à Jean, montre que la jeune femme aime regarder ce qu'elle veut posséder et qu'elle ne pourra probablement jamais posséder :

> La ville était pour le couple, non pour quatre ou cinq jeunes filles se tenant stupidement par la taille, et qui remontaient la rue Sainte-Catherine en s'arrêtant à chaque vitre pour admirer des choses que jamais elles ne posséderaient.
>
> Mais que cette ville l'appelait maintenant à travers Jean Lévesque ! [...] Jamais elle n'avait rencontré dans sa vie un être qui portât sur lui de tels signes de succès (22).

Que ce soit objet matériel ou personne, rêve ou ambition, le désir d'obtenir et de posséder devient la force motrice de l'action narrative. Regarder est une façon de posséder, une voie d'accès aux objets qui les rend accessibles.

L'inaccessibilité, l'indifférence de Jean ne font qu'augmenter son prestige aux yeux de Florentine et son désir de le posséder par les yeux, alors que la possession, le contact corporel sont rendus impossibles. La prière de Florentine insiste là-dessus : « Faites que je le revoie ». Elle soupçonne, peut-être, qu'il serait inutile de prier pour que Jean, lui, la revoie. Même si Jean la regarde souvent, Florentine n'est pas un objet de prestige. La hiérarchie dans leur relation devient alors évidente et typique de la hiérarchie sociale entre le masculin et le féminin. Le désir qu'a Jean de la posséder est contrebalancé par le manque de prestige de Florentine. Il s'en veut de la désirer : « La violence et le regret de lui avoir cédé la veille » (208) l'incitent à la prendre ; « c'était sa misère, sa tristesse qu'il tenait entre ses bras, sa vie telle qu'elle pourrait être, s'il ne s'était arraché d'elle comme d'un vêtement gênant » (209). Ses pensées à propos de Florentine sont profondément ambivalentes, car elle représente la mère qu'il n'a pas eue et les désirs de son passé d'orphelin qu'il a rejeté. Florentine est, au mieux, ce que Jean veut *à moitié* : « Florentine... Florentine Lacasse... moitié peuple, moitié chanson, moitié printemps, moitié misère... » (31). Le regard de Jean le rend capable de la posséder à moitié, en partie(s), car il lui permet de fragmenter son corps, de détailler chaque partie vulnérable :

> Sa lèvre inférieure trembla, et d'un petit coup de dents elle la mordit (13).
>
> Elle avait un visage mince, délicat, presque enfantin. L'effort qu'elle faisait pour se maîtriser gonflait et nouait les petites veines bleues de ses tempes et en se pinçant les ailes presque diaphanes du nez tiraient vers elles la peau des joues, mate, lisse et fine comme de la soie. Sa bouche était mal assurée, et parfois esquissait un tremblement. Sous le trait surélevé des sourcils épilés que prolongeait un

coup de crayon, les paupières en s'abaissant ne livraient qu'un mince rayon de regard mordoré, prudent, attentif et extraordinairement avide (13).

Autour de sa taille, elle avait pourtant tiré jusqu'au bout le ceinturon de son uniforme vert, mais on devinait que ses vêtements adhéraient à peine à son corps fluet (14).

Il remarqua le tressaillement de ses mains, frêles comme celles d'un enfant ; il vit les clavicules se découper dans l'échancrure du corsage (14).

Jean ne voyait que le haut de sa figure et, ressortant sur le carton blanc, ses ongles où le vernis se fendillait et se détachait par plaques. [...] Et si longtemps, si longtemps par la suite, il devait, en pensant à Florentine, revoir cet ongle blanc, cet ongle du petit doigt, toujours il devait se rappeler ce petit ongle mis à nu (82), etc.

Florentine le regarde, elle aussi, par fragments. Cependant, c'est la force qui est évoquée dans chacune des parties :

[...] les épaules du jeune homme, carrées, fortes, bien dessinées par le complet marron. Une de ses mains supportait son visage bruni. La peau des joues était tendue sur les dents serrées. De fines rayures partaient du menton et tiraient en éventail jusqu'aux tempes (20-21).

[D]e légères rides creusaient déjà son front haut et têtu. Et l'œil, qu'il effleurât une personne, un objet, ou qu'il restât fixé sur le livre ouvert, brillait d'un éclat dur (21).

[E]lle le détaillait. Le vêtement d'étoffe anglaise ne rappelait pas les magasins du faubourg (21).

Loin d'être neutre, la fragmentation suggère la violence. Smart décrit les structures littéraires qui sont construites sur la violence patriarcale :

La pornographie et la haine de la femme [...] révèlent dans une lumière crue la présence du cadavre de la femme qui soutient l'édifice représentationnel et culturel fondé sur l'économie du désir masculin. Implicites dans tous les récits masculins que nous avons regardés, la haine et la crainte ressenties par l'homme devant le corps féminin sont ici identifiées avec précision comme le refoulé et le point d'aboutissement du récit masculin. À cause de son pouvoir d'éveiller le désir masculin et donc de menacer la maîtrise entière du sujet mâle sur le monde, le corps féminin doit être – de par la logique même du trajet masculin – maté, dépecé, mutilé. En outre, puisque le grand « péché » de la femme, selon cette même logique, est d'avoir été mère – c'est-à-dire antérieure à l'homme et plus puissante que lui – elle doit être atteinte dans son amour maternel afin que la jouissance masculine soit totale (1990 : 248).

Tandis que ce désir de possession s'exprime dans le roman en question par un rêve de dépècement et donc un discours explicitement violent, dans d'autres textes, le même désir se manifeste dans la fragmentation de l'objet sous le regard masculin. Selon Bourbonnais, « [l]a description de ce corps incontournable passe par la focalisation multiple, technique qui permet de créer un effet de dissolution du sujet regardé » (1988 : 75). Smart nous rappelle le caractère masculin de cette technique : « [L]e narrateur omniscient du réalisme (masculin) regarde le monde – en fragmentant ce qui est regardé afin de mieux s'assurer sa possession » (Smart, 1990 : 243).

Le regard, dans *Bonheur d'occasion*, est structuré de manière à révéler cette violence. Florentine et Jean semblent, à première vue, se regarder de façon semblable, avec la même fragmentation du regard qui semble suggérer le désir de mutilation et de possession corporelles. Plus loin, cependant, certains points contredisent la ressemblance de ces regards : la réaction de Florentine au regard de Jean (la peur, la défense), le fait que cette réaction a déjà été identifiée sur le plan gestuel et la tendance qu'a Florentine de se regarder de la même manière. Son identité apparaît alors comme un objet de prestige qu'elle ne peut pas posséder avant de posséder les autres objets qu'elle convoite. Ce fait renforce, évidemment, le pouvoir dominateur de Jean, qui pourrait lui accorder son identité s'il le (la) désirait. Cela ne s'avère pas être le cas. Dès son arrivée, note Smart,

> Florentine se sent « déroutée, vaguement humiliée ». Entre elle et le jeune homme s'instaure une relation qui est absolument familière, reconnaissable pour tout lecteur occidental, et pourtant d'un sadomasochisme qui saute aux yeux : la relation de désir entre l'homme et la femme telle que pré-scrite dans le texte patriarcal. Lutte inégale pour le pouvoir qui porte aussi le nom de « jeu de la séduction », ce rapport de fascination mutuelle verra Florentine constamment rabaissée au statut d'un objet par le regard dominateur de son partenaire (1990 : 219-20).

Le regard de fascination mutuelle s'oppose ainsi au regard partagé.

Les conclusions de Smart, qu'elle base sur une étude plus globale de *Bonheur d'occasion* (en soulignant, toutefois, la relation mère-fille que nous n'avons pas la possibilité d'approfondir ici), ne sont aucunement contredites par une analyse qui se limite au discours optique. Les commentaires de Smart sur le regard et les gestes suggèrent donc ce qui est confirmé par notre étude plus exhaustive des signes optiques dans ce bref extrait du début du texte. C'est ainsi que notre approche, qui emprunte certains éléments des analyses d'Amprimoz, peut toutefois contribuer à une lecture féministe de l'œuvre.

Sur le plan optique, les jeux de pouvoir et de séduction sont encore plus prononcés qu'ils ne le sont sur les plans verbaux et acoustiques. Nous ne pouvons pas nous empêcher de « voir » combien le regard de Jean agresse et subjugue Florentine, ni de « voir » la peur et la victimisation de cette dernière[7]. Nous ne pensons pas qu'il serait excessif de trouver, ici, une domination agressive dans le regard de Jean et une victimisation dans celui de Florentine. Les mots qui décrivent leurs regards semblent le justifier : à la vue de Jean, Florentine est « déroutée, vaguement humiliée » (11) ; le regard de Jean « durcit » (12) ; « [...] l'examinant, ses yeux se rétrécirent » (13) ; dans ces yeux il y a de « l'affronterie » (12), « l'insupportable raillerie » (12) ; enfin, l'auteure décrit, chez Jean, « ce regard d'une brutale familiarité » (13) et Florentine, qui « se raidit sous ce brutal examen » (14).

Au point de vue de l'acoustique (non verbal), toutefois, le ton agressif de Jean est moins apparent et moins apeurant :

> Et cependant cette note familière, quelque peu vulgaire qui mettait le jeune homme sur son plan à elle, lui déplaisait moins que son langage, sa tenue habituelle dont elle sentait vaguement qu'ils établissaient entre eux une distance (13).

> Du moins, quand il lui parlait, avait-elle le plaisir de la riposte (19).

La voix ne révèle donc pas la relation de pouvoir explicitée par le regard : « le pouvoir qu'il avait [...] de l'abandonner comme un objet qui à ses yeux ne présentait plus d'intérêt » (15). Au contraire, la voix établit un dialogue, une égalité apparente sinon réelle.

L'étude qu'a effectuée Amprimoz du *gestus* dans cette même scène l'a conduit à des conclusions semblables. En suivant l'évolution de la « joute amoureuse traditionnelle » (1982 : 132) à laquelle l'échange non verbal ressemble, Amprimoz découvre un schéma de rapprochements et de reculs. D'une part, il signale plusieurs gestes par lesquels un « personnage trahit [...] un désir de rapprochement sexuel » (1982 : 132) ; d'autre part, on trouve des « gestes communiquant le désir de défense sexuelle » (1982 : 132). Ces gestes ne sont pas répartis de façon égale entre les deux personnages principaux : le plus souvent, Jean avance et Florentine recule. Par contre, Jean se protège aussi contre Florentine, car « la conquête de l'extérieur implique la capitulation du moi. [...] Jean [...] ne veut pas se laisser ensorceler par Florentine » (1982 : 132). D'ailleurs, « ce qui perdra Florentine, c'est l'encouragement désespéré qu'elle donne à Jean » (1982 : 133) en avançant vers lui, en allant le chercher à l'usine, en

---

7. Si l'on en croit les réactions de nos étudiants et étudiantes face à ce roman, ce n'est pas l'inquiétude qu'on voit à la première lecture de cet extrait. Les étudiantes, comme les étudiants, estiment que Florentine est complice du jeu, ce qui témoigne peut-être de la persistance de certaines idées patriarcales sur la séduction et le harcèlement.

l'invitant chez elle et ainsi de suite. Ces avances sont décrites par Amprimoz soit comme signes de rapprochement soit comme signes de désir de rapprochement. Dans son analyse du geste « penché sur elle », Amprimoz démontre que « [s]ans analyse gestuelle il serait impossible de voir ici un rapprochement entre Jean et Florentine » (1982 : 133). Il décrit aussi comme rapprochement des cas où Jean détaille la jeune femme du regard ou effectue un geste où « il appu[ie] un peu son bras sur le sien ; elle d[oi]t sentir comme une force qui la maîtris[e] » (78), geste duquel Florentine cherche à se dégager. Il nous semble qu'il ne s'agit pas réellement d'un rapprochement, mais plutôt d'une agression. Jean a peur de « se laisser ensorceler par Florentine » (et le mot *ensorceler* lui accorde déjà plus de pouvoir qu'elle n'en a réellement), mais Florentine a peur de se faire violenter psychologiquement par Jean. Les avances de Florentine n'ont pas la même signification que les gestes équivalents de la part de Jean. La réciprocité des deux signifiés, qui ferait croire à un rapprochement entre Jean et Florentine, est démentie par le rapport de pouvoir entre les deux. Ce rapport de pouvoir se manifeste dans les gestes et surtout dans le regard.

L'étude d'autres éléments non verbaux dévoilerait d'autres signes de cette relation agresseur/victime. Notons simplement que l'apparence de Jean (ses vêtements, sa coiffure, les traits de son visage, la position de son corps notée par Amprimoz (1982)) révèle régulièrement les mêmes traits de caractère (ambition, confiance, dureté) et la même attitude envers Florentine (supériorité, indifférence). De la même façon, comme le souligne Bourbonnais (1988), les descriptions corporelles insistent sur la maigreur extrême de Florentine. Tandis que, chez son amie Marguerite, sa « chair plantureuse [...] la destine tout « naturellement » à la fonction reproductrice » (78), la minceur de Florentine suggère l'infécondité (84) ainsi que l'infantilisme (78) et contribue à la dissolution de son autonomie féminine. Bourbonnais tient compte de deux discours distincts qui se renforcent réciproquement :

> Alors que dans le vocabulaire prêté à Jean, le substantif « maigreur » et ses dérivés sont privilégiés, au sein du lexique retenu par la voix anonyme, plus adonnée à la commisération, se marquent des expressions euphémisantes comme « menu », « délicat », « fluet ». Quasi invariablement, la déléguée à la narration donne à voir un corps fragile et pitoyable (1988 : 78).

Pour Bourbonnais, le portrait de Florentine est un « moi éclaté » (1988 : 79) dans un corps vulnérable : « Ce corps chosifié, déjà ravi à lui-même, ne peut avoir qu'une fin : le rapt » (1988 : 77). Bien que nous ne soyons pas d'accord avec Bourbonnais sur certains de ses commentaires à propos de la maternité[8], son étude de la description du corps féminin l'amène à des conclusions semblables aux nôtres en ce qui concerne le rapport entre Florentine et Jean. Dès que cette relation de pouvoir est identifiée, la nature du « jeu cruel » (14) auquel les personnages participent et qui, comme la « joute amoureuse traditionnelle » (Amprimoz, 1982 : 132) ou « la lutte de pouvoir » (Smart, 1990 : 220), se présente comme un effet du réel, devient de plus en plus évidente.

L'intervention d'Emmanuel, cependant, change tout à fait la situation. Emmanuel partage le regard de Florentine. La signification du regard réciproque s'oppose au système du regard agresseur/victime, évident dans le jeu de regards de Florentine et Jean. « Réciprocité » suppose « égalité » et « partage ». Il n'est pas question, avec Emmanuel, que l'amoureux renvoie le regard de Florentine-objet en fonctionnant comme miroir de son propre regard agressif[9]. Les signes optiques qui ont trait au regard d'Emmanuel sont très différents de ceux qui ont décrit Jean : « [Il] la chercha dans l'ombre où elle se dissimulait, la reconnut, puis s'épanouit » (127) ; « [i]l la regarda avec amitié et retrouvait bien le petit visage ardent, têtu, dont il avait gardé l'image » (127) ; « [i]l glissa son bras sous le sien, l'attira à lui et, sans chercher à l'embrasser, il la regarda longuement. Il reconnaissait qu'il avait agi envers elle d'une façon un peu libre et restait étonné qu'elle eût malgré tout accepté son invitation » (129). Les mots « accueil », « chaleur », « attendrie », « sympathique », « chercha », « murmura » ; et les expressions telles que « croyant qu'il la gênait », « aie pas peur » constituent plusieurs signes qui révèlent la douceur des sentiments d'Emmanuel. Florentine, elle-même, est consciente de la reconnaissance et de l'accueil qu'exprime son regard : « [Emmanuel], tantôt, il m'a regardée comme s'il me connaissait depuis longtemps. Tandis que Jean, il me regarde toujours comme s'il devait se souvenir de moi chaque fois qu'il m'aperçoit » (132). D'ailleurs, les malheurs d'Emmanuel correspondent au même paradigme reconnaissance / méconnaissance : « Il se regardait comme on regarde un étranger » (288) ; « [u]n instant, l'image chère qu'il avait d'elle se fondit. [...] Il pensa : « Ce n'est plus Florentine »... » (328). Se reconnaître l'un/e l'autre, se reconnaître dans l'autre, devient enfin possible. Le soi est renvoyé par les yeux de l'autre. Florentine, qui n'est pas encore, il est vrai, sujet de sa propre iden-

---

8. Sans entrer dans le détail, cette étude ainsi qu'une autre (1990 : 105-109) ne semblent pas tenir compte du fait que l'autonomie (ainsi que la vie) est menacée plus souvent par la sexualité masculine que par la maternité, que Bourbonnais associe avec la mort dans *Bonheur d'occasion*. Elle ne tient pas compte non plus de la possibilité que la maternité et la créativité sont synonymes (1988 : 89). D'ailleurs, nous comprenons davantage l'ambiguïté des portraits des mères après une lecture de l'autobiographie de Roy, qui souligne, en fin de compte, la puissance de sa propre mère dans son évolution.

9. Nous anticipons les protestations des lecteurs/lectrices en suggérant une étude du signe « amour » que nous n'aurons malheureusement pas les moyens d'entreprendre ici.

tité, est néanmoins transformée par son amour : « Déjà elle se voyait renaître, aimée, plus jolie que jamais, sauvée » (339) ; « Et alors, elle fut surprise de constater qu'elle était contente d'elle-même. Une satisfaction qu'elle n'avait jamais éprouvée, l'estime de soi-même l'étonna. Elle reconnut qu'elle commençait vraiment une autre vie » (383).

Les signes optiques sont, cependant, moins fréquents et moins diversifiés dans le cas d'Emmanuel, tout en étant aussi cohérents que ceux qui décrivent le regard de Jean. On pourrait trouver à cela plusieurs raisons. Tout d'abord, la contradiction entre les paroles et le regard d'Emmanuel est moindre qu'elle ne l'est dans le cas de Jean (qui, on se le rappelle, manque à sa parole, paraît plus intéressé qu'il ne l'est, etc.). Ensuite, moins inaccessible, moins prestigieux peut-être, Emmanuel est moins souvent l'objet du regard désirant ; de plus, Emmanuel étant moins dangereux, Florentine a moins besoin de le *guetter* pour se protéger (« C'était sans importance comment elle agissait avec ce jeune homme, car par lui elle ne craignait pas que son cœur se serrât et fût ébloui et plein de crainte » (128)). De plus, Emmanuel refuse de jouer le jeu de la séduction optique : « " Qu'on la laisse donc tranquille ! Qu'elle soit naturelle et n'ait plus dans les yeux ce regard de défense et d'avidité aussi " », pense-t-il (111). Enfin, par une combinaison des trois facteurs précédents, le regard joue un rôle moins important dans cette relation ou dans sa représentation. Smart résume :

> Emmanuel est l'homme qui sait écouter et attendre, celui dont le regard sur la femme est rencontre d'une autre subjectivité et non pas possession d'un objet. [...]
>
> Chez Emmanuel, regard, écoute et pensée ne font qu'un, traversés qu'ils sont par les regards et les voix des marginaux de la culture (1990 : 232).

La multiplicité des subjectivités est peut-être due à un glissement narratif typiquement féminin, et qui est signe de l'intégration des points de vue fragmentés : puisqu'Emmanuel est « le principal porte-parole de la pensée de l'auteure dans ce roman » (Smart, 1990 : 231), le « je » féminin est réuni avec le « il » masculin et peut aussi intégrer le « elle » féminin marginalisé. Dans la partie du texte où la relation entre Florentine et Emmanuel est représentée, le roman est en quelque sorte moins « visuel ». Sur le plan gestuel, la corporalité se lit comme signe positif, par exemple, dans « l'image de leurs deux corps réunis au rythme d'un air de jazz » (Smart, 1990 : 231). La signification des signes optiques correspond à cette réunification opposée au regard fragmenté et fragmentant. Dans la réciprocité et le partage des regards, Florentine découvre quelque chose qui se rapproche du reflet mère-fille décrit par Lewis (1985), mais qui se distingue par le fait que les deux personnages, Florentine et Emmanuel, sont les sujets des regards. En d'autres mots, Florentine regarde Emmanuel comme Emmanuel regarde Florentine. Le statut d'objet dans lequel le regard de Jean et les miroirs inséraient autrefois Florentine est brisé. Dès lors, Florentine semble être capable de voir autour d'elle plutôt que de se chercher dans le regard des autres, que ce soit sa mère (en laquelle elle ne veut pas se reconnaître) ou Jean (qui ne veut pas la voir). Le regard de Florentine est maintenant posé sur le monde ; l'autre est (à) l'extérieur plutôt qu'(en) elle.

Il semble donc y avoir une signification profonde à l'emploi des signes optiques dans le roman. L'étude du regard révèle des structures narratives et caractérielles que l'on ne verrait pas nécessairement au premier abord ; le regard joue un rôle important dans la construction du texte. Si Amprimoz (1982) a présenté d'une manière complète le fonctionnement de la gestualité selon Greimas, et si plusieurs critiques ont relevé des éléments visuels, et en particulier l'importance du regard dans ce roman, c'est parce que ces deux discours sont bien développés dans *Bonheur d'occasion* et, en fait, dans l'ensemble de l'œuvre régienne. Notre lecture du roman le confirme et, en même temps, démontre le peu d'attention accordé aux signes auditifs paralinguistiques dans le roman. Les discours optiques et gestuels se complémentent et se renforcent mutuellement ; ils l'emportent sur le discours auditif et le contredisent. À chaque récurrence d'un conflit de sens entre ce que l'on voit et ce qu'on entend, c'est par la vue que l'on accède au savoir. Comme les paroles, les voix semblent être porteuses de « mensonges » tandis que le regard et les gestes révèlent la « vraie nature » de la réalité ou des personnages (c'est-à-dire les forces motrices de la narration et de la caractérisation, les éléments des structures profondes).

Ainsi, il est très important que Florentine voie Jean pour le comprendre ; son regard et ses gestes signifient plus que ses paroles. Le regard de Jean est aussi plus significatif que celui d'Emmanuel. Nous avons déjà décrit l'objectification, la violence, le morcellement corporel signifiés par son regard, dont Florentine reste longtemps complice. Ces signifiés sont particulièrement bien rendus dans les jeux de regards et de gestes qu'échangent Jean et Florentine.

Tout comme Smart, qui décrit « la thématique du désir [...] fondée dans l'écart et la distance, le regard et la fascination meurtrière » (1990 : 253), Jameson (1990) suggère que les signes visuels contiennent toujours ce signifié de la violence du désir, du désir de violence. L'introduction à son livre sur les films *Signatures of the Visible* débute par la constatation suivante :

> Le visuel est essentiellement pornographique : ce qui veut dire que son but est la fascination profonde et irréfléchie. [...] Les films pornographiques ne font qu'actualiser l'invitation des films en général, qui nous demandent de regarder fixement le monde comme s'il s'agissait d'un corps nu. Par contre, nous en sommes plus conscients aujourd'hui parce que notre société a commencé à nous offrir le

monde – qui consiste à présenter un assemblage de produits fabriqués par nous-mêmes – très précisément comme ce genre de corps : un corps que l'on peut posséder visuellement, et dont on peut d'ailleurs assembler les images. Si une ontologie de cet univers artificiel et fabriqué par les êtres humains pouvait encore se faire, ce serait nécessairement une ontologie du visuel, comprenant le visible d'abord et avant tout, avec les autres sens qui en ressortent ; tous les débats sur le pouvoir et le désir doivent se dérouler sur ce plan, entre la maîtrise par le regard et la richesse sans limites de l'objet visuel (1990 : 1 ; traduction libre).

Il est clair que l'univers de Florentine est un tel rassemblement d'objets et de corps qu'elle désire posséder. Vue, regardée et possédée, elle espère accéder au statut de sujet qui pourrait tout voir, regarder et posséder : « Faites que je le revoie ». Mais regarder est le privilège du masculin. Jean et le narrateur se partagent la fonction du sujet du regard, et Florentine demeure complice de ce regard qui l'objectifie. Objet du regard masculin, elle est subjuguée et fragmentée. La nature violente ou pornographique du regard masculin a, nous semble-t-il, son origine dans la nature problématique de la représentation visuelle[10].

Cette étude d'un des discours non verbaux indique des pistes que d'autres pourraient emprunter. On pourrait, pour commencer, distinguer la hiérarchie

---

10. Selon Northrop Frye, celle-ci est manifeste dans les prohibitions de l'art représentationnel et l'iconoclasme dans les traditions judaïques, chrétiennes et islamiques, aussi bien que dans le fait que, dans la Bible, les métaphores de l'œil cèdent la place aux métaphores de l'oreille. La prédominance des images auditives est démontrée amplement par les interdictions des visions :

> On parle souvent de la parole de Dieu, et le fait que Dieu parle ne pose jamais aucun problème. Mais on évite la moindre allusion au fait qu'on a pu voir Dieu par des actes de censure et autres procédés de révision (Frye, 1982 : 116 ; traduction libre).

De l'interdiction de Hagar et de la femme de Loth (qui ne doivent pas regarder en arrière, et qui reviennent dans des personnages chez Michel Garneau, Margaret Laurence, Monique Bosco et d'autres) se rapproche le mythe de Psyché, mythe du siècle où Psyché ne doit pas voir son époux. Rappelons-nous ce désir de Jean, qui guette la venue de Florentine sans être vu d'elle. Point intéressant : dans tous ces cas, ce sont des femmes qui subissent l'interdiction du regard, associée à l'interdiction du savoir et du pouvoir. Psyché finit par regarder son époux (Éros ou Cupidon) et le brûle accidentellement dans une scène de castration symbolique ; elle tente de prendre le pouvoir et en est punie par la suite. Voilà bien l'essentiel d'une série de mythes patriarcaux dans lesquels la femme cherche à (sa)voir et est punie (l'on pense, bien sûr, à Ève – l'œil était satisfait au paradis, et serait encore satisfait au dernier jour (voir Frye, 1982 : 117) –, à Pandore, ou à l'absence des miroirs dans les couvents, la vanité s'appuyant sur l'apparence physique). Georges Bataille, cité par Smart, constate que la violence sexuelle

> constitue le domaine par excellence de la littérature. Voisine du mysticisme, la littérature est transgression et refus des limites ; elle assume sous le mode profane le rêve de violence sacrée qui fut à l'origine de toutes les religions. [...] [Le rêve] de toute philosophie [est de] réaliser l'union du sujet et de l'objet, atteindre la fusion mystique par la destruction frénétique de l'objet qui résiste à la possession (Smart, 1990 : 239).

des discours dans des textes différents, et distinguer entre les textes « visuels, » « auditifs » et « gestuels ». Dans chaque cas, un des discours (ou une combinaison des discours) non verbaux est valorisé à des degrés différents. Dans les textes visuels, l'auteur/e peut faire allusion aux photos, aux arts visuels, à l'apparence, à l'organisation physique d'un lieu ou, comme on vient de le voir, au regard et aux miroirs. Les textes auditifs (comme, par exemple, ceux de Margaret Laurence[11]) privilégieraient la musique, la « bande sonore » du paysage, l'accent, le niveau de langue, le ton de voix, etc., tandis que les textes gestuels souligneraient le mouvement, l'action, le déplacement, le contact, le rapprochement, les reculs physiques et ainsi de suite. Si l'on soumet l'œuvre régienne à cette typologie, il se confirme que l'ensemble de sa production littéraire privilégie le visuel et, en particulier le discours optique, le regard.

Dans *Bonheur d'occasion*, les signes ayant trait au regard s'imposent de façon quantitative et qualitative. Ils renforcent la position de Florentine comme objet : elle est l'objet regardé par Jean et par le narrateur qui possèdent, tous deux, une « optique » tout à fait masculine sur ce « personnage principal ». Florentine est objectifiée encore davantage par son incapacité de devenir « sujet » de son regard et par sa tendance à se percevoir, elle-même, comme objet. Le regard masculin, qui domine le personnage ainsi que le roman, tend à fragmenter et à violenter l'objet féminin. L'impression que peut avoir un lecteur – et surtout une lectrice – de *Bonheur d'occasion*, que la relation entre les hommes et les femmes est une relation de pouvoir, de concurrence plutôt que de partage et de réciprocité, est expliquée, en quelque sorte, par ce décodage des signes ayant trait au regard.

L'analyse des discours non verbaux est un acte complémentaire aux autres analyses discursives : elle contribue non seulement à la compréhension des romans individuels, mais aussi aux tendances discursives plus globales. Bien qu'incomplète, notre étude du regard suggère l'importance de l'analyse d'un des discours non verbaux dans *Bonheur d'occasion*. Nous voudrions ainsi montrer la voie à d'autres études comme des analyses des signes tactiles, vestimentaires, alimentaires, etc. et convier les critiques féministes à examiner la signification profonde des discours non verbaux. De telles analyses conduiraient certainement à une appréciation plus complète de l'œuvre régienne.

---

11. Dans le roman *The Diviners*, par exemple, Laurence développe les voix et étudie les paroles des personnages en détail. Les mots ont un pouvoir transformateur, bien que limité : « Et moi qui croyais que les mots étaient capables de tout. La magie. La sorcellerie. Même le miracle. Mais non, de temps en temps seulement » (1979 : 15). Par contre, lorsque Morag regarde les photos, l'invisible est plus important que le visuel/visible : « Je garde ces photos non pour ce qu'elles révèlent, mais à cause de ce qu'elles cachent » (Laurence, 1979 : 17).

RÉFÉRENCES

Amprimoz, Alexandre (1979). « La sémiotique des gestes dans le roman québécois : problèmes méthodologiques », *Présence francophone*, 18 : 95-105.

Amprimoz, Alexandre (1982). « Fonction gestuelle : *Bonheur d'occasion* de Gabrielle Roy », *Présence francophone*, 24 : 123-137.

Babby, Ellen Reisman (1985). *The Play of Language and Spectacle : A Structural Reading of Selected Texts of Gabrielle Roy*. Toronto : ECW Press.

Bessette, Gérard (1968). *Une littérature en ébullition*. Montréal : Éditions du Jour.

Bourbonnais, Nicole (1988). « Gabrielle Roy : la représentation du corps féminin », *Voix et images*, 14 (1) : 72-89.

Bourbonnais, Nicole (1990). « Gabrielle Roy : de la redondance à l'ellipse ou du corps à la voix », *Voix et images*, 16 (1) : 105-109.

Brochu, André (1974). *L'instance critique : 1961-1973*. Montréal : Leméac.

Chodorow, Nancy (1978). *The Reproduction of Mothering : Psychoanalysis and the Sociology of Gender*. Berkeley : University of California Press.

Dinnerstein, Dorothy (1976). *The Mermaid and the Minotaur : Sexual Arrangements and Human Malaise*. New York : Harper and Row.

Frye, Northrop (1982). *The Great Code : The Bible and Literature*. New York : Harcourt, Brace and Jovanovich.

Gilligan, Carol (1982). *In a Different Voice : Psychological Theory and Women's Development*. Cambridge, MA : Harvard University Press.

Jameson, Frederic (1990). *Signatures of the Visible*. New York : Routledge.

Laurence, Margaret (1979). *Les Oracles*, traduit par Michelle Robinson. Ottawa : Cercle du Livre de France.

Lewis, Paula Gilbert (1985). « Trois générations de femmes : le reflet mère-fille dans quelques nouvelles de Gabrielle Roy », *Voix et images*, 10 (3) : 165-176.

Ouellette-Michalska, Madeleine (1981). *L'échappée du discours de l'œil*. Montréal : Nouvelle Optique.

Poyatos, Fernando (1983). *New Perspectives in Nonverbal Communication : Studies in Cultural Anthropology, Social Psychology, Linguistics, Literature, and Semiotics*. Toronto : Pergamon Press.

Roy, Gabrielle (1977) [1945]. *Bonheur d'occasion*. Montréal : Stanké.

Smart, Patricia (1990). *Écrire dans la maison du père : l'émergence du féminin dans la tradition littéraire du Québec*, 2ᵉ édition. Montréal : Québec/Amérique.

Géographie urbaine et « géographie émotionnelle » dans *Bonheur d'occasion*

Andrew Gann

Le réalisme de *Bonheur d'occasion* (Roy, 1977 [1945]), « roman montréalais », a souvent fait les frais de la critique, et ce, dès les premiers comptes rendus. Albert Alain écrivait déjà dans *Le Devoir* du 15 septembre 1945 que « l'auteur, après [...] avoir pour le sûr observé [Saint-Henri] de très près et avec une grande acuité de vision et de compréhension, [l']a choisi pour en faire la scène où évoluent ses personnages. [...] Le grand mérite de Gabrielle Roy, c'est d'avoir créé l'ambiance, le climat de Saint-Henri »[1]. Vu le soin que montre le texte à représenter fidèlement le Montréal de l'époque et à insérer l'action du roman dans un cadre historique presque actuel, cette approche critique s'imposait. Toutefois, Alain ne voit pas que ce choix n'était pas fortuit : « Cela aurait pu s'accommoder tout aussi bien d'un autre milieu que Saint-Henri. »

Ce sont Réjean Robidoux et André Renaud (1966) qui ont compris la nécessité de ce choix en soulignant le symbolisme des différents quartiers de Montréal et en démontrant les rapports entre ce symbolisme et les thèmes du roman : « C'est le contraste flagrant entre Saint-Henri et les quartiers attrayants de la ville, figures symétriques du lourd présent et de l'avenir convoité, du confinement à soi-même et de la vie avec l'être aimé, de la misère actuelle et du bonheur tout d'un coup obtenu, qui motive et anime les actes et les gestes romanesquement nécessaires de Florentine » (81). Ils vont même plus loin, et reconnaissent les « correspondances de la réalité extérieure et d'un état d'âme » (82) qui associent si souvent, dans ce roman, géographie et psychologie.

Ce réalisme et ces contrastes sont aussi le domaine de la géographie urbaine, cette discipline hybride qui traite de la relation entre l'homme et son

---

1. Compte rendu publié en appendice à l'édition Stanké (Roy, 1977 : 389-93). Toutes nos citations du texte de *Bonheur d'occasion* renvoient à cette édition.

milieu physique dans le contexte de la ville[2]. La géographie urbaine est un modèle utile pour l'analyse du réalisme de *Bonheur d'occasion*, puisqu'elle étudie dans leur ensemble d'autres éléments importants du roman, tels l'architecture, les frontières ethniques et sociales, les mouvements de la population, les différents emplois de l'espace urbain (habitations, usines, transports, commerces, loisirs, etc.), les transformations qui résultent de la nouvelle guerre en Europe, tout ce qui fait la richesse et la précision du portrait régien de Saint-Henri.

Dans la géographie urbaine de *Bonheur d'occasion*, les espaces peuvent être à la fois objectifs, référentiels et subjectifs. Ainsi, le milieu modeste de Saint-Henri est un carrefour dont la vie est constamment interrompue par le passage des trains entre le port de Montréal et l'ouest, un îlot résidentiel d'ouvriers canadiens-français entre les usines au sud et la bourgeoisie anglaise au nord, un village autrefois indépendant, resté marginal par rapport à la métropole, mais entier et vivant en lui-même. Si on considère l'aspect social de cette géographie urbaine, Saint-Henri est un espace référentiel, une autre sorte de carrefour, un purgatoire situé entre le paradis de la « montagne », le riche mont Royal, et l'enfer de la « dompe » de la Pointe-Saint-Charles dont parle si amèrement le personnage secondaire Alphonse (308-311). Les jeunes gens qui ambitionnent de sortir de leur misère regardent longuement les hauteurs de Westmount où se trouvent les maisons des riches et se définissent par leurs attitudes envers le contraste social et géographique de ces espaces devenus ainsi subjectifs.

Jean Lévesque, le jeune ouvrier désabusé et ambitieux qui se fera aimer de la petite serveuse Florentine Lacasse, mais qui l'abandonnera parce qu'elle « personnifiait ce genre de vie misérable contre laquelle tout son être se soulevait » (209), amène la jeune fille regarder cette montagne inaccessible dès le début de leur relation. Pour Jean, la montagne symbolise la percée économique et sociale qu'il veut réaliser par la seule force de son intelligence et de son travail. C'est en montrant ses lumières à Florentine qu'il lui confie : « Moi, j'aurai bientôt mis le pied sur le premier barreau de l'échelle... et good-bye à Saint-Henri ! » (85). Sa conception de ce paradis, comme celle de Florentine, est purement matérialiste. Pour eux, s'enrichir est le seul moyen de réussir. Jean ne s'enrôle donc pas dans l'armée, mais profite de ses études et des nouveaux débouchés dans les usines de guerre pour satisfaire son ambition. À l'encontre des autres personnages principaux du roman, ni lui ni Florentine n'ira sur la

---

2. Les géographes eux-mêmes ont bien du mal à définir cette discipline ; le meilleur guide que nous ayons trouvé est celui que donne Ley (1983 : 1-11) dans son introduction.

montagne : ils n'ont pas besoin de voir leur destination de près, parce que pour eux, l'essentiel, c'est de partir.

Le double sympathique de Jean, Emmanuel Létourneau, fera mieux que de regarder la montagne de loin, les yeux avides. Ce jeune idéaliste, qui s'est engagé pour des raisons qu'il définit difficilement, mais qui sont profondément généreuses, y passera la première nuit de sa dernière permission avant de partir pour le front. Quittant le faubourg qui le tenait « comme dans une prison de doute, d'indécision, de solitude », il gravit cette montagne où, déjà dans le passé, il avait « trouvé une sorte d'apaisement » (316). Le lieu est donc symbolique : s'élevant au-dessus des luttes matérielles de Saint-Henri, Emmanuel se débattra, comme René sur son volcan, avec les questions qui le troublent le plus. Pour lui, ce sont les inégalités sociales, les injustices de la condition humaine et la recherche paradoxale du « salut du monde » dans une guerre absurde (316-322). Cette élévation géographique symbolise aussi la sensibilité, l'honnêteté intellectuelle et l'essentielle innocence qui le différencient tant de Jean Lévesque et qui le rendent si attachant. Cependant, le lendemain, redescendu dans le faubourg sordide, il demandera à Florentine Lacasse de l'épouser.

Deux autres personnages qui vont sur le mont Royal y trouvent un tout autre paradis. Daniel, le plus jeune des enfants Lacasse, sera envoyé à l'hôpital des enfants, avenue des Cèdres, où il mourra d'une leucémie. Sa sœur Yvonne, la dernière de la famille à le voir vivant, l'assure qu'il passera directement de cette montagne au ciel (358). Pour elle aussi, jeune fille de treize ans, déjà dévote et mystique, déjà destinée à la vie religieuse, la montée à l'hôpital est le premier pas vers le ciel, et elle promet donc à son petit frère de l'y retrouver (358).

Quant à leur mère, condamnée à voir clair alors que tous les autres peuvent se nourrir d'illusions, la montagne n'est rien de moins pour elle qu'un paradis. Fatiguée moralement par la désintégration de sa famille et lourdement enceinte d'un autre enfant qu'elle aura du mal à nourrir, Rose-Anna souffre profondément en se rendant à l'hôpital. Elle sait qu'elle a fait intrusion chez l'Autre en franchissant la ligne géographique qui sépare les taudis de Saint-Henri du « grand luxe des hôtels particuliers », « la suie et [le] halètement des usines » de « l'air pur et abondant » de Westmount (220), l'ouvrier au chômage (comme son mari Azarius) de l'infirmière au « froufrou de linge blanc et empesé » (226), et le français de l'anglais, langue de cet hôpital. Pire encore, la défaite sociale dont elle est punie pour avoir franchi cette ligne est doublée d'un échec bien plus cuisant, celui de sa maternité. En effet, Daniel lui préfère l'infirmière anglaise Jenny, jeune, jolie, blonde aux yeux bleus :

« Ainsi déjà, songea-t-elle, lorsqu'il a besoin d'aide, c'est vers elle plutôt que vers moi qu'il se tourne » (225).

La géographie urbaine du bas de la montagne a aussi sa valeur métaphorique. Saint-Henri a un quartier qui, comme la « dompe », est une poubelle humaine, un enfer montréalais. La misère de la rue Workman rappelle à Rose-Anna que pour malheureux qu'on soit, il y a toujours le danger de tomber plus bas encore. Obligée comme à chaque printemps de chercher un nouveau logement, Rose-Anna fait le tour de Saint-Henri, des quartiers les moins pauvres aux taudis de cette rue de « crasse et [de] laideur » (100). Sensible à ses odeurs nauséabondes, au délabrement de ses logis, à la tristesse de ses habitants, Rose-Anna est soulagée par la pensée qu'elle n'aura pas à y vivre, satisfaite « de sentir qu'[elle et les siens] n'étaient pas encore réduits à l'extrême indigence » (101). Elle est encore au purgatoire.

Entre ces deux extrêmes, les lignes de chemin de fer et de tramway qui enserrent et qui traversent Saint-Henri signifient, d'une part, l'évasion possible vers le monde extérieur et, d'autre part, l'intrusion de la triste laideur industrielle jusque dans le foyer de la famille Lacasse. Quand enfin Azarius Lacasse trouve un appartement, la veille même du jour où sa famille sera mise à la rue, la maison jouxte le chemin de fer. Le bruit des trains, accompagné de la poussière de charbon vient ponctuer les rythmes de leur vie intime. Quelques semaines plus tard, l'accouchement de Rose-Anna mettant son onzième enfant au monde a lieu au son de cet accompagnement bruyant, et quand, le même soir, son mari lui révélera qu'il s'est engagé dans l'armée, son cri d'angoisse se perdra « dans la marche sifflante d'une locomotive » (375).

Quant au paysage, la géographie urbaine établit un contraste entre les espaces ouverts et les espaces fermés, entre les rues et les jardins et les intérieurs des immeubles. Ce contraste entre extérieur et intérieur est loin d'être nouveau dans le roman canadien. Dans le roman de la terre, dans une *Maria Chapdelaine* (1980) ou un *Menaud, maître draveur* (1978), l'espace ouvert est un lieu menaçant sinon sinistre où le personnage romanesque est exposé aux éléments et aux dangers naturels. L'espace fermé, maison ou église, est un lieu de refuge et de rencontre, chaud en hiver, sécurisant et plein de chaleur humaine. Les restaurants de *Bonheur d'occasion* semblent remplir la même fonction que l'église de Péribonka ou la maison d'Ephrem Surprenant ; les personnages se réunissent au Quinze-Cents, chez la mère Philibert, aux Deux Records, pour trouver refuge contre le froid, pour se nourrir, pour se parler. Dehors, les rues de Saint-Henri, où soufflent la neige et un froid glacial, semblent rappeler les pistes meurtrières qui tuent François Paradis et rendent Menaud fou.

Cependant, les apparences sont trompeuses et ce contraste se révèle ironique : les intérieurs dans *Bonheur d'occasion* sont, au fond, des lieux de sécheresse émotionnelle. Quand Rose-Anna pénètre dans le monde de sa fille, le jour où elle vient la voir au Quinze-Cents où celle-ci est serveuse, leur espoir d'intimité nouvelle est vite déçu. Florentine, fière d'être généreuse, prodigue à sa mère repas et cadeau d'argent, mais regrette le tout quand un geste de Rose-Anna lui rappelle leur misère : « Alors, brusquement, toute la joie que Florentine avait éprouvée se changea en fiel » (125). De même, quand Rose-Anna va voir sa propre mère ; c'est précisément dans la cuisine, centre de la vie familiale, que leur incapacité à communiquer se révèle (197-202). Quand Florentine trouve qu'elle est enceinte, c'est d'abord dans la cuisine de sa mère à elle qu'elle veut chercher refuge, mais elle y rencontre un regard « [s]ans pitié, sans amitié, sans bonté » (263) ; paniquée, elle s'évade pour chercher ce refuge dans la rue. Suprême exemple de cette ironie géographique, l'intérieur le plus sûr est aussi le lieu du plus grand danger pour Florentine : c'est dans son propre salon que Jean la violera.

Cette ironie dans l'univers du roman est la réflexion fidèle du renversement des valeurs dans le monde extérieur suite aux événements historiques de la Dépression et de la guerre. Ici encore, la géographie fournit un modèle pour caractériser ce renversement. La géographie sociale étudie les effets de la géographie urbaine sur la population. Dans ce sens, Florentine personnifie la liberté relative de la nouvelle génération urbaine, qui, indépendante financièrement de ses parents, n'hésite pas à rompre les tabous sociaux. Elle profite de l'absence de sa famille pour inviter son « ami de garçon » à passer le dimanche seul avec elle, et c'est alors que la catastrophe a lieu. Jean aussi est un type conditionné par les forces sociales du moment : c'est le parvenu qui profite de la nouvelle éducation technologique et du besoin de main-d'œuvre qualifiée dans les usines de guerre, mais c'est aussi le *self-made man* qui fait fi de la moralité traditionnelle. Azarius Lacasse, par contre, est l'ouvrier traumatisé par la disparition de son métier qu'entraîne la crise de la construction ; Rose-Anna Lacasse, la mère traditionnelle impuissante devant la désintégration de sa famille ; et ainsi de suite[3].

La géographie urbaine et sa branche, la géographie sociale, apportent donc grandement à l'appréciation de *Bonheur d'occasion* dans son aspect réaliste, de même que l'étude du roman peut contribuer beaucoup à la compréhension du Montréal et même du Canada des années 1940. C'est surtout cet aspect du roman qu'a privilégié la critique[4]. Cependant, cette appréciation reste pour les

---

3. Robidoux et Renaud (1966 : 80) sont conscients de ces personnifications, mais c'est surtout Shek (1977 : 65-111) qui fait le point, suivi par Marcotte (1989).
4. Voir, outre Robidoux et Renaud (1966) et Shek (1971 et 1977), Urbas (1976) et Novelli (1989).

paysages urbains et les changements sociaux ; les personnages y sont compris en fonction de leurs rôles sociaux ou comme exemples de phénomènes historiques, au détriment de leur caractère individuel. Or, *Bonheur d'occasion* est un roman sentimental, dans le meilleur sens du terme, autant qu'un roman social.

Toutefois, le modèle géographique peut encore servir à l'analyse de la représentation régienne de la psychologie des personnages. Tout comme le sens et la personnalité du Montréal de *Bonheur d'occasion* sont articulés par la géographie urbaine, les relations spatiales entre les personnages du roman articulent la complexité de leurs relations personnelles. Comme ce phénomène associe les sentiments aux relations spatiales, je l'ai nommé, par analogie, la *géographie émotionnelle*. Celle-ci est aussi un discours géographique, parallèle à l'autre qui parle du fonctionnement symbolique de la ville-objet, mais qui véhicule la communication interactionnelle au sein du couple humain.

Ainsi, en matière de stylistique, la géographie émotionnelle est le point de contact entre un discours géographique et un discours verbal. Sur le plan de la narration, ces deux discours sont enregistrés par un narrateur du type « Dieu-le-Père », omniscient et omniprésent, mais extradiégétique. Étant partout, ce narrateur peut observer les moindres mouvements et gestes de chaque personnage, même ceux qui sont interrompus ou à peine esquissés. Sachant tout, il peut reproduire le discours verbal en entier, même la partie en monologue intérieur. Restant en dehors de l'action, il conserve sa distance et son objectivité, et ainsi, son autorité. L'avantage de cette narration assez conventionnelle est de permettre au narrateur de comparer ces deux discours si différents tout en conservant sa neutralité.

En général, dans *Bonheur d'occasion*, le discours verbal, comme celui des gestes, traduit fidèlement le sentiment ou la pensée du personnage. Néanmoins, le discours verbal, qui est une production consciente du personnage, a plus tendance à être trompeur que l'autre, qui est presque toujours représenté comme involontaire. Quand le personnage est ironique, ambivalent ou simplement incertain, la parole rapportée par le narrateur n'exprime pas tout son état d'esprit. C'est alors que la géographie émotionnelle joue son rôle. Le narrateur peut contraster parole et gestuel, ou insister sur la communication interactionnelle plutôt que sur les mots, tout en laissant parler le texte.

La géographie émotionnelle met ainsi les relations spatiales entre les personnages en rapport avec leurs paroles et leurs pensées, soit pour les confirmer soit pour les infirmer, selon qu'il y a harmonie entre elles ou décalage ironique. Pour suivre le jeu de la géographie émotionnelle, il suffit de comparer les indications de mouvement ou de position, minutieusement notées par le narrateur, avec le discours direct ou indirect des personnages.

Quand Florentine va chercher Jean à la porte de son usine (183) pour l'inviter chez elle le dimanche fatal, leurs attitudes émotionnelles sont antithétiques, mais toutes deux sans équivoque et ouvertes. Florentine, très attirée vers lui, veut l'amener à une promesse de mariage en lui montrant ses qualités de ménagère. Elle s'humilie donc jusqu'à courir littéralement après lui pour lui lancer l'invitation. Pour sa part, Jean s'ennuie déjà d'elle et se méfie de sa démarche. Par conséquent, la parole du jeune ambitieux est sèche et distante, et son mouvement est tout à fait en harmonie avec elle : il s'éloigne rapidement de l'usine et ne parle que de son travail qui le fatigue et qu'il veut oublier dans le plaisir. Non seulement il ne parle pas de sa relation avec la jeune fille, il ne lui adresse même pas la parole : « Il secoua les épaules et, s'adressant au vide devant lui, continua » (184). Quand elle l'oblige à lui parler, il lui jette un « je suis pas ton ami de garçon » et s'éloigne d'elle à pas rapides (186).

Chez Florentine, c'est tout le contraire. Elle voudrait rester immobile et immobiliser Jean avec elle : « Elle [...] resta devant lui à sourire naïvement, la poitrine haletante ». Cependant, elle est obligée de courir pour suivre les grands pas de Jean : « À ses côtés, elle se mit à trottiner » (183). D'autres expressions du même mouvement se multiplient dans les pages qui suivent : « l'ombre de Florentine qui derrière la sienne courait » ; « [e]lle trébucha en voulant se mettre à son pas » ; « [i]l marchait rapidement et elle s'efforçait de le rejoindre ». À leur suite, ironie cinglante, elle lui crie : « Je cours pas après toi, tu sauras » (186) ; son discours verbal est infirmé par cette relation géographique qui lui est si humiliante.

Quand Florentine arrive enfin à lancer désespérément son invitation à Jean (190), le lecteur comprend donc qu'elle commet une imprudence et, en fait, elle amène la catastrophe. D'abord, il n'y répond pas, gêné par la perspective d'une pénible rupture émotionnelle avec cette fille qui l'aime, mais qu'il n'aime pas. La subite déclaration d'amour de Florentine ne fait qu'accroître son énervement et il refuse son invitation par deux fois. La seconde fois, il va jusqu'à lui dire très directement qu'il ne l'aime pas, qu'il lui a « fait de la façon au magasin » sans y attacher d'importance et qu'il n'a aucune intention de se marier. Comme avant, ses mouvements confirment ses paroles : il desserre l'étreinte de Florentine, se retire pour se mettre dans la lumière des lampadaires peu propice à l'intimité et oblige la jeune fille à le regarder en face (191).

Pourtant, rien n'y fait. Malgré le message des gestes et mouvements de Florentine, transparents pour le jeune cynique, elle finit par vaincre sa résistance. Florentine s'élance vers Jean, noue ses bras autour de son cou, pleure, le serre dans ses bras. À contrecœur, il accepte l'invitation, et bien que son consentement soit contredit par l'harmonie sans équivoque entre ses discours verbal et géographique jusque-là, Florentine n'écoute que ce dernier mot. À ses risques et périls, elle ferme les oreilles et les yeux au double message verbal et gestuel et y répond par un geste à elle qui montre la parfaite incohérence de la géographie émotionnelle du couple : « Alors, comme si cette réponse lui en avait donné le droit, elle s'empara de son bras et ils se remirent en route » (192).

Tout au long de cette scène, la géographie émotionnelle confirme la pensée consciente de Jean. Chez Florentine, la situation est plus complexe. La géographie émotionnelle confirme sa parole au début, mais à partir du moment où Florentine commence à suivre Jean et ensuite à courir après lui, parole et relations spatiales sont en contradiction. Florentine est confuse et incertaine, sur la défensive, tandis que Jean est résolu et sait ce qu'il veut. En ce qui concerne l'individu, alors, la géographie émotionnelle commente et interprète le discours verbal, qui est conscient et motivé, au moyen du discours géographique, qui est spontané, inconscient et sincère.

Pour ce qui est du couple, la géographie émotionnelle montre ainsi l'incohérence de la communication entre les deux personnages, résultat de la nature antithétique de leurs désirs. La confusion de Florentine l'aveugle presque volontairement et subvertit la fonction communicative du discours. Cependant, le lecteur n'en est pas dupe. Le texte communique avec lui non seulement par les voix des personnages et par celle du narrateur qui se superpose à elles, mais aussi par cet ensemble de mouvements et de relations spatiales dont les personnages sont largement inconscients, et que le narrateur décrit sans l'interpréter. C'est ainsi que dans plusieurs scènes clés de *Bonheur d'occasion*, la géographie émotionnelle constitue un commentaire muet mais ironique des rapports sentimentaux entre les personnages.

La géographie émotionnelle est donc un discours parallèle qui tantôt confirme, tantôt infirme le discours verbal et conscient. Toujours honnête parce que ses éléments composants sont des gestes, des positions et des mouvements irréfléchis, donc sans arrière-pensée, elle définit la cohérence ou l'ambiguïté du message de chaque membre du couple. Dans l'exemple qui précède, le rapport entre le discours verbal et le discours géographique prend trois formes ; logiquement, il y en a une quatrième, selon le schéma suivant :

		DISCOURS VERBAL	
		ATTRACTION	RÉPULSION
DISCOURS GÉOGRAPHIQUE	RAPPROCHEMENT	COHÉRENCE POSITIVE	AMBIGUÏTÉ/ AMBIVALENCE
	ÉLOIGNEMENT	AMBIGUÏTÉ/ AMBIVALENCE	COHÉRENCE NÉGATIVE

Florentine est attirée par Jean et se rapproche de lui d'abord, ce qui constitue une cohérence positive. Ensuite, elle continue de se rapprocher de lui, mais en disant qu'elle ne le fait pas, ce qui montre son ambivalence. Jean, par contre, s'éloigne d'elle en exprimant sa distance émotionnelle, un cas de cohérence négative. Pour décrire les relations entre les deux membres d'un couple, ce schéma se dédouble et les rapports possibles se multiplient. Un personnage peut montrer la cohérence positive alors que l'autre montre l'ambivalence, et ainsi de suite. Remarquons toutefois qu'un seul rapport mène à la coïncidence parfaite de tous les discours : le rapport entre deux cohérences positives. Tout autre rapport décrit une relation problématique, ce qui est manifestement le cas entre Jean et Florentine.

Ces différents rapports sont présents, avec ou sans variantes, dans de nombreux autres épisodes de *Bonheur d'occasion*. Au début de leur relation, Jean, ayant fait faux bond à Florentine devant le cinéma Cartier, l'invite le lendemain soir à dîner dans un restaurant chic (chapitre VI). Celle-ci refuse d'abord, et accompagne ce refus d'un mouvement de dégagement (78). Rapidement, cette cohérence négative passe à l'ambivalence : Florentine refuse encore l'invitation, mais se tourne vers Jean et ils montent ensemble dans le tramway (79). Une fois qu'ils sont installés dans le restaurant, c'est au tour de Jean de montrer l'ambiguïté de ses sentiments (qu'il reconnaît d'ailleurs) quand Florentine revient à la table après s'être maquillée. Jean serre le bord de la table (83), tant il est gêné de la vulgarité de son fard et de son parfum, mais il se lève poliment tout de même pour l'aider à s'asseoir. À la fin de l'épisode, ils s'embrassent devant la maison de Florentine : la jeune fille naïve, entièrement séduite, « coul[e] dans ses bras » et se répète : « Il m'a embrassée sur les yeux », mais cette cohérence positive rencontre chez Jean une nouvelle ambivalence. Il l'embrasse, mais d'abord il la repousse et aussitôt après « il se redress[e] et s'éloign[e] d'un pas rapide » (87) : incohérence totale de leur géographie émotionnelle, incohérence totale dans la relation entre les deux jeunes gens.

Il ne s'agit donc pas d'un simple malentendu entre amoureux ; si les personnages eux-mêmes savent ce qu'ils pensent, ils ne savent pas toujours ce qu'ils ressentent, ni quel message ils communiquent. Leur pensée intime est révélée par un jeu de gestes involontaires qui échappe le plus souvent à l'autre. La dernière scène entre Jean et Florentine à la fin du roman, entièrement muette, en est l'exemple le plus frappant. Florentine, ayant épousé Emmanuel pour cacher la grossesse qui a résulté de son viol par Jean, vient d'assister à son départ pour le front quand par hasard elle croise Lévesque dans la rue. Suit une véritable danse d'accouplement à l'envers où le mâle ne voit pas la femelle et où celle-ci fait son possible pour éviter d'être vue, tout en souhaitant le contraire (382-383). Florentine s'arrête, ses regards vont vers Jean, elle esquisse un mouvement vers lui, s'immobilise, veut se montrer à lui, lui tourne le dos, se cache dans l'ombre d'une voiture, s'immobilise encore, sent son vêtement qui la frôle, enfin s'enfuit dans l'autre direction. Le jeu entre sa pensée et la géographie émotionnelle des anciens amoureux passe rapidement – quelques secondes, à peine une page – mais il suffit pour confirmer Florentine dans la nouvelle direction de sa vie.

Tous les couples du roman ne sont pourtant pas des amoureux. Un des plus riches de signification est le couple mère-fille, qu'il s'agisse de Rose-Anna Lacasse et la vieille Mme Laplante ou de Rose-Anna et Florentine[5]. Quand Rose-Anna vient voir sa fille au *Quinze-Cents* (chapitre IX), son mouvement se fait naturellement vers elle ; une fois assise au comptoir, elle se penche vers elle de l'autre côté de cette barrière et la suit attentivement du regard. Son plaisir de voir sa fille, paysanne transplantée qu'elle est, réussir dans un emploi qui lui semble bien prestigieux s'exprime également par la parole : « Ça te fait une belle job. T'es bien ici » (122). La cohérence positive est parfaite. De l'autre côté du comptoir, même cohérence positive : si la première réaction de Florentine quand elle voit venir sa mère en est une de honte, à la pensée que Jean et Emmanuel auraient pu la voir, celle-ci est vite réprimée en faveur d'un mouvement de rapprochement et d'accueil : « [E]lle se pencha par-dessus le comptoir et appela Rose-Anna avec un brusque effort de gaieté » (119). Elle lui achète un repas qui pour elle est luxueux, se vante de ses beaux pourboires, lui fait un cadeau d'argent, prend plaisir à la voir heureuse. Néanmoins, cette coïncidence de discours spatiaux et verbaux n'est qu'un faux espoir. Il suffit que Rose-Anna s'éloigne d'elle pour que Florentine la voie telle qu'elle est et que sa « joie [...] se chang[e] en fiel » (125). Sa pensée n'est plus en harmonie avec ses gestes chaleureux, l'ambivalence s'est réinstallée, le charme est rompu.

Pourtant, la manifestation la plus développée de ce phénomène de géographie émotionnelle est encore au sein d'un couple, pendant la promenade dominicale de Florentine et Emmanuel, occasion de leur décision de se marier (chapitre XXIX). Emmanuel, en permission avant son départ pour le front, veut renouer avec Florentine dans un vague but de continuer leur relation après ce départ (339). Quant à elle, Florentine veut profiter de cette chance imprévue pour cacher sa « faute » par le mariage (331). C'est un malentendu classique où chacun vise le même but, mais pour des raisons entièrement différentes.

Comme le reste du roman, cette journée peut se décrire en termes de la géographie urbaine : Emmanuel et Florentine se rencontrent à l'église de Saint-Henri, le centre de cette paroisse si marginale. Saisie par un besoin d'évasion,

---

5. Voir à ce sujet Novelli (1981).

Florentine veut d'abord aller sur la montagne, mais finit par opter pour la berge du Saint-Laurent. Heureux choix, car Westmount a la signification radicalement divergente que nous avons vue pour chacun des deux, ce qui n'aurait fait que souligner l'incompatibilité entre l'ambition matérialiste de Florentine et l'angoisse philosophique d'Emmanuel. Le bord du fleuve, par contre, est un terrain neutre, un lieu de promenade populaire et, comme on l'apprendra vers la fin du chapitre, la scène des souvenirs les plus heureux de l'enfance de Florentine. Espace, ainsi, de chaleur et de sécurité, propice à l'éclosion de l'amour.

Les étapes de cet amour sont liées à un mouvement essentiellement vertical. En descendant vers le Saint-Laurent, Florentine essaie par tous les moyens d'amener Emmanuel à une déclaration d'amour et de là à une demande en mariage. En remontant vers la ville et la réalité quotidienne, ce dernier surmonte ses hésitations et prend la décision qu'elle a tant désirée.

L'itinéraire d'Emmanuel et Florentine, toutefois, n'est pas seulement un parcours symbolique à travers la banlieue montréalaise, puisque leur mouvement l'un vis-à-vis de l'autre est tout aussi important que leur déplacement dans la ville. Leurs relations spatiales sont si bien précisées dans le texte qu'on peut aller jusqu'à dire que, malgré les apparences, le mouvement privilégié dans le chapitre est moins vertical qu'horizontal, qu'il est tout en mouvements d'approche et d'éloignement, en caresses et reculs, en gestes et regards.

Les manifestations de cette géographie en mouvement perpétuel sont nombreuses ; il y en a une soixantaine dans les vingt pages du chapitre. Elles commencent dès le début de la journée du couple, lors de la rencontre dans le portique de l'église (racontée en retour en arrière) : Emmanuel « s'était penché vers elle », mais Florentine « détournant les yeux », fait un geste nerveux (326). Elles continuent dans le petit restaurant au bord de l'eau, pendant leur promenade et pendant le trajet en autobus qui amorce le retour vers la ville après l'échec apparent des projets de tous les deux. L'épisode près de la centrale électrique de Verdun (333-342), qui interrompt ce retour si menaçant pour leur avenir, en est particulièrement chargé, car c'est alors que chacun joue le grand jeu et que le malentendu est à son comble.

Emmanuel vient donc vers Florentine à l'église. Pour un mouvement qui paraît innocent, l'approche contient un lourd bagage émotionnel pour Florentine. L'importance qu'elle lui accorde devient manifeste quelques pages plus loin quand Emmanuel commet sans le savoir la maladresse de choisir *Bittersweet* au phonographe automatique de la guinguette. Immédiatement Florentine se revoit devant le cinéma Cartier le soir où Jean lui a fait faux bond – on jouait justement le film de ce titre – et elle revoit les rues vides par lesquelles Jean devait arriver. « Personne n'était venu vers elle, ce soir-là, à travers la tempête ». Telle est sa première pensée, complétée aussitôt par une extension de la même métaphore de géographie émotionnelle, « Ni jamais d'ailleurs, personne n'était venu vers elle [6] (327) ».

Ainsi, quand à l'église Emmanuel voit sur la figure de Florentine « ce mélange de joie et d'indécision » (325), il ne peut pas savoir ce que ce regard ambivalent traduit réellement. Emmanuel attribue cette ambivalence à une lutte chez Florentine « contre un penchant naturel à le revoir », mais le discours verbal de la jeune fille ne l'aide pas à la comprendre. L'opacité de ses quelques remarques banales, de l'ordre de « T'as pas changé, Manuel ! », ne fait qu'accroître l'ironie de sa « joie à se dire : "Nous sortons de l'église ensemble ; nous avons l'air de vrais amoureux" ». Cette relation ambiguë entre discours verbal et discours géographique rend fidèlement une dualité réelle chez Florentine : calcul froid d'une part, et d'autre part réalisation d'un désir émotionnel profond, qu'enfin quelqu'un *vienne vers* elle.

Ce même mouvement reviendra deux fois encore dans le chapitre, encadrant et ponctuant sa dernière partie et renvoyant aux relations spatiales contraires de Florentine et Jean. Peu après la descente de l'autobus près de la centrale électrique, Emmanuel, conscient du passage du temps et de leur retour vers Saint-Henri, et touché par des confidences de Florentine concernant sa jeunesse, est pris d'un élan de tendresse. Elle, par contre, se méfie de sa propre douceur et se trouve sotte de s'être ouverte à lui. Leur relation spatiale confirme cette pensée d'éloignement : ils suivent un sentier étroit et elle le devance, mettant la plus grande distance possible entre eux. Emmanuel, tout à sa pensée et ignorant celle de Florentine, ne comprend pas la coïncidence négative de cette géographie émotionnelle : il se plaît à regarder la démarche de Florentine, et ironiquement, sa tendresse s'en trouve augmentée (333).

Chez Emmanuel l'innocent, ce mouvement du cœur se traduit par un mouvement de tout son corps : « [I]l se hâta vers Florentine, la prit aux épaules » (334). Ironiquement, le mouvement de *venir vers* reste incompris. Florentine, aveuglée par son jeu de séduction, ne réagit pas. Et le contact humain des mains sur les épaules n'est que temporaire, puisqu'une période d'indécision enfermera et isolera chacun géographiquement pendant toute une page de gestes intérieurs, sans référence à l'autre : la mâchoire d'Emmanuel se serre ; il

---

6. Florentine se trompe. Un jeune homme est déjà *venu vers* elle, mais sans le résultat voulu. Sur le point de la violer, Jean, s'efforçant à la fois de se retenir et de se justifier, emploie cette expression (en style indirect libre) : « Il était venu vers elle [...] à contre-cœur, imaginant une petite réunion de famille » (208). Ironie dramatique, bien sûr, puisque Florentine n'est pas consciente de ce discours, mais aussi ironie entre mouvement interpersonnel et pensée.

s'écrase les mains derrière le dos et se balance d'une jambe sur l'autre, alors que Florentine fouille le sol de la pointe de son soulier (335-336).

Cet isolement verbal et géographique continuera jusqu'à ce qu'un autre geste les sorte de l'impasse. Florentine, comme d'habitude, mène le jeu : « Elle éclata de rire, effleura la joue du jeune homme de la sienne, lui mit un doigt sur les lèvres » (336). C'est elle qui va vers Emmanuel, et dès ce moment, l'avenir est décidé et il ne reste qu'à le confirmer par l'ultime mouvement d'un amoureux vers l'autre, un baiser. Cela arrivera une première fois d'une manière très calculée par Florentine. Ce qu'elle dit est aussi « froid et décidé » que le mouvement dans lequel « elle lui donna sa bouche » : « Oh ! Manuel, tu vas t'en aller, et je te reverrai plus ! Je veux pas attendre tout ce temps-là. [...] J'aurais trop peur que tu te fasses d'autres amies de filles » (338). La seconde fois, ils s'embrassent « tout à coup impulsivement, sans contrainte » (341), vaincus par l'émotion du moment, spontanément, sans arrière-pensée de part ou d'autre. Florentine peut même dire : « Ça, c'est vrai, il faut s'aimer pour la vie » en parlant, « pour une fois, du fond de son âme » (342). Même si le lecteur n'est pas trompé, le poids de l'ironie est levé pour eux, et, pour eux, la géographie des émotions correspond enfin aux émotions elles-mêmes. C'est la cohérence positive des discours verbal et géographique qui va continuer pour Florentine et Emmanuel jusqu'à la fin du roman.

Cette lecture des seuls mouvements « venir vers » en ordre chronologique, avec son *happy-end* cinématique, risque d'attribuer une certaine cohérence à cette géographie émotionnelle, puisque les mouvements et les sentiments semblent suivre une lente progression convergente. Rien ne serait plus faux. Les mouvements « venir vers » ne constituent qu'un seul genre de relations spatiales parmi d'autres représentées dans ce chapitre. Un dégagement intempestif interrompt facilement leur progression, tandis qu'une suite d'approches et de dégagements successifs la retarde et la dramatise. D'autres relations spatiales, tels le mouvement parallèle et la contiguïté par le toucher, viennent enrichir la géographie émotionnelle.

Même après que Florentine a déclaré son amour à Emmanuel, celui-ci ne peut s'abandonner sans arrière-pensée. Cette déclaration n'a rien d'ambigu : « C'est toi, tu sais bien, c'est rien que toi que j'attendais » (336), affirmation complétée par un mouvement calculé, mais cohérent de la part de Florentine, dans sa direction et accompagné de deux contacts physiques. « Elle [...] effleura la joue du jeune homme de la sienne, lui mit un doigt sur les lèvres ». Ce discours géographique de rapprochement est confirmé par celui du jeune homme, qui « lui prit la main et descendit avec elle vers la rive ». Florentine est même gagnée par cette cohérence positive des mots et des gestes et se détend. Elle s'approche de lui « [d]'un geste à la fois câlin et osé » (337) et le narrateur affirme que « ce n'était pas tout à fait de la comédie ». C'est le premier signe de l'attachement sincère qui rendra à Florentine son estime de soi, à la fin du roman.

Emmanuel ne saisit pas le calcul de Florentine, mais il est vite repris par son angoisse existentielle à propos de la guerre et il esquisse un mouvement de recul : « [L]ui, repris par son tourment de la veille [...] se dégagea quelque peu » (338). Et Florentine, devant cette inquiétude qu'elle ne comprend aucunement, s'effraie et recule à son tour : « Elle s'écarta un peu, toute en éveil. » L'ultime attraction en ce qui concerne les deux discours est ainsi suivie d'un mouvement de recul du discours géographique, accompagné chez les deux personnages de pensées de doute. C'est encore Florentine qui associe gestes et paroles pour rassurer Emmanuel et pour se rassurer elle-même : « Tournant un peu la tête sur l'épaule d'Emmanuel, elle lui montra des yeux angoissés », et ce mouvement mélodramatique est suivi de la réplique non moins théâtrale déjà citée : « Oh ! Manuel, tu vas t'en aller, et je te reverrai plus ! Je veux pas attendre tout ce temps-là. Je vivrais pas à t'attendre tout ce temps-là » (338). Le narrateur précise encore la sincérité croissante de Florentine, prise à son propre jeu : « Des larmes glissaient sur ses joues, qui n'étaient pas feintes entièrement. »

Dans ces alternances de cohérence positive des deux discours et de contradiction signifiant l'ambivalence, les deux amoureux ressemblent aux vagues du fleuve à leurs pieds, dont le va-et-vient est mentionné à deux reprises dans cette partie du chapitre (334, 337). Ce flux et reflux, cette instabilité réelle des émotions, forme un contraste ironique avec le progrès apparent de la certitude chez chacun des deux. Le texte révèle ainsi une ambiguïté dont les personnages eux-mêmes ne sont plus conscients.

Les mouvements d'approche et d'éloignement ne sont pas la seule façon dont la géographie émotionnelle trahit des apparences trompeuses. Le mouvement parallèle est une relation spatiale d'harmonie qui est régulièrement démentie par la réalité des sentiments. Emmanuel et Florentine « descendaient ensemble les marches de l'église. Lui près d'elle au soleil », dans un très beau tableau qui n'a rien à voir avec leurs pensées secrètes de trouble et d'incompréhension mutuelle (325). Ils viennent ensemble à la guinguette, ils la quittent ensemble, ils sont côte à côte dans l'autobus et sur le rocher au bord de l'eau, mais ils sont cloisonnés dans une solitude émotionnelle qui infirme cette harmonie et cette proximité : « Ils descendirent [de l'autobus] près de la centrale électrique et se remirent en marche doucement [...]. Elle lui paraissait plus secrète qu'il ne l'avait cru et cette découverte ajoutait au poids de son inquiétude [...]. Elle se trouvait sotte d'avoir révélé au jeune homme la plus petite parcelle de sa vie », et elle s'éloigne de lui (333).

Quand Emmanuel joue *Bittersweet* au phono automatique, comme nous l'avons vu, il déclenche toute une suite de pensées chez Florentine, des pensées qu'elle doit forcément lui cacher. Mais en même temps, il lui demande de danser, de s'approcher de lui : « Toute la journée, il avait espéré la tenir ainsi quelques instants entre ses bras [...] et recevoir contre lui la chaude impression du corps menu et souple » (327). Au mouvement parallèle s'ajoute donc la notion de contiguïté, mais l'ironie n'en fait que redoubler : justement, Florentine ne pensera qu'à Jean Lévesque tout le temps de cette danse qui est une torture pour elle. Elle trahira son agitation intérieure en trébuchant et en suivant mal Emmanuel, avec qui pourtant elle avait si bien dansé à la soirée chez lui, quand elle avait eu des émotions si différentes à l'endroit de son rival (134-136).

La géographie du contact physique suit les mêmes péripéties. Tantôt Emmanuel et Florentine se touchent et se dégagent immédiatement, tantôt ils se tiennent la main sans se dégager quand l'un au moins n'a pas le moindre sentiment pour l'autre. Florentine imagine même un contact qui serait une preuve d'amour de la part d'Emmanuel, sans pour autant désirer l'aimer elle-même : « Elle aurait voulu [...] qu'il fît très sombre autour d'eux et qu'Emmanuel la prît dans ses bras et lui déclarât qu'il ne pouvait vivre sans elle » (331).

Quelque forme qu'ils prennent, tous ces contacts révèlent le même écart entre la position géographique et la réalité émotionnelle, jusqu'à ce qu'arrive l'harmonie relative qui clôt le chapitre et ouvre la voie aux fiançailles. Avant, tout est ironie, tout est illusion : cette dernière citation de Florentine aurait pu sortir textuellement du cinéma américain qui a formé cette jeune fille naïve.

Mais Emmanuel autant que Florentine fréquente le cinéma (66), ce lieu de rencontre et de sortie des jeunes gens de Saint-Henri (16, 22, 35, 41). C'est au cinéma que Jean a invité Florentine la première fois, c'est là qu'Emmanuel la cherche le soir de son retour en permission (301), c'est là qu'il propose de l'emmener après le repas à la guinguette au bord du fleuve (330). Il n'est donc pas étonnant que, malgré leur différence de niveau culturel, le discours de tous deux soit influencé par ce moulin à clichés. C'est ainsi qu'Emmanuel puise dans les lieux communs du cinéma pour sa première déclaration d'amour : « On aurait dû se rencontrer il y a longtemps, Florentine » (334). Tout ce chapitre d'ailleurs peut se lire comme une parodie de ces films de guerre où le soldat et la jeune première trouvent miraculeusement l'amour dans une romance éclair à la veille du départ pour le front.

Cependant, quelle triste ironie entre le trajet d'Emmanuel et Florentine, avec ses illusions et ses poncifs de cinéma, et la réalité mensongère de leurs fiançailles ! En termes de géographie émotionnelle, leur idylle se définit par quatre étapes, chacune rendue plus complexe par le jeu entre le discours verbal et le discours géographique : d'abord, un mouvement du séparé à l'ensemble, où les amoureux se déplacent l'un vers l'autre, se rencontrent et forment un couple. Ensuite, un mouvement parallèle : nos amoureux se parlent, se promènent ensemble. Une troisième étape, en alternance avec la deuxième, de séparation, d'hésitation et d'empêchement, crée une certaine tension. Enfin, la quatrième étape, celle de la réconciliation, passe du mouvement parallèle au contact direct, qui prend la forme, dans le roman comme au cinéma, d'un baiser.

Si les jeunes amoureux de Gabrielle Roy finissent par s'embrasser comme au cinéma, c'est bien dans l'esprit de ce roman, où le cinéma est une mise en abyme des deux géographies urbaine et émotionnelle. D'une part le cinéma Cartier montre le soin de réalisme dans *Bonheur d'occasion*, réalisme à la fois social et symbolique. L'immeuble, au centre de l'ancien village de Saint-Henri, est un de ses principaux points de repère et le principal lieu de rencontre des jeunes gens qui y cherchent un divertissement bon marché. Dans toutes ces fonctions, il rivalise avec l'église, et cette rivalité symbolise les vastes transformations sociales qui sont un des sujets principaux du roman.

D'autre part, cette mise en abyme du cinéma rappelle combien Gabrielle Roy dépasse les limitations du réalisme social par son attention à l'aspect intimiste du roman. Au cinéma, comme dans toute représentation théâtrale, le jeu entre les gestes et les mots, entre le spatial et le verbal, constitue une partie essentielle du genre. L'étude de la géographie émotionnelle part du même principe pour examiner cet aspect méconnu de *Bonheur d'occasion*, qui est non seulement une étude sociologique où les personnages sont principalement référentiels et où une mince trame sentimentale sert avant tout de support à une fresque historique, mais aussi une étude psychologique où la représentation stylistique des personnages est remarquable pour sa profondeur. Par l'analyse minutieuse et le rapprochement constant des niveaux conscient du discours verbal et spontané du discours géographique, la géographie émotionnelle révèle les contradictions et les ambivalences intérieures des personnages. La finesse de l'observation et de la représentation des relations interpersonnelles révèle un souci de l'humain, même dans un contexte où la ville et les événements ont tendance à l'écraser.

RÉFÉRENCES

Alain, Albert (1945). «Bonheur d'occasion», *Le Devoir*, 15 septembre : 8. Repris dans Roy, 1977 : 389-393.

Hémon, Louis (1980) [1914]. *Maria Chapdelaine.* Montréal : Boréal Express.

Ley, David (1983). *A Social Geography of the City.* New York : Harper & Row.

Marcotte, Gilles (1989). *« Bonheur d'occasion* et le " grand réalisme "», *Voix et images*, 42 : 408-413.

Novelli, Novella (1981). «Concomitances et coïncidences dans *Bonheur d'occasion*», *Voix et images*, 7 (1) : 131-146.

Novelli, Novella (1989). *Gabrielle Roy : de l'engagement au désengagement.* Rome : Bulzoni.

Robidoux, Réjean et André Renaud (1966). *Le roman canadien-français du vingtième siècle.* Ottawa : Éditions de l'Université d'Ottawa.

Roy, Gabrielle (1977) [1945]. *Bonheur d'occasion.* Montréal : Stanké.

Savard, Félix-Antoine (1978) [1937]. *Menaud, maître draveur.* Montréal : Fides.

Shek, Ben-Zion (1971). «L'espace et la description symbolique dans les romans « montréalais » de Gabrielle Roy», *Liberté*, 13 (1) : 78-96.

Shek, Ben-Zion (1977). *Social Realism in the French-Canadian Novel.* Montréal : Harvest House.

Urbas, Jeannette (1976). *From Thirty Acres to Modern Times : The Story of French-Canadian Literature.* Toronto : McGraw-Hill Ryerson.

Structuration sémantique dans l'œuvre de Gabrielle Roy : l'exemple des lexèmes *prairie* et *plaine*

Pierre-Yves Mocquais

Produit de l'Ouest canadien, l'œuvre de Gabrielle Roy l'est assurément. De *La Petite Poule d'Eau* aux *Fragiles lumières de la terre*, ses romans et ses récits sont parsemés d'images fortes et abondantes de la Prairie canadienne aux dimensions généreuses, aux ciels vastes, rectiligne jusqu'à l'infini, ouverte à la conquête humaine et source interminable de souvenirs. Mais quelle prairie, quelle plaine évoque-t-elle ? S'agit-il d'une description fruit d'une observation minutieuse de la réalité des Prairies où le sujet de l'énonciation, implicite, laisserait place à une opération de référentialisation, à un « débrayage » (Greimas et Courtés, 1979 : 79) ou d'une « organisation figurative de "souvenirs" » (Greimas et Courtés, 1979 : 121), d'une opération d'« embrayage » (Greimas et Courtés, 1979 : 119) ? Les immenses étendues de l'Ouest canadien qu'évoque Gabrielle Roy dans nombre de ses écrits sont-elles le résultat d'un projet quasi documentaire ou au contraire le fruit du souvenir, la métaphore d'un « état d'âme » (Greimas et Courtés, 1979 : 121), embelli au fil des ans, médiatisé par la création littéraire, mythifié en un éden à jamais perdu ?

Au-delà d'une caractérisation thématique qui a amené la critique à s'interroger fréquemment sur le « pays sauvage aux horizons sans limites où la nature, la fantaisie, la liberté dominent encore, où se terrent mystérieusement les derniers espoirs des hommes » (Gagné, 1973 : 105), la caractérisation et la structuration sémantiques propres aux textes de Gabrielle Roy pourraient en effet résulter soit d'un « débrayage », l'une des procédures par lesquelles l'illusion référentielle se trouve mise en place (Greimas et Courtés, 1979 : 79-82), soit au contraire d'un « embrayage » (Greimas et Courtés, 1979 : 119-121), procédé qui entraîne « une dé-référentialisation de l'énoncé qu'il affecte » (Greimas et Courtés, 1979 : 121) grâce à laquelle, par exemple, « la description de la nature se transforme en "état d'âme"»[1]? Or, on le verra, l'écriture régienne est avant tout le fruit de l'intériorisation, de la mémorisation si l'on veut, du souvenir donc. L'existence d'une profonde cohérence sémantique, tout en étant la marque de l'homogénéité du souvenir régien, serait alors avant tout le signe d'une extrême maîtrise de l'écriture, écriture envisagée non plus seulement dans sa dimension diégétique, mais surtout comme véhicule privilégié (car organisé) du souvenir.

Caractérisation thématique : des événements aux souvenirs

Tantôt «noir gouffre inculte» (Hugo, 1964 : 581), «mer affreuse» (Hugo, 1964 : 589), tantôt «sein mollement agité/...vague qui s'enfle et s'abaisse/ Comme le sein de la beauté» (Lamartine, 1968 : 219), l'océan du poète est avant tout un état d'âme, l'ultime univers métaphorique qui par sa démesure paroxystique et son ineffable beauté («Que c'est beau la mer!» s'exclame sans plus de recherche le Christophe Colomb de Paul Claudel [1965 : 1141]) transporte le créateur et ses créatures du comble de l'extase aux tréfonds de l'horreur. Il en va de l'évocation de la plaine canadienne comme de celle de l'océan : espace, certes, dont on se plaît à mentionner l'immensité rectiligne, mais surtout métaphore dont l'évocation tient moins à la réalité géographique qu'à l'exploration d'un état d'âme. Ainsi, la plaine de *As for Me and my House* de Sinclair Ross (1982) ou de *La forêt* (1984) de Georges Bugnet est un univers oppressant, métaphorique de la solitude des personnages qui, inconscients ou arrogants, osent s'aventurer au sein de cet espace indifférent. Pour Maurice Genevoix, dans *Eva Charlebois*, la Prairie consiste en des «savanes immenses» (Genevoix, 1981 : 41), espace fantastique, effrayant par sa démesure et que son personnage se contente de traverser ou plutôt de fuir, pour trouver refuge au pied des Rocheuses. Tout au long de ses œuvres manitobaines, la plaine qu'évoque Gabrielle Roy est un lieu imposant, majestueux et noble où l'être humain, loin de se trouver diminué par l'espace énorme qui l'enveloppe de toutes parts, se trouve au contraire grandi.

C'est dans *Fragiles lumières de la terre*, texte de souvenirs dont la publication date de 1978, qu'éclate toute la ferveur de Gabrielle Roy pour la plaine canadienne. La Prairie dont Gabrielle Roy chante la magnificence est un vaste temple où l'âme se recueille, où «le cœur [se trouve] soulevé d'aise» (1978 : 109) : elle possède un «sol plat jusqu'au plus lointain de l'horizon» (1978 : 108), à l'«horizontalité parfaite» (1978 : 109), au «carrelage jaune et noir à perte de vue» (1978 : 110) ; «sous des nuages qui en forment la voûte» (1978 :

---

1. Greimas et Courtés (1979 : 121) citent ici l'enfance de Marcel Proust mémorisée, c'est-à-dire ayant subi l'embrayage temporel.

110), c'est « un immense hall aux piliers de soleil » (1978 : 110) dont la majesté et l'harmonie parfaite provoquent le « ravissement » (1978 : 110). Métaphore architecturale elle-même métaphorique de la contemplation, de la plénitude, de l'unité et de l'ordre, voilà le Manitoba tel qu'il apparaît aux yeux émerveillés de Gabrielle Roy lorsqu'elle y retourne en 1962 (l'article parut initialement dans le numéro de juillet 1962 du *Magazine Maclean*).

La critique a beaucoup disserté sur « l'ostensible dichotomie d'un double corpus marqué, d'une part, par le réalisme social qui culmine dans *Bonheur d'occasion* [...] et d'autre part, une masse considérable d'écrits d'un esprit bien différent [...] où il faut franchement reconnaître ce qui s'appelle du *lyrisme idyllique* et de l'*utopie* (expressions de François Ricard)... » (Robidoux, 1989 : 376). Faut-il donc, à l'instar de Marc Gagné, parler d'« espace de primitivisme » (1973 : 103) ou, avec Monique Genuist, voir en cette évocation une « nature vierge et primitive » (1966 : 106), la trace d'un paradis perdu ? Il est en effet tentant de réduire la dialectique ville/campagne incontestablement présente dans l'œuvre de Gabrielle Roy à la dichotomie archétypale chère au panthéonisable Nicéphore Gratton entre un paradis perdu et l'« enfer des villes tentaculaires » (Harvey, 1970 : 80). Sans doute peut-on suivre Antoine Sirois qui, plus nuancé mais tout aussi emphatique, affirme dans son article « De l'idéologie au mythe : la nature chez Gabrielle Roy » que « la nature, chez [Gabrielle Roy], ne ressortit plus à l'idéologie agriculturiste, n'est plus rattachée à un espace national comme tel, n'est plus reliée à un temps historique déterminé [mais] est reportée même à un temps primordial, celui de l'Eden » (1989 : 381-382).

Toutefois, point n'est besoin d'effectuer une analyse psychanalytique de l'œuvre de l'écrivaine manitobaine pour envisager que la Prairie puisse être un archétype qui fixe aussi bien la nostalgie de la campagne que celle de l'enfance. Car c'est moins la nostalgie d'un univers non souillé dont la splendeur tiendrait à une sorte d'innocence première qu'exprime Gabrielle Roy que celle d'une harmonie entre l'être humain et la nature où la grandeur même de la nature dépend de la présence civilisatrice humaine. Ce facteur humain est exclusivement celui, civilisateur et porteur d'ordre, de la colonisation européenne :

> Il y a à peine cent ans — c'est en 1970 seulement, en effet, que le Manitoba fêta son centenaire –, les Métis, les Sioux, les Saulteux parcouraient à cheval ces étendues, à la poursuite du gibier, peut-être encore du bison, espèce de mastodonte de l'Ouest [...]. L'herbe haute ondulait, le vent sifflait. C'était encore la Prairie sauvage... (1978 : 108).

Ce qui élève le cœur de Gabrielle Roy, c'est moins la création primitive que l'empreinte humaine, c'est moins Dieu dans ses œuvres que la cathédrale, création humaine qui célèbre tout autant Dieu que le génie humain, c'est plus le sillon du laboureur que la Prairie virginale :

> [...] la plaine du Manitoba se dessine à mes yeux, son horizontalité parfaite, la division de ses terres en milles carrés, enserrées toutes par les petites routes de terre, dites routes de section. [...]
>
> Je vois bien à présent la belle terre lourde. À cette époque de l'année, fraîchement labourée, légèrement humide, elle a sa couleur bitumeuse la plus noire. C'est cette riche terre à blé qui attira mon grand-père... (1978 : 109).

Car c'est bien à la présence humaine que revient sans cesse l'auteure. Ne s'exclame-t-elle pas, dès les premières lignes de son évocation du Manitoba : « Aucun [souvenir] n'a pour moi plus de charme que celui des petits villages de la plaine » (1978 : 103) ? Et de poursuivre avec une ferveur toute lyrique :

> ...d'adorables villages ! Du moins, il y a quelque vingt ans, plusieurs possédaient leurs caractères distinctifs de petites colonies slaves ou françaises ou écossaises ou encore islandaises, comme Gimli sur le lac Winnipeg, village de pêcheurs aux cheveux blonds, aux larges visages, comme aussi ces groupements de sectes religieuses un peu farouches, les Mennonites, les Huttérites (1978 : 105).

La fascination qu'éprouve Gabrielle Roy pour la Prairie, c'est en l'extravagance de la cohabitation incongrue et merveilleuse entre la démesure de la prairie et la ténuité de l'être humain et de ses réalisations qu'elle réside. Une phrase d'*Un jardin au bout du monde* est à ce titre révélatrice : « J'ai vu devant moi, sous le ciel énorme, contre le vent hostile, et parmi les herbes hautes, ce petit jardin qui débordait de fleurs » (1975 : 155).

Toutefois, ainsi que le rappelle Sirois (1989 : 381-382), l'image que Gabrielle Roy nous donne de la Prairie est loin de répondre à quelque forme désuète d'agriculturisme et, en dépit d'une réflexion de nature sociale prononcée lors de son activité journalistique (voir à ce sujet Gagné, 1973 : 21-94), ne correspond guère à une quelconque prise de position idéologique. En fait, cette évocation va bien au-delà d'une réflexion de nature philosophique ou sociologique sur les liens profonds entre l'être humain et la plaine. Elle participe avant tout d'une vision esthétique et littéraire. La question que nous voudrions aborder ici est de savoir si cette « vérité » dont l'analyse thématique signale l'existence peut être retracée au sein de l'œuvre jusque dans sa cohérence sémantique et paradigmatique, démontrant ainsi la profonde homogénéité de l'œuvre régienne et l'intégration remarquable du souvenir et de l'écriture.

Structuration sémantique – Cadre théorique

L'analyse que nous effectuons, discursive dans un premier temps, sémantique ensuite, mettra en évidence les modes de désignation et de caractérisation de la Prairie canadienne dans l'œuvre « manitobaine » de Gabrielle Roy ainsi que les systèmes d'occurrences et de cooccurrences lexématiques. L'analyse des occurrences des lexèmes *prairie* et *plaine* nous permettra de déterminer si ces deux lexèmes forment avec certaines autres unités lexicales un système sémantique cohérent dont la caractéristique fondamentale serait la récurrence quasi systématique, tant au point de vue dénotatif que connotatif, de lexèmes appartenant aux microsystèmes de ces deux termes repères.

Selon Greimas et Courtés, « la structuration est une des procédures d'analyse sémantique, qui comporte, d'une part, la réduction des occurrences sémémiques parasynonymiques en classe, et, de l'autre, l'homologation des catégories sémiques (ou des oppositions sémémiques) reconnues » (1979 : 360). C'est dans *Sémantique structurale* (1966) que Greimas développe initialement le concept de structuration, procédure qu'il classe dans la catégorie des procédures de description de la signification et qu'il conçoit tout d'abord comme complémentaire et séquentielle de celle de la réduction.

Au point de départ, dans le cadre de l'élaboration d'« une syntaxe et d'une lexématique du langage sémantique » (Greimas, 1966 : 158), la description de la signification « ne peut consister que dans la construction du modèle subsumant le texte, autrement dit, la transformation de l'inventaire de messages en structure [qui] comportera donc, en premier lieu, la procédure de réduction » (Greimas, 1966 : 159). Par réduction, Greimas entend la reconnaissance de « l'équivalence entre plusieurs sémèmes ou plusieurs messages » et l'enregistrement « à l'aide d'une dénomination commune à toute la classe d'occurrences jugées équivalentes » (1966 : 159).

En second lieu, la transformation de l'inventaire en structure (la construction du modèle) comporte une procédure de structuration :

> Le terme de *structuration* est réservé pour désigner la procédure de description complémentaire de celle de la réduction. Il paraît utile du fait de son sens littéral de « mise en structure », appliqué aux éléments de signification obtenus par la réduction (1966 : 167).

C'est grâce à une procédure de structuration qui repose « sur le postulat selon lequel l'univers sémantique est structurable (ou possède une structure immanente sous-tendue) » (Greimas et Courtés, 1979 : 360) que nous nous efforcerons de souligner la profonde cohérence sémantique de l'œuvre de Gabrielle Roy.

Choix du corpus

L'œuvre en volumes de Gabrielle Roy fut publiée de 1945 (*Bonheur d'occasion*) à 1988 (*Ma chère petite sœur, lettres à Bernadette 1943-1970*). Le corpus sur lequel nous nous sommes penchés couvre presque trois décennies – légèrement plus si l'on considère que certains des articles qui composent *Fragiles lumières de la terre* remontent à 1942 et 1943 – et comprend six romans ou recueils de textes divers (nouvelles, articles) dont la caractéristique essentielle, en ce qui concerne notre propos, est qu'il s'agit de textes que l'on pourrait qualifier de manitobains où la Prairie de l'Ouest canadien est omniprésente : *La Petite Poule d'Eau* (1950) (PPE), *Rue Deschambault* (1955) (RD), *La montagne secrète* (1961) (MS), *La route d'Altamont* (1966) (RA), *Un jardin au bout du monde* (1975) (JBM), *Fragiles lumières de la terre* (1978) (FLT).

Définitions des termes-repères

Les définitions à la base de notre analyse sont à dessein tirées de trois dictionnaires usuels : le *Petit Robert* (*Dictionnaire alphabétique et analogique de la langue française*), le *Lexis* (*Dictionnaire de la langue française*) et le *Dictionnaire du français plus*. Le *Petit Robert* donne la définition suivante du mot *prairie* (1993 : 1753) :

> 1. Surface couverte de plantes herbacées qui fournit du fourrage au bétail (syn. *pré*).
>
> 2. *La Prairie :* vastes steppes d'Amérique du Nord. *Les Prairies*, nom de trois provinces canadiennes.

La définition du *Lexis* (1988 : 1477) est en tous points conforme à celle du *Petit Robert*, la première acception relevant du domaine de l'agriculture alors que la deuxième ressortit à la géographie :

> 1. Étendue de terrain qui produit de l'herbe ou du foin.
>
> 2. Formation végétale herbacée, fermée, recouvrant parfaitement le sol : la Grande Prairie américaine.

Il en va de même pour la définition du *Dictionnaire du français plus* (1988 : 1314) :

> 1. Terrain couvert d'herbes propres à la pâture et à la production de fourrage.
>
> 2. Grandes plaines de l'Ouest nord-américain. *Les Prairies canadiennes, américaines. Les provinces des Prairies, ou les Prairies.*

Le *Petit Robert* définit ainsi le terme *plaine* (1993 : 1688) :

> Étendue de pays plat ou faiblement ondulé, généralement assez vaste, et moins élevé que les pays environnants : *la plaine de la Beauce* (renvois : plaine steppique – v. steppe, pampa ; plaine glacée : v. toundra).

Quant à la définition que le *Lexis* donne de *plaine* (1988 : 1421), elle est dépourvue de renvois et, par l'exemple donné en illustration, introduit une variable sémique (un effet de sens) restrictive : « Étendue plate, aux vallées peu enfoncées dans le sol : *la plaine du Pô, en Italie* ». De son côté, le *Dictionnaire du français plus* insiste sur l'acception canadienne : « Grande étendue de terre plate et unie. *Les plaines à blé de l'Ouest canadien* ».

Classement des occurrences des lexèmes *prairie* et *plaine*

Il serait illusoire de prétendre ici à une description exhaustive de toutes les occurrences des lexèmes *prairie* et *plaine* ainsi que de tous les systèmes d'occurrence et de cooccurrence de ces deux termes-repères. Nous nous contenterons donc d'opérer un classement de ces occurrences et d'en donner un échantillonnage représentatif.

Le dépouillement systématique des six œuvres retenues nous a permis d'identifier plusieurs modes de désignation que nous classerons en fonction (1) des marques du nombre, (2) de l'opposition nom commun-nom propre dans le cas du lexème *prairie*, (3) des opérateurs qui gouvernent les deux lexèmes *prairie* et *plaine*, (4) des procédés d'embrayage, enfin, (5) des paradigmes de cooccurrence.

L'on remarquera dès l'abord que l'emploi du lexème *plaine* l'emporte de très loin sur celui du lexème *prairie*. On ne compte en effet pas moins de 155 occurrences de *plaine*, dont 138 au singulier alors qu'il n'y a dans le corpus envisagé que 45 occurrences de *prairie* dont 16 de *prairie*, 8 de *prairies*, 8 de *Prairie* et 13 de *Prairies*. Toutefois, alors que le nombre des occurrences de *prairie* (quelle que soit sa forme) et de *plaines* est à peu près constant d'une œuvre à l'autre, la fréquence de *plaine* connaît une augmentation soudaine et disproportionnée dans les trois œuvres les plus récemment parues. Ainsi, alors que *plaine* n'est employé que deux fois dans *La Petite Poule d'Eau*, six fois dans *Rue Deschambault* et une fois dans *La montagne secrète*, on le trouve 40 fois dans *La route d'Altamont*, 54 fois dans *Un jardin au bout du monde* et 35 fois dans *Fragiles lumières de la terre*[2].

I. Prairie :

Soit les énoncés suivants :

    (1) la Prairie canadienne (*RA* : 195) ;

---

2. On remarquera toutefois que les 100 premières pages de *Fragiles lumières de la terre*, intitulées « Peuples du Canada », reproduisent des reportages initialement publiés entre novembre 1942 et mai 1944 dans *Le Bulletin des agriculteurs*.

(2) les herbes de la Prairie (*RA* : 251) ; Verigin, hameau de la Prairie (*JBM* : 133) ;

(3) son œuvre inspirée par la Prairie (*FLT* : 106).

L'emploi du lexème *Prairie* est ici tout à fait conventionnel. Quels que soient les opérateurs utilisés, quel que soit le contexte, le terme *Prairie* est exclusivement employé par Gabrielle Roy dans le sens (2) de la définition donnée aussi bien par le *Petit Robert* que par le *Lexis*. Il s'agit de la Prairie nord-américaine dans sa réalité géographique, la seule apparente restriction spatiale étant celle donnée dans l'exemple (1), restriction qui dans ce contexte consiste en fait davantage en une identification d'abord géographique, ensuite culturelle (la Prairie canadienne s'oppose alors implicitement à la Prairie du Mid-West américain, plus particulièrement dans ce qui a représenté leurs processus respectifs de colonisation).

2. Prairies :

Soit les unités lexicales suivantes :

(4) tribus indiennes [...] des Prairies (*PPE* : 43) ; le sol des Prairies (*PPE* : 46) ; gophers des Prairies (*MS* : 16) ; le bison autrefois seigneur des Prairies (*RA* : 250) ;

(5) un petit village de nos Prairies (*RD* : 284) ;

(6) nous de l'Acadie, du Québec, des colonies ontariennes, des Prairies (*FLT* : 120).

Comme on peut le constater, dans les exemples cités en (4) et (5), *Prairies* se trouve exclusivement utilisé en position de déterminatif alors que l'exemple (6) marque la provenance. Quels que soient les cas envisagés, du point de vue de la cohérence sémantique du texte de Roy, l'emploi de *Prairies* est parfaitement conforme au sens [2] de la définition du *Petit Robert* et pourrait ne représenter qu'une variante plurielle de *Prairie*. Toutefois, les exemples (5) et (6) indiquent clairement que le lexème *Prairies* est davantage qu'une simple variante plurielle de *Prairie* et est employé par Gabrielle Roy pour créer d'une part un sentiment d'appartenance intime (qui trouve son expression à la fois la plus simple et la plus forte dans l'exemple (5)), d'autre part un sentiment d'appartenance nationale (exemple (6)) où le lexème *Prairies*, en se trouvant aligné avec le Québec désigne une région administrative canadienne (les Maritimes, le Québec, l'Ontario, les Prairies et la Colombie-Britannique représentent traditionnellement les cinq principales régions du Canada) et en se trouvant associé à l'Acadie, au Québec et aux colonies ontariennes, renvoie à l'implantation historique francophone au Canada. L'on remarquera, à ce sujet, qu'implicite derrière l'utilisation de *Prairies* en parallèle avec Acadie et Québec mais en opposition avec les « colonies ontariennes » se trouve l'idée que, à l'image de l'Acadie et du Québec, et contrairement au Haut-Canada, les Prairies sont un lieu privilégié et historiquement réservé de colonisation française.

Alors que *Prairie* désigne le vaste univers géographique nord-américain dont une partie est canadienne, *Prairies* évoque avant tout dans le discours régien un espace culturel et historique intime, certes associé à la francophonie canadienne dans son ensemble, mais cependant encore à la recherche de son appartenance. Les Prairies sont cet espace immense nord-américain où se trouve en quelque sorte perdue et isolée une francophonie minoritaire.

3. prairie/prairies

Soit les énoncés suivants :

(7) poules de prairie (*PPE* : 92, 114, 193) ; poules de prairies (*PPE* : 13, 44, 254) ;

(8) une petite prairie (*MS* : 102) ; son champ [...] sa prairie à bêcher (*RA* : 34) ; la prairie herbeuse (*JBM* : 201) ; des prairies si mouillées (*RD* : 103) ; des belles prairies aux environs de Kars (*FLT* : 42) ;

(9) la prairie en flammes (*RD* : 151) ; la croûte durcie de la prairie (*JBM* : 57) ; les dernières prairies du Canada (*JBM* : 173) ; son passage sur les prairies (*JBM* : 178).

Qu'il soit employé au singulier ou au pluriel, le lexème *prairie* est soit utilisé dans des cas particuliers (énoncé (7)), soit employé pour désigner un espace aux limites incertaines. L'hésitation entre le singulier et le pluriel indique que le renvoi n'est pas à une réalité simple, unique ou constante (ce que désigne dans le texte de Roy le lexème *Prairie*), mais à une réalité complexe, multiple et changeante, tantôt pré (énoncés (8), sens [1] des définitions du *Petit Robert* et du *Lexis*), tantôt espace intermédiaire entre le pré marqué par la clôture, aux dimensions définies et limitées, et la Prairie caractérisée au contraire par l'ouverture, par son absence de limites ou de bornes. Dans le cas des énoncés donnés en (8) où le terme *prairie* désigne un pré, l'on remarquera que l'emploi des déterminants *une* et *des* et du possessif *sa* (en fonction d'opérateurs, car ils sélectionnent ici le sens lexical de l'occurrence) contribue encore à restreindre la configuration de l'espace, éliminant ainsi toute ambiguïté possible quant à la nature de l'espace décrit. Dans le cas des énoncés donnés en (9), si le contexte indique explicitement que l'espace évoqué est de plus vastes dimensions que le pré, c'est avant tout par l'emploi de l'article défini que se trouve véhiculée cette information. Il ne s'agit toutefois pas de la Prairie canadienne ou nord-américaine (caractérisée exclusivement par l'emploi du lexème *Prairie*), mais d'un espace intermédiaire dont les limites, changeantes, sont celles du regard.

4. plaine

Comme nous l'avons déjà mentionné, le lexème *plaine* domine le champ sémantique. Le relevé des unités lexicales permet de constater que les occurrences du lexème *plaine* peuvent être immédiatement et commodément classées en fonction des opérateurs qui les gouvernent : l'article défini *la*, le déictique *cette* et l'article indéfini *une*.

5. L'article défini *la*

Examinons le simple énoncé suivant, de loin le plus fréquent dans le corpus choisi :

(10) la plaine

Dans cette unité lexicale, le lexème *plaine* est précédé de l'article défini *la*, mais n'est accompagné d'aucun autre opérateur ni d'aucune locution déterminative ou descriptive. L'on remarquera d'autre part que si cette unité lexicale est absente de *La Petite Poule d'Eau* et de *La montagne secrète* et n'apparaît que trois fois dans *Rue Deschambault*, elle se retrouve par contre 20 fois dans *La route d'Altamont*, 27 fois dans *Un jardin au bout du monde* et 21 fois dans *Fragiles lumières de la terre*. Dans tous les cas envisagés, l'utilisation de l'article défini *la* sélectionne l'acception du lexème *plaine* qui par là adopte le sens [2] de la définition de *prairie* du *Petit Robert* ou du *Lexis*, autrement dit, « vastes steppes de l'Amérique du Nord » ou « Grande Prairie américaine ».

Un tel emploi du lexème *plaine* précédé de l'article défini *la* auquel se trouve systématiquement attribué un nouveau sème contribue à l'établissement d'une cohérence lexicale dont la rigueur a déjà pu être remarquée dans le traitement de *prairie*. Toutefois, c'est dans le traitement et la classification de *plaine* en fonction de ses paradigmes de cooccurrence qu'apparaît la véritable ampleur de la cohérence lexicale et paradigmatique qui caractérise le texte de Gabrielle Roy. Alors que l'unité lexicale simple *la plaine* domine le début des textes de Gabrielle Roy (c'est plus particulièrement le cas pour *La route d'Altamont* et *Un jardin au bout du monde*), plus le lecteur progresse dans le texte et plus il est amené à remarquer la rigueur paradigmatique des procédés d'embrayage choisis, qu'il s'agisse d'adjectifs ou de locutions déterminatives, que ces embrayeurs précèdent ou suivent le terme-repère.

L'inventaire détaillé des énoncés qui ont pour unité lexicale centrale *la plaine* permet d'effectuer un classement des unités sémiques en fonction de trois paradigmes de cooccurrence : celui, à dominante métaphorique, de la **solitude** ou de l'**absence** (énoncés en (11)) ; celui de la **vastitude** et de l'**ouverture** (énoncés en (12)) ; celui, enfin, de la **ligne droite** et de l'**espace plan** qui ramène à l'étymologie du terme *plaine*, le latin *planus* qui signifie « plat » (énoncés en (13)).

(11) la plaine nue (*RA* : 39, 216, *JBM* : 77, 134, 138, 216) ; l'immense plaine songeuse et triste (*RA* : 180) ; la plaine nue et solitaire (*JBM* : 58) ; la plaine silencieuse et parfois toute sereine sous le haut ciel clair (*JBM* : 136) ; la sombre plaine (*JBM* : 139) ;

(12) la plaine ouverte (*RA* : 114) ; l'infinie plaine (*RA* : 170, *JBM* : 64, *FLT* : 109) ; l'immense plaine (*RA* : 180, *JBM* : 57) ; la plaine sans fin (*FLT* : 30) ; la plaine ouverte, géante (*FLT* : 118) ; la plaine s'ouvrant sans fin et sans réserve (*FLT* : 146) ; la vaste plaine ouverte (*FLT* : 152) ;

(13) la plaine uniforme (*PPE* : 150) ; la plaine franche et claire (*RA* : 207) ; la plaine droite et facile (*RA* : 219) ; la plaine droite (*JBM* : 68) ; la plaine qui continuait, sans un pli, sans une ondulation (*JBM* : 69) ; la plaine rase (*FLT* : 107, 112).

Lorsque Gabrielle Roy cherche à englober métaphoriquement ces trois paradigmes en un, elle utilise alors l'un des trois énoncés suivants :

(14) la vraie plaine (*RD* : 63, *RA* : 170) ;

(15) la plaine canadienne (*JBM* : 91) ;

(16) la plaine du Manitoba (*FLT* : 109) ;

Dans les trois cas cités ici, la valeur sémique des lexèmes *vraie*, *canadienne* et *Manitoba* se trouve enrichie au point de leur donner une nouvelle dimension sémantique. Est donc la *vraie* plaine uniquement celle qui réunit ces trois conditions. Il en va de même pour ce qui constitue la plaine *canadienne* qui, pour être véritablement *canadienne* doit nécessairement être **ouverte**, grandiose dans sa **solitude**, **vaste** et **ouverte**, **droite** et **plate** jusqu'à l'infini. Quant au *Manitoba*, il est évident qu'il s'agit, en quelque sorte, d'une variante lexicale de *plaine*.

6. Le déictique cette

Il n'est pas surprenant que dans les romans faisant partie de notre corpus (à l'exception de *La Petite Poule d'Eau*), apparaisse à un certain point du déroulement diégétique le déictique *cette* qui renvoie non seulement à la plaine dont vient au paragraphe précédent, et avec ferveur, de parler l'auteure, mais surtout à une réalité avec laquelle le lecteur, à ce point de sa lecture, devrait être totalement familiarisé et à laquelle Gabrielle Roy l'invite à prêter attention s'il ne l'a déjà fait :

(17) cette plaine nue (*MS* : 62) ;

(18) cette plaine immense (*RA* : 189) ; cette vaste plaine du Sud du Manitoba (*RA* : 191) ; cette immense plaine sans cachette (*RA* : 197) ;

(19) cette longue plaine herbeuse (*JBM* : 154) ; cette plaine (*JBM* : 163).

Que cette règle ne s'applique pas à *Fragiles lumières de la terre* ajoute à la cohérence sémantique du discours régien. Étant donné la faible longueur des articles ou des reportages, le rappel à l'ordre communiqué discrètement au lecteur n'a pas sa place. Il importe d'autre part de remarquer que l'emploi du déictique peut connoter dans certains cas une restriction de l'espace contemplé.

7. L'article indéfini *une*

Dans la majorité des cas, c'est à l'article *une* qu'est attribué ce rôle de restriction de l'espace. L'utilisation de l'article indéfini *une* sélectionne, en effet, le sens lexical de l'occurrence en conférant au lexème *plaine* une valeur sémique équivalente à celle de *prairie* dans le sens où l'emploie Gabrielle Roy en (9), correspondant, par conséquent, non pas à l'une des acceptions données par les définitions figurant dans le *Petit Robert* et dans le *Lexis*, mais à un espace aux dimensions intermédiaires, plus que *pré* mais moins que *la plaine*, et possédant toutefois, ainsi que les exemples ci-dessous le démontrent clairement, des attributs ou des caractéristiques identiques à celle de *la plaine,* mais dont la connaissance se trouve toutefois limitée par le regard (alors que celle de *la plaine*, grâce aux phénomènes d'embrayage soulignés plus haut, est implicite et intériorisée). Les énoncés suivants se trouvent donc classés en fonction des trois paradigmes identifiés précédemment et qui, tant au point de vue dénotatif que connotatif, sont producteurs de cohérence lexicale paradigmatique :

(20) une plaine à peu près inhabitée (*RA* : 223) ; une plaine sauvage (*JBM* : 153) ; une plaine désolée (*FLT* : 42) ;

(21) une immense plaine (*RA* : 83) ; une immense plaine ouverte (*RA* : 190) ; une grande étendue de plaine herbeuse (*JBM* : 143) ; une plaine où l'herbe roussâtre s'échevelait à perte de vue (*JBM* : 143) ;

(22) une plaine basse (*PPE* : 211, *FLT* : 112) ; une belle plaine droite (*JBM* : 148) ; une plaine rase (*FLT* : 85, 111, 112).

Dans le texte de Gabrielle Roy, les unités lexicales *la prairie* et *une plaine* sont employées de manière rigoureusement parallèle. Remarquons l'article défini qui sélectionne l'acception du lexème *prairie* dans le premier cas et l'article indéfini qui sélectionne l'acception du lexème *plaine* dans le second cas pour produire un effet de sens équivalent.

8. plaines

Les emplois du lexème *plaine* au pluriel parachèvent la cohérence lexicale du discours régien. Si le lexème *plaines* dénote, en effet, dans certains cas précis la même réalité que *la plaine* (23) et dans d'autres renvoie à celle de *Prairies* (24), la plupart des occurrences du lexème constituent un cas particulier où la relation à la Prairie se trouve subjectivisée par l'utilisation du possessif *nos* en fonction d'embrayeur (25).

(23) les plaines (*RD* : 284, *RA* : 94); les plaines basses du pays canadien (*MS* : 195); elle était des plaines (*JBM* : 26, 40);

(24) les plaines du Sud (*PPE* : 52); les plaines de l'Ouest (*JBM* : 155, *FLT* : 185); l'ombre accourt des plaines rases du Manitoba (*FLT* : 18);

(25) nos plaines glacées (*RD* : 90); nos pauvres plaines gelées (*RD* : 90); nos plaines (*RD* : 137, *JBM* : 44); nos plaines droites (*RD* : 254); nos plaines ouvertes (*RA* : 191).

Extension des paradigmes de cooccurrence

La rigueur de la cohérence paradigmatique du texte de Gabrielle Roy s'étend en fait au-delà des seules occurrences des lexèmes *prairie* et *plaine*. Cette vaste cohérence se manifeste dans le discours régien par la récurrence quasi systématique, tant au point de vue dénotatif que connotatif, de lexèmes et d'unités lexicales appartenant aux microsystèmes (ou champs lexicaux) des termes-repères *prairie* et *plaine* :

(26) **absence/solitude** : ces espaces soumis (*PPE* : 157); pleine campagne dénudée (*PPE* : 106); triste pays perdu (*PPE* : 167); le désert à peupler (*PPE* : 146); la monotonie de l'Ouest (*RD* : 123); indéchiffrable pays muet (*JBM* : 138);

(27) **vastitude/ouverture** : désert d'herbe et de vent (*PPE* : 12); terribles déserts (*PPE* : 26); l'horizon le plus vaste et le plus désert du monde (*PPE* : 18); lointains horizons (*RA* : 94); horizon si monotone (*RA* : 68); l'horizon lointain (*JBM* : 203); quel désert (*PPE* : 156); trente-deux milles de désert (*PPE* : 210); la toundra éternelle (*PPE* : 47); infini pays monotone (*RA* : 16); infini déroulement (*JBM* : 185); espace infini (*JBM* : 210);

(28) **ligne droite/espace plan** : ce pays presque toujours plat (*PPE* : 169); le pays le plus plat du monde (*RA* : 191); le grand pays étalé (*RA* : 83); la plate étendue du pays; plaine uniforme (*PPE* : 150); grand pays couché (*RA* : 170); ces étendues (*RA* : 250); immensité plate, toujours à découvert (*JBM* : 133); le plat pays (*JBM* : 135);

(29) **espace primitif/espace marécageux/espace inculte** : dix milles de brousse, de savanes, de terres mauvaises (*RD* : 142); ces savanes lugubres (*RD* : 151); à travers la savane (*PPE* : 266); cette région qu'il appelait une savane (*RA* : 105); petits arbres de la savane (*RA* : 148);

(30) **combinaison de plusieurs paradigmes** : l'immense solitude uniforme (*PPE* : 20); vaste étendue solitaire (*PPE* : 29); vastes étendues solitaires (*RA* : 253); larges étendues dépouillées (*PPE* : 151); les grands horizons toujours plats (*RA* : 189); infini silence (*JBM* : 195).

Si les énoncés en (27) introduisent deux lexèmes (*désert* et *toundra*) qui appartiennent au champ lexical de *prairie* et de *plaine*, les exemples figurant en (29) semblent à première vue introduire une variable sémantique. Les termes *désert* et *toundra* sont, en effet, des renvois aussi bien de *prairie* («vastes steppes de l'Amérique du Nord» selon l'acception [2] de la définition du *Petit Robert*) que de *plaine* (le *Petit Robert* indique parmi les renvois à la définition les termes *steppe* et *toundra*). Par contre, que ce soit dans le cas de *brousse* («Végétation arbustive xérophile des pays tropicaux. Zone éloignée des centres urbains en Afrique» [*Petit Robert*, 1993 : 267]; «Étendue couverte de buissons épars et de petits arbres qui est la végétation habituelle des régions tropicales sèches» [*Lexis*, 1988 : 236]) ou dans celui de *savane* («Formation herbeuse des régions tropicales» [*Petit Robert*, 1993 : 2044]; «Dans la zone tropicale, formation herbacée, fermée, souvent parsemée d'arbres» [*Lexis*, 1988 : 1696]), le renvoi semble être exclusivement à des régions tropicales et non à des «plaines glacées». S'agirait-il donc ici d'un glissement sémantique?

Dans le cas du mot *savane*, nos trois dictionnaires font bien état d'acceptions canadiennes du terme: «Terrain marécageux» aussi bien pour le *Petit Robert* (1993 : 2044) que pour le *Lexis* (1988 : 1696) et pour le *Dictionnaire du français plus* (1988 : 1507). Par contre, ni le *Petit Robert* ni le *Lexis* ni même le *Dictionnaire du français plus* ne recensent d'acception canadienne pour le terme *brousse*. Alors que l'écriture de Gabrielle Roy fait montre, par ailleurs, d'un degré exceptionnel de cohérence paradigmatique, l'emploi du mot *brousse* constituerait-il une sorte de dérapage sémantique?

Ce n'en est vraisemblablement pas le cas, car le terme *brousse*, tout comme *savane*, semble être sanctionné par l'usage dans le contexte canadien. En tout état de cause, l'emploi de ces deux termes par Gabrielle Roy est rare, surtout dans le cas de *brousse* qui ne figure que dans *Rue Deschambault*. De surcroît, *brousse* et surtout *savane* sont généralement employés par Gabrielle Roy pour renvoyer au grand nord manitobain, à l'Ungava mythique, espace primitif et inculte non perfectionné par l'homme.

Conclusion

On le voit, le discours régien fait preuve d'une singulière cohérence sémantique. Les procédés d'embrayage dominent les textes de Gabrielle Roy, affirmant ainsi explicitement que l'écriture est, pour reprendre l'expression de Greimas et Courtés, une «organisation figurative de souvenirs», un «état d'âme» (1979 : 121). Légendes familiales, récits, lectures, tout contribue à la mise en place d'un univers onirique dont la cohérence paradigmatique n'est en fait que le reflet de l'artificialité littéraire. Loin d'être l'évocation d'observations en quelque sorte prises sur le vif, les romans et nouvelles de Gabrielle

Roy sont des constructions littéraires minutieuses où rien, semble-t-il, n'est laissé au hasard ou à la fantaisie. Cette évocation est donc bien la conséquence d'une vision esthétique et littéraire de la nature qui, ainsi que le dit justement Antoine Sirois, relève « du domaine de l'esprit » (1989 : 381) et qui tient donc moins à la réalité de cette prairie tant observée qu'aux diverses médiations littéraires grâce auxquelles Gabrielle Roy, tout au cours de sa vie, l'aura appréhendée.

Trois médiations littéraires distinctes et successives, correspondant aux trois âges de l'existence (enfance, adolescence et âge adulte), vont présider à la relation que l'écrivaine entretiendra avec la Prairie : le récit de l'« épopée familiale » (Roy, 1978 : 145) de l'installation de ses grands-parents maternels au Manitoba, récit narré par sa mère et qui occupe une place importante lors de son enfance ; la lecture-rencontre de l'œuvre littéraire qui permet la confirmation et la légitimation du récit de « cette saga précieusement conservée dans notre mémoire » (1978 : 145) ; l'écriture qui autorise à la fois la sublimation, la fixation et l'institutionnalisation du souvenir.

Si, pour Gabrielle Roy, la Prairie se trouve être métaphorique du bonheur, sans doute est-ce en grande partie grâce aux récits que fit madame Roy à sa fille de ses premières impressions lorsque « petite fille d'une vitalité superbe » (1978 : 145), elle arriva au Manitoba :

> Comment décrire l'effet, sur cette âme fraîche et enthousiaste, de la plaine s'ouvrant sans fin et sans réserve, à la mesure du ciel lui-même sans limites [...]. Elle ne revint jamais de l'émotion de ce voyage et en fit le récit toute sa vie. Si bien que mon enfance à son tour en fut envoûtée, ma mère reprenant pour moi la vieille histoire, tout en me berçant sur ses genoux, dans la grande berceuse de la cuisine (1978 : 146).

Aux souvenirs de madame Roy s'ajoutent ceux de Gabrielle, relais indispensable à une vaste construction onirique dont l'empreinte persistera dans toute l'œuvre :

> [D]e tout ce que m'a donné le Manitoba, rien sans doute ne persiste avec autant de force en moi que ses paysages [...] Mes amours d'enfance, c'est le ciel silencieux de la plaine s'ajustant à la douce terre rase aussi parfaitement que le couvercle sur le plat entier, ciel qui pourrait enfermer, mais qui, au contraire, par la hauteur du dôme, invite à s'élancer, à se délivrer (1978 : 156-157).

Cependant, afin de permettre le passage, plus tard, à la création afin que de la masse des souvenirs puisse jaillir l'écriture qui, non seulement leur donnera la vie, mais encore perpétuera leur existence, il est un relais encore plus nécessaire, élément indispensable qui autorise la légitimation du souvenir ainsi que sa consécration. Le souvenir se doit d'être confirmé par le fait littéraire :

Plus tard, quand je lus *la Steppe* de Tchekhov, je me retrouvai pour ainsi dire dans l'exacte atmosphère du récit de ma mère. Tout y était : le ravissement à la vue du vaste pays plat, invitant comme un livre ouvert, mais non pas pour cela immédiatement déchiffrable, l'étrangeté émouvante, dans ce déroulement monotone, du moindre signe de la présence humaine – chez Tchekhov ce moulin à vent visible de si loin et si longtemps ; dans la narration de ma mère un toit de maison surgissant enfin dans le lointain d'un paysage inhabité (1978 : 146).

Il est en fait essentiel de comprendre que la médiation littéraire représente une véritable clé de l'œuvre de Gabrielle Roy. Si François Ricard invite le lecteur, à juste titre, à rapprocher la démarche intérieure productrice de l'écriture qui fut celle de Gabrielle Roy, de celles de Pascal, de Descartes ou de Paul Valéry (Ricard, 1975 : 21), c'est bien parce que, à l'image de ces auteurs, l'expérience, fut-elle mystique ou plus simplement affective, non seulement marqua l'écriture, mais s'intégra si profondément à elle qu'elle devint en fait son seul moyen d'expression.

Il faudrait donc ajouter à ces noms cités par Ricard ceux de Mauriac, de Bernanos, de Claudel. Surtout, il est un auteur et une œuvre qui ne figurent pas dans la liste de François Ricard et qui, pourtant, évoquent irrésistiblement les descriptions à la fois lyriques et mystiques que Gabrielle Roy fait de la Prairie canadienne : il s'agit de Charles Péguy et de son célèbre poème « Présentation de la Beauce à Notre Dame de Chartres » (1975 : 896-907). De même que la Beauce de Péguy est un lieu à la fois géographique et spirituel, car elle enchâsse le joyau incomparable qu'est la cathédrale de Chartres et accueille le pieux cheminement des pèlerins, de même la Prairie de Gabrielle Roy est une et indivisible dans sa dimension physique et dans sa dimension spirituelle. Or, c'est précisément lors du passage de Gabrielle Roy à Chartres en 1949 que se produisit une sorte d'« illumination » (Robidoux, 1989 : 378), fait confirmé par une lettre du 13 juin 1949 adressée à Bernadette (Roy, 1988 : 33) et qui devait à jamais marquer l'écriture de l'écrivaine manitobaine.

Gabrielle Roy avait-elle lu Péguy ? Là n'est pas la question. Notre propos n'est pas, après François Ricard (1975 ; 1984a : 441-455 ; 1984b : 15-18) et Réjean Robidoux (1989 : 376-379), de discuter sur un plan historique ce que ce dernier appelle la « profonde vérité régienne » (1989 : 378). Ce qui importe ici est de remarquer que la grandeur de l'œuvre de Gabrielle Roy tient, entre autres, à sa profonde cohérence sémantique qui résulte de la parfaite intégration de l'expérience à l'objet littéraire. Que cette expérience, de l'enfance jusqu'à la rencontre de Notre-Dame de Chartres, fût essentiellement mystique ne fait qu'ajouter à la puissance de l'œuvre.

RÉFÉRENCES

Bugnet, Georges (1984). *La forêt*. Saint-Boniface (Manitoba) : Éditions des Plaines.

Claudel, Paul (1965). « Le livre de Christophe Colomb », dans *Théâtre Tome II*. Paris : Gallimard, 1129-1188.

Dictionnaire du français plus (1988), Montréal : Centre éducatif et culturel.

Gagné, Marc (1973). *Visages de Gabrielle Roy*. Montréal : Beauchemin.

Genevoix, Maurice (1981). *Eva Charlebois*. Québec : Flammarion.

Genuist, Monique (1966). *La création romanesque chez Gabrielle Roy*. Montréal : Cercle du livre de France.

Greimas, Algirdas Julien (1966). *Sémantique structurale*. Paris : Larousse.

Greimas, Algirdas Julien et Joseph Courtés (1979). *Sémiotique – Dictionnaire raisonné de la théorie du langage*. Paris : Hachette.

Harvey, Jean-Charles (1970). *Les demi-civilisés*. Montréal : Éditions de l'Homme.

Hugo, Victor (1964). « Océan », dans *La légende des siècles*. Paris : Garnier Frères, 578-592.

Lamartine, Alphonse de (1968). « Adieux à la mer », dans *Méditations*, Paris : Garnier Frères, 217-219.

Lexis : dictionnaire de la langue française (1988). Paris : Larousse.

Mocquais, Pierre-Yves (1984). « La prairie et son traitement dans les œuvres de Gabrielle Roy et Sinclair Ross », dans *La langue, la culture et la société des francophones de l'Ouest*. Regina : Publications du Centre d'études bilingues, 151-168.

Mocquais, Pierre-Yves (1994). « Exotisme et lieux communs ou projet esthétique ? L'Ouest canadien dans l'œuvre de Maurice Genevoix », dans *Francophonies d'Amérique*, à paraître. Ottawa : Presses de l'Université d'Ottawa.

Péguy, Charles (1975). « Présentation de la Beauce à Notre Dame de Chartres », dans *Œuvres poétiques complètes*. Paris : Gallimard, 896-907.

Petit Robert 1 : dictionnaire alphabétique et analogique de la langue française (1993). Paris : Le Robert.

Ricard, François (1975). *Gabrielle Roy*. Montréal : Fides.

Ricard, François (1984a). « Les mémoires d'une jeune fille pas très rangée », *L'Actualité*, 11 : 15-18.

Ricard, François (1984b). « La métamorphose d'un écrivain : essai biographique », *Études littéraires*, 17 (3) : 441-455.

Robidoux, Réjean (1989). « Gabrielle Roy : la somme de l'œuvre », *Voix et images*, 42 : 376-379.

Ross, Sinclair (1982) [1941]. *As for Me and my House*. Toronto : McLelland and Stewart.

Roy, Gabrielle (1962) [1961]. *La montagne secrète*. Montréal : Beauchemin.

Roy, Gabrielle (1965) [1950]. *La Petite Poule d'Eau*. Montréal : Beauchemin.

Roy, Gabrielle (1969) [1966]. *La route d'Altamont*. Montréal : HMH.

Roy, Gabrielle (1975). *Un jardin au bout du monde*. Montréal : Beauchemin.

Roy, Gabrielle (1978). *Fragiles lumières de la terre*. Montréal : Quinze.

Roy, Gabrielle (1980) [1955]. *Rue Deschambault*. Montréal : Stanké.

Roy, Gabrielle (1988). *Ma chère petite sœur, lettres à Bernadette 1943-1970*. Montréal : Boréal.

Sirois, Antoine (1989). « De l'idéologie au mythe : la nature chez Gabrielle Roy », *Voix et images*, 42 : 380-386.

L'inversion du sujet dans les œuvres de Gabrielle Roy : effets stylistiques, cohésion et cohérence du discours

Claude Romney

Les travaux d'Atkinson (1973) ont mis en évidence l'effet produit sur le narrataire par l'inversion du sujet stylistique. Il s'agit d'une technique impressionniste pour transmettre, le plus souvent, une sensation mais aussi un sentiment. Cependant, le lecteur ne s'en trouve pas seulement informé : il est projeté lui-même au centre de la diégèse comme s'il assistait véritablement aux événements et « s'il recevait directement les impressions de l'instant » (Atkinson, 1973 : 15).

> Le phénomène peut alors être immédiatement perçu par les sens : s'il s'agit de quelque chose qui se voit, s'entend, est senti par l'odorat ou éprouvé en tant que sentiment, réalités qui, toutes, se produisent dans le milieu physique immédiat que, dans la vie, nous avons l'occasion de saisir directement, sans l'intermédiaire d'un autre locuteur [...]. Et le phénomène en question doit se produire à un moment donné, à l'intérieur d'une séquence temporelle qui a déjà commencé, de sorte que le lecteur se trouve transporté plus loin dans le temps par le courant du récit (1973 : 16 ; traduction libre).

Atkinson a donc bien saisi la double fonction de l'inversion du sujet : d'une part, faire vivre au narrataire les sensations et les sentiments décrits avec une immédiateté qui le transforme en témoin direct, faisait coincider ainsi le temps d'alors et le temps de maintenant, et également, sur le plan de l'espace, l'ailleurs et l'ici. D'autre part, elle joue un rôle dans l'avancement de la narration en tant que maillon de la chaîne, reliant ce qui précède à ce qui suit.

Nous examinerons ces deux aspects dans l'œuvre de Gabrielle Roy, à l'aide d'exemples, mais pour ce qui est de la fonction connective de l'inversion du sujet, nous l'envisagerons sous l'angle de l'analyse du discours en utilisant le concept de cohésion mis au point par Halliday et Hasan (1976).

Les travaux de Halliday et Hasan comptent parmi ceux qui ont eu le plus d'influence dans l'analyse du discours du point de vue linguistique et ont porté sur la cohésion, c'est-à-dire, en gros, les mécanismes qui servent à relier dans un texte une phrase aux précédentes et aux suivantes. Il existe donc dans un discours un réseau de liens, certains étant grammaticaux, d'autres lexicaux, que ces auteurs dénomment liens cohésifs et qu'ils ont classés en cinq grandes catégories : les conjonctions, les référents, les éléments de substitution, l'ellipse et la cohésion lexicale. Halliday et Hasan ne font pas état du procédé de l'inversion du sujet qui relève de la syntaxe et de la stylistique, mais nous allons voir que l'élément inversant sert précisément de lien anaphorique avec la phrase qui précède. Nous ne donnerons ici qu'une illustration où nous n'examinerons pas la valeur stylistique de l'inversion, mais seulement son aspect cohésif :

> Ian enleva ses moukloutes, s'assit par terre, le dos au mur, et attacha un regard d'une habituelle amitié sur les objets domestiques. Sur le poêle fumait la petite théière terriblement noircie à l'usage, qui avait été de presque tous les voyages de sa vie (Roy, 1978b : 219).

Dans l'élément inversant « sur le poêle » et dans le groupe sujet inversé « la petite théière terriblement noircie », les deux substantifs sont des hyponymes exemplifiant ces « objets domestiques » de la phrase précédente qu'Ian est heureux de retrouver. Il s'agit évidemment ici d'une relation connective anaphorique d'ordre lexical, mais en même temps de référence, puisque l'emploi des articles définis « *les* objets domestiques », « *le* poêle » et « *la* petite théière » indique que ces ustensiles appartiennent à la pièce où se trouve l'actant. Ce ne serait pas ici la place de nous livrer à des considérations sur le symbolisme des objets pas plus que sur l'effet stylistique produit, ce que nous ferons par la suite, notre intention étant pour le moment de présenter le concept de « cohésion ».

La cohésion ne doit pas être confondue avec la cohérence. Hoey, résumant les travaux antérieurs, définit ainsi la différence : « la cohésion est une propriété du texte et [...] la cohérence fait partie de l'évaluation d'un texte par le lecteur. En d'autres termes, la cohésion est objective et capable en principe d'être reconnue automatiquement, alors que la cohérence est subjective et que son appréciation risque de varier d'un lecteur à l'autre » (1991 : 12 ; traduction libre). La cohésion joue donc sur le plan de la langue, la cohérence sur celui des idées.

À l'aide de ces notions ainsi que d'autres relevant de la stylistique, nous allons à présent examiner un certain nombre de passages tirés d'ouvrages de Gabrielle Roy et contenant des inversions du sujet facultatives. Nous avons pu constater que la proportion d'inversions du sujet varie énormément selon les différents livres et nous tenterons d'expliquer pourquoi. De fait, nous emprunterons nos exemples aux œuvres qui renferment le plus d'inversions parce que précisément leur emploi y est typique. D'après la figure suivante, il semble

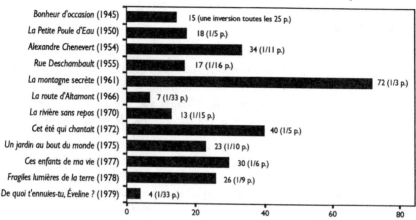

FIGURE 1
Les inversions du sujet dans les œuvres de Gabrielle Roy

que ce soit un procédé que Gabrielle Roy ait expérimenté à partir de ses premiers écrits, le délaissant parfois pour y revenir ensuite et enfin l'abandonner graduellement. Il vaut la peine de noter, cependant, que la plupart des ouvrages qui en contiennent peu sont des récits autobiographiques hétérodiégétiques, à savoir *Rue Deschambault*, (1980b), *La route d'Altamont* (1985) et *De quoi t'ennuies-tu, Éveline?* (1984). Puisque l'effet principal de l'inversion du sujet est de plonger le narrataire au centre de la diégèse, on peut supposer que son absence produit le contraire. Dans les œuvres où l'inversion du sujet n'est utilisée que rarement, la narratrice ferait peut-être preuve d'une certaine réticence à permettre au narrataire de pénétrer trop profondément dans ses souvenirs. Elle mettrait alors une certaine distance entre l'ici et l'ailleurs et entre le temps de maintenant et celui d'autrefois. Par contre, dans son autobiographie *La détresse et l'enchantement* (1988), l'écrivaine use à nouveau assez fréquemment du procédé de l'inversion du sujet, comme si relatant les événements de sa vie sous son propre nom, elle n'avait plus besoin de se protéger par cette pudeur qui lui dictait de ne pas faire participer trop intimement le lecteur à ses réminiscences. Ce n'est là qu'une hypothèse que nous émettons et qui souffre de toutes façons des exceptions. On en trouvera des exemples dans l'analyse que nous avons présentée des inversions du sujet dans la description de l'espace (Romney, 1991), en particulier la peinture très précise de Dunrea, village de Doukhobors qui figure dans *Rue Deschambault* (Roy, 1980b: 142-143). Quoi qu'il en soit, il nous paraît opportun d'essayer de retracer l'expérimentation de Gabrielle Roy à partir du premier roman qu'elle a publié, *Bonheur d'occasion* (Roy, 1978a [1945]), et d'étudier ensuite son emploi de l'inversion du sujet par ordre chronologique dans trois des livres où elle a employé cette technique le plus fréquemment, soit dans *Alexandre Chenevert* (Roy, 1979a [1954]), *La montagne secrète* (Roy, 1978b [1961) et *Cet été qui chantait* (Roy, 1979b [1972]).

Bonheur d'occasion

Dans *Bonheur d'occasion*, on a l'impression que l'auteure se fait la main en utilisant l'inversion du sujet pour décrire des tableaux visuels et des sons qui caractérisent le quartier besogneux de Saint-Henri où se déroule l'action. L'inversion du sujet permet au narrataire de plonger son regard au sein même de Saint-Henri, par-delà le premier plan constitué par les bâtiments officiels de la paroisse :

> École, église, couvent : bloc séculaire fortement noué au cœur de la jungle citadine comme au creux des vallons laurentiens. *Au-delà s'ouvraient des rues à maisons basses, s'enfonçant vers les quartiers de grande misère, en haut vers la rue Workman et la rue Saint-Antoine, et, en bas, contre le canal de Lachine où Saint-Henri tape les matelas, tisse le fil, la soie, le coton, pousse le métier, dévide les bobines, cependant que la terre tremble, que les trains dévalent, que la sirène éclate, que les bateaux, hélices, rails et sifflet épellent autour de lui l'aventure* (Roy, 1978a : 38)[1].

Du point de vue grammatical, la cohésion est assurée par la locution adverbiale « au-delà » qui rattache les deux phrases et sert d'élément inversant. En même temps, en ce qui concerne les images visuelles, elle contribue à la cohérence du tableau, reliant entre elles ses différentes parties et offrant au narrataire devenu spectateur une perspective en relief du quartier. De plus, du point de vue stylistique, l'antéposition du verbe permet à Gabrielle Roy d'ajouter au sujet du verbe « s'ouvraient », choisi justement parce qu'il élargit la vue, une accumulation d'éléments subordonnés qui, en s'enchaînant, produisent l'effet d'activités aussi variées que concomitantes. La synecdoque (« Saint-Henri tape les matelas », etc.) accroît encore l'impression de vitalité en même temps qu'elle augmente, elle aussi, la cohérence du passage. La longueur de la phrase que lui permet l'inversion du sujet donne enfin l'occasion à l'écrivaine de joindre à la description visuelle une série de bruits divers qui, en s'y superposant, produit une scène saisissante de vie.

Dans d'autres cas, plus rares, il est vrai, l'auteure utilise l'inversion du sujet pour attirer l'attention sur la naissance ou la prise de conscience d'un sentiment d'une intensité particulière. Ainsi, lorsque Jean Lévesque, être d'ordinaire froid et réservé, reconnaît la silhouette de Florentine qui s'avance dans la rue :

---

1. Je souligne. Les phrases en italique dans les passages cités sont celles qui contiennent une inversion du sujet.

Elle avançait, pliée en deux dans le vent, et trottinait à pas rapides, trottinait vivement, retenant son chapeau de la main.

Et alors, des profondeurs de son être, d'une région à peu près inconnue de lui, monta un sentiment nouveau, bizarre, qui n'était plus seulement de curiosité froide et d'amour-propre, mais qui l'adoucissait, qui le réchauffait inexplicablement et l'animait d'une émotion d'adolescent (Roy, 1978a : 40).

Des trois éléments inversants, l'un (« alors ») est un complément circonstanciel de temps, les deux autres sont des compléments d'origine, et c'est l'adverbe de temps qui, sur le plan de la cohésion, relie la phrase contenant l'inversion à la précédente. Pour ce qui est des idées, la cohérence est particulièrement marquée : c'est le stimulus que constitue la vue de la jeune fille si frêle qui déclenche, à un moment donné, cet émoi inhabituel. Le lien de cause à effet est donc souligné, et ce, d'autant plus qu'il s'agit chez Jean d'un état affectif tout à fait exceptionnel dont il ne se savait même pas capable. La longueur de la phrase, facilitée par l'inversion, permet à l'auteure de développer le caractère inhabituel de ce moment en accentuant l'opposition entre la froideur égoïste, trait dominant de la personnalité du jeune homme, et ce nouveau sentiment qui pénètre tout son être.

On ne peut qu'admirer la délicatesse avec laquelle Gabrielle Roy peint cet amour naissant. Elle fait preuve ailleurs de la même finesse dans la description d'un sentiment tout à fait différent, le découragement qui s'empare de Rose-Anna dans sa quête inlassable d'un logis pour sa famille : « Elle cheminait à pas lents, lasse et lourde. Déjà les souvenirs attaquaient sa vaillance et grugeaient à même son courage. *Déjà lui apparaissait la futilité de tous ses espoirs* » (Roy, 1978a : 95). L'impression d'accablement est renforcée par l'allitération contenue dans « à pas *l*ents, *l*asse et *l*ourde », ainsi que par la longueur des sons vocaliques, et se continue dans la répétition des deux phrases commençant par « déjà », adverbe connecteur, dont le second sert d'élément inverseur et fait le lien entre le passé et l'anticipation d'un avenir sombre. L'inversion du sujet joue donc sur le double plan de la cohésion et de la cohérence, ouvrant des perspectives qui malheureusement ne laissent à la mère de famille aucune espérance et l'emprisonnent dans une situation sans issue.

Alexandre Chenevert

Dans *La Petite Poule d'Eau*, deuxième roman de Gabrielle Roy, publié en 1950, les cas d'inversion du sujet ne présentent pas de caractère particulièrement frappant.

Par contre, nous nous pencherons sur l'utilisation de ce procédé dans *Alexandre Chenevert*, publié en 1954, où l'auteure semble l'employer consciemment, dans un certain but. Antihéros, le caissier de banque représente sans aucun doute l'homme ordinaire dont l'existence misérable s'achemine inexorablement vers une fin solitaire, et c'est son regard jeté sur le monde que le narrataire partage. Cela explique que la majorité des inversions se trouvent dans des phrases décrivant des tableaux visuels, vus à travers les yeux du personnage, et que d'autres notent des impressions sonores ou des émotions particulièrement intenses, comme nous le verrons. L'auteure utilise l'inversion pour faire participer son lecteur à l'appréhension par Alexandre de l'univers qui l'entoure et pour rendre la perception qu'il en reçoit plus immédiate. Ainsi, la régularité quasi mécanique des événements normaux aussi bien que celle des catastrophes qui affligent l'humanité sont représentées par les nouvelles éclair des actualités cinématographiques de l'époque: « Un lion mugit ; une danseuse lève la cuisse ; un tank s'enflamme ; Mussolini apparaît, pendu par les pieds, le visage horriblement tuméfié ; *à côté de lui se balance, dénudé, le cadavre de Clara Petacci ; au fond s'étagent des gratte-ciel* » (Roy, 1979a : 11). L'image macabre de la dépouille du dictateur italien, pendu à un crochet de boucher, devait s'être gravée à jamais dans la mémoire de la génération qui avait vécu les événements de la Seconde Guerre mondiale, dont Gabrielle Roy. L'élément inversant « à côté de lui » englobe les deux corps dans un même tableau et, par l'emploi de l'inversion, l'écrivaine accentue l'horreur que ressent le narrataire en lui faisant voir, de façon absolument objective d'ailleurs, le mouvement de va-et-vient du cadavre nu de la maîtresse du *Duce*, également exposé à l'étal du boucher. Le plan des gratte-ciel, présenté par une seconde inversion, rapproche cette scène atroce de l'Amérique du Nord, c'est-à-dire d'Alexandre et des lecteurs. L'inversion du sujet, ici encore, joue différents rôles : elle renforce une impression visuelle particulièrement troublante en faisant naître spontanément des sentiments de révulsion. Par ailleurs, elle relie le monde de la narratrice, celui de l'instance voyante et celui du narrataire à celui de la substance vue. En effet, elle englobe dans un même univers les actants des événements tragiques de la fin de la Seconde Guerre mondiale, à savoir d'une part Mussolini, le tyran, et sa maîtresse ainsi que leurs assassins, d'autre part la narratrice elle-même qui a véritablement vu aux actualités les images sanglantes des cadavres, et d'autre part encore Alexandre qui a été frappé par la scène, mais seulement dans l'œuvre de fiction créée par l'auteure et non dans la vie réelle. Enfin, le lecteur, témoin de la scène au troisième degré.

Notons que, dans ce passage, la cohésion entre les propositions indépendantes se limite précisément aux trois dernières, à partir de « Mussolini ». Au début, la juxtaposition de brèves propositions non reliées entre elles (« Un lion rugit ; une danseuse lève la cuisse ; un tank s'enflamme ») reproduit la succession rapide sur l'écran de cinéma de ces scènes très brèves indiquant la variété des actualités. Cette diversité est accentuée par l'emploi des articles indéfinis.

Par contre, l'apparition du cadavre du chef fasciste italien constitue une séquence plus longue. Les images sont donc reliées par des compléments circonstanciels de lieu (« à côté de lui » et « au fond ») qui introduisent les inversions du sujet. La cohésion est assurée par l'emploi du pronom personnel « lui » anaphorique, alors que dans le complément « au fond », l'anaphore est sous-entendue.

C'est aussi par une inversion du sujet que l'auteure nous fait voir comment Alexandre émerge du sommeil, rappelé à la réalité de la vie quotidienne par la sonnerie de son réveille-matin : « Le réveil sonne. *Curieuse était cette petite voix irritante et futile de la terre résonnant jusque dans les profondeurs opaques où Alexandre, comme une infime parcelle détachée du chaos, commençait à s'agiter* » (Roy, 1979a : 35).

Dans la description de cette notation de bruit, l'antéposition de l'attribut, procédé relativement rare, permet de développer l'impression produite sur l'instance auditive. Ce ne sont pas les caractéristiques physiques de la sonnerie qui sont perçues par le caissier et transmises par la narratrice, mais plutôt ses effets : exaspérante, elle le tire de l'état de sommeil et de rêve où il était plongé, décrit au paragraphe précédent comme « des régions incomparablement sombres et reculées qui se situaient peut-être avant le déluge, avant même la séparation des eaux et de la terre », et reprises dans la phrase contenant l'inversion par les expressions « profondeurs opaques » et « chaos ». Ici aussi, donc, la construction met en valeur une impression, en même temps qu'elle relie la phrase aux précédentes en faisant partie des techniques utilisées pour marquer la cohérence des idées. Cette dernière existe sur trois plans : celui de la narratrice, puisque c'est elle qui exprime les relations en question ; celui du sujet, Alexandre, sortant de son rêve où il a revécu la création de la terre émergeant des océans et en même temps sa propre naissance, puisque l'élément aquatique rappelle évidemment le liquide amniotique ; enfin, le narrataire qui relie aussi entre eux et interprète ces éléments à l'aide de sa propre expérience du passage de l'état de sommeil et à celui de veille. Notons également qu'Alexandre est présenté « comme une infime parcelle détachée du chaos » : c'est le caractère infinitésimal de l'être humain au sein de la création qui est ainsi évoqué, non seulement celui du personnage, mais aussi de tous ses congénères, y compris la narratrice et ses lecteurs. La cohérence qui existe à l'intérieur du discours s'étend donc à un ensemble beaucoup plus vaste.

L'inversion du sujet ne sert d'ailleurs pas uniquement à attirer l'attention sur des sensations visuelles ou auditives. Elle permet à l'auteure de souligner les émotions ressenties par le sujet, telles les réminiscences lointaines que fait surgir en lui la vue d'un trottoir mouillé d'où, à la chaleur du soleil, s'élève une vapeur :

> *Dans son esprit accablé de chiffres essayait de renaître quelque chose d'autre, de très navrant, car c'était un souvenir qui ressemblait à de la joie. Plus inopportune encore que l'éternité lui était la joie, ne lui venant plus maintenant que par le souvenir, de très loin, avec une ténacité que rien donc ne décourageait* (Roy, 1979a: 86).

La cohésion, ici, ne se fait qu'à l'aide de l'adjectif possessif « son », se référant à Alexandre. La cohérence, par contre, est beaucoup plus forte: la première inversion met en évidence le phénomène psychique, pénible au double sens du terme, que constitue la remontée à la surface de l'esprit d'un souvenir longtemps enfoui dans les profondeurs de la mémoire; la seconde insiste sur l'absence de joie dans la vie présente d'Alexandre où elle n'a plus sa place: elle n'existe que par référence à une époque révolue depuis de longues années. Seule subsiste la connaissance de l'émotion par le souvenir. Les deux inversions permettent à l'auteur d'insister sur la prise de conscience de la réminiscence, et également de consolider la cohérence du passage en reliant et comparant « la détresse » du présent et « l'enchantement » perdu de l'enfance. Cette analyse très fine constitue un des nombreux exemples de la sensibilité à la fois pénétrante et délicate de Gabrielle Roy.

C'est au contact, véritable et non plus cette fois revécu par l'imagination, d'un autre enfant, son petit-fils, qu'Alexandre éprouve encore une émotion qui le submerge: la prise de conscience de la fragilité, de la vulnérabilité, face aux aléas de l'existence, non seulement du bambin, mais de l'humanité tout entière:

> [...] lorsqu'il sentit cette main logée dans la sienne, si menue et chaude, Alexandre s'éveilla à une inquiétude aussi vaste que le monde. Il n'était pas homme à être rassuré aisément. *Bien plus que la méfiance, l'effarouchait la docile, la douce confiance qui lui avait appris à mesurer son peu de pouvoir sur les accidents de la vie* (Roy, 1979a: 149).

Les seuls éléments de cohésion, ici, sont les anaphoriques que constituent le pronom personnel complément d'objet direct et l'article défini « la » de « la docile, la douce confiance », renvoyant à quelque chose de connu. L'inversion du sujet, introduite par un comparatif de supériorité, donne l'occasion à l'auteure d'insister sur un contraste, en même temps que de développer une idée à la manière d'un peintre qui ajoute des détails à un tableau pour lui donner du relief. Ici aussi, la cohérence est particulièrement forte, à la fois parce que la narratrice inclut Alexandre et son petit-fils dans la famille de l'humanité tout entière, dont les membres éprouvent tous des sentiments semblables, mais aussi du fait qu'elle rapproche des émotions que le personnage n'oppose pas peut-être lui-même consciemment. L'opposition décrite continue le commentaire de la phrase précédente selon lequel « [Alexandre] n'était pas homme à être rassuré aisément ». Le narrataire assiste, lui, à la naissance d'une émotion, à partir du stimulus que constitue le contact de la petite main de l'enfant dans celle de son grand-père et qui éveille chez lui comme chez Alexandre une réponse complétée par la narratrice à l'aide de touches intuitives et subtiles.

Ces quelques exemples montrent donc que l'inversion du sujet est utilisée par la romancière dans *Alexandre Chenevert* à des moments d'une intensité particulière sur le plan soit visuel soit auditif soit affectif, les sensations étant souvent liées aux émotions. C'est également un procédé de cohérence extrêmement puissant à l'intérieur du discours même, mais aussi au-delà, puisque grâce à lui se trouvent englobés dans une solidarité et une universalité de sentiments, au-delà du sujet, tous les membres du genre humain.

La montagne secrète

Ce livre, datant de 1961 et le cinquième dans la production de Gabrielle Roy, nous intéresse ici par le nombre élevé d'inversions du sujet dont nous analyserons la valeur. D'une manière générale, il se distingue aussi des autres livres de notre auteure : les critiques n'ont pas manqué de relever les défauts de ce « grand roman raté ». En effet, à côté des faiblesses de structure et du manque d'action qu'il comporte, l'ouvrage offre d'admirables descriptions de régions arctiques ainsi que de magnifiques passages sur la création artistique. Gabrielle Roy y transpose son expérience d'écrivaine couchant son texte sur le papier en celle du peintre produisant ses pochades ou tableaux comme son héros Pierre Cadorai, alors qu'une lecture critique permet évidemment au narrataire de refaire le cheminement en sens inverse. Pour l'un comme pour l'autre artiste, ne s'agit-il pas toujours de « définir une sorte de résonance avec l'univers », comme l'explique Stanislas, le peintre parisien ami de Pierre, à propos de son propre champ d'action ?

Si, dans *La montagne secrète*, Gabrielle Roy aborde ce sujet d'une difficulté telle qu'il n'a été que très rarement traité dans la littérature, elle le fait à l'aide d'un style qui diffère de celui de ses autres livres et où on sent parfois l'effort, la recherche délibérée d'un certain effet. Un des procédés auxquels elle a recours est précisément l'inversion du sujet dont elle use à profusion et souvent même abuse, tant parfois par le nombre que par le choix des éléments de phrase entrant en jeu. Le roman ne contient pas moins de soixante-dix cas d'inversion du sujet, dont certains pourraient être qualifiés d'« aberrants », pour emprunter le qualificatif quelque peu sévère appliqué par Le Bidois (1952 : 429) à certains types d'inversions employés par Saint-Exupéry, qui, comme on le sait, comptait au nombre des écrivains préférés de Gabrielle Roy.

C'est ce qui se produit dans l'exemple suivant, bien qu'on puisse expliquer les motifs qui ont pu pousser l'écrivaine à utiliser ce procédé : « *Dans la petite auberge en planches, ce soir, était assemblé pour dîner, à une table commune un bruyant groupe de voyageurs* » (Roy, 1978b : 33). L'accumulation en tête de phrase de deux compléments circonstanciels, suivis de deux autres après le verbe, évoque le brouhaha qui monte du groupe. Pourtant, le sujet se fait attendre trop longtemps, ce qui produit une impression de maladresse.

Ailleurs, les éléments de phrase se heurtent en un rythme chaotique, probablement voulu également, mais quelque peu bizarre : « *Jamais encore n'a dessiné rien de si seul Pierre, qui a été vu par ici, qui est passé par là, que voici parvenu près du lac Caribou, tout au fond des Territoires* » (Roy, 1978b : 42). L'inversion inhabituelle après l'adverbe de temps *jamais* est rendue encore plus contrainte par la présence d'un complément d'objet direct de quatre mots, séparant le verbe du sujet. Si l'intention de la narratrice est claire – peindre l'atmosphère de désolation régnant dans les vastes étendues de l'Arctique que traverse Pierre –, la structure de la première partie de la phrase paraît embarrassée. Notons ici aussi le rôle de l'inversion comme figure contribuant à la cohésion et à la cohérence par l'élément inversant « jamais » et la comparaison « rien de si seul », reliant la phrase à ce qui précède, aussi bien sur le plan des signifiants que des signifiés.

Remarquons aussi ailleurs la disparition, entre l'édition de 1961 et celle de 1978, d'au moins une inversion du sujet absolument gratuite dans une phrase où il est question des chiens de traîne : « *Cette nuit les vit-on l'un vers l'autre tendre un regard inquiet, s'appeler en un langage qu'on ne leur avait pas connu, pour enfin se rapprocher* » (Roy, 1961 : 52) devient « Cette nuit-ci on les vit enfin tendre l'un vers l'autre un regard inquiet » (Roy, 1978b : 52). La correction est-elle due à Gabrielle Roy elle-même ou à son éditeur ? Toujours est-il que la phrase amendée est plus banale, moins suggestive que l'originale où l'interversion des pronoms sujet et complément d'objet direct pouvait être considérée comme abusive, mais lui conférait un certain cachet.

De toute façon, les emplois critiquables de l'inversion dans *La montagne secrète* ne constituent qu'une infime minorité et, dans la plupart des cas, Gabrielle Roy manie ce procédé avec adresse de façon à obtenir un effet stylistique frappant. Comme dans ses romans précédents, elle l'utilise surtout pour décrire des scènes visuelles et des émotions d'une intensité particulière, et, plus rarement, des sons. Rien d'étonnant que, dans un livre qui prend pour thème la création artistique du peintre, les tableaux visuels occupent une place prépondérante. C'est d'ailleurs à juste titre que le critique Jean Morency (1986) a pu désigner l'ouvrage de « roman du regard ».

La toute première phrase de *La montagne secrète* s'ouvre précisément par une inversion du sujet : « *Avec le soleil se leva Gédéon qui descendit dans la rivière et*

commença de secouer et de laver à grande eau les sables que lui apportait le courant »
(Roy, 1978b : 11). La sobriété, le dépouillement même qui marquent le début
de la phrase et du livre sont tout à fait remarquables en raison de la cohérence
basée sur l'ellipse contenue dans « avec le soleil », élément inversant qui relie
la scène à l'univers du lecteur. Ce dernier déduira lui-même le moment de la
journée, la majesté du lever du soleil, spectacle grandiose bien qu'il ne soit pas
décrit, et l'union implicitement exprimée du chercheur d'or avec la nature. Et
c'est justement l'inversion du sujet qui permet l'économie de mots grâce à
laquelle l'effet frappant est obtenu.

L'auteure utilise la même technique pour présenter les montagnes solitaires de l'Ungava (nous verrons plus loin que c'est à l'aide de l'inversion du sujet
qu'elle va en singulariser une, celle qui donne son titre au roman) et aussi pour
mettre sous les yeux du lecteur un autre personnage qui va jouer un rôle important dans la vie de Pierre. La première page du chapitre X (89-90) décrit le
relief et la maigre végétation des « hauts plateaux rocailleux qui s'achèvent en
pics étincelants », si isolés qu'ils ne sont connus que d'un très petit nombre de
privilégiés :

> Longtemps encore resteront sans doute dans leur silence ces monts rares dont les quelques
> hommes qui les ont vus vont parler avec émerveillement.
>
> Par ce matin de juillet, sur un de ces fiers éperons se tenait immobile, haut perché comme un
> aigle, Orok, un jeune Esquimau de la côte qui, à main droite, était distante de quatre
> journées de marche (Roy, 1978b : 90).

La première inversion permet à l'auteure de renforcer la cohérence en insistant
sur la pérennité de l'isolement de ces sommets isolés et silencieux des régions
nordiques et en reliant le présent (description de leur état actuel, faite dans les
phrases précédant immédiatement la citation), l'avenir (deux des temps des
verbes de la phrase sont au futur) et le passé (emploi du passé composé dans la
seconde proposition relative). Le lien entre les époques est encore intensifié par
la présence en tête de phrase des deux adverbes de temps « longtemps encore »
dont les syllabes longues trouvent un écho dans celles qui suivent. De plus,
l'allitération des sons r a pour effet d'attirer l'attention sur la rugosité du terrain. Par ses sonorités, son rythme et son pouvoir suggestif, la phrase s'apparente à une période de poésie.

Le lecteur est ramené à la réalité du présent par le premier élément inversant, « Par ce matin de juillet », qui ouvre la deuxième phrase, au début du
paragraphe suivant. Cette notation de temps sert à la réinsertion du moment
présent dans la diégèse interrompue par la description statique du paysage
tandis que le second élément inversant, « sur un de ces fiers éperons », actualise
la position dans l'espace. L'emploi des adjectifs démonstratifs anaphoriques

« ce » et « ces » accentue la cohésion en reliant la phrase au discours précédent. L'inversion du sujet permet au lecteur de découvrir le nouveau personnage, campé dans une attitude caractéristique, comme s'il faisait partie intégrante du site immuable. La cohérence à l'intérieur de la phrase est renforcée par l'emploi métaphorique de l'adjectif « fier » appliqué à un élément du relief et par la comparaison de l'homme à l'aigle, avec toutes les connotations qui s'attachent au nom de cet oiseau majestueux et solitaire. Là aussi, la solidarité de l'homme avec la nature se trouve soulignée. C'est également grâce à l'inversion du sujet que l'auteure crée dans la phrase un rythme éminemment satisfaisant à l'oreille, basé sur la juxtaposition de segments de longueur à peu près égale : « Par ce matin de juillet, / sur un de ces fiers éperons, / se tenait, immobile, / haut perché comme un aigle, / Orok / un jeune Esquimau de la côte ». Force est d'avouer que le reste de la phrase (« qui, à main droite, était distante de quatre jours de marche ») n'est pas aussi réussi, car il rompt la cohérence des idées, introduisant, dans une même unité stylistique, un aspect beaucoup plus terre-à-terre, et aussi, en raison de l'absence de rythme. On comprend cependant que l'auteure l'ait ajouté pour fournir une indication précise sur l'isolement de l'endroit.

Le moment où Pierre se trouve enfin face à face à la montagne est décrit à la page 100 où ne figurent pas moins de quatre inversions du sujet. Las d'avoir tant voyagé, le peintre se trouve assailli par des souvenirs et des regrets. Cette succession de pensées est rendue plus immédiate par les inversions :

> Il se revit, attablé avec Sigurdsen dans la nuit du Mackenzie ; *dans son souvenir brûla la flamme de leur bougie piquée au goulot d'une bouteille.* Il revit les raquettes par paire. Il pensa à Nina, jamais tout à fait oubliée. *Comme un chaud vent d'été, plaintif, jouait avec lui le désir d'être parmi des hommes, un homme simplement.*

> *Au même moment, lui revint son inépuisable, invincible et toujours ardente confiance envers ce qui allait poindre, se produire pour lui à l'instant même, peut-être.*

> Il se leva d'un élan brusque, avant que ne lui en fût ravie l'impulsion. Il prit son canot, le renversa sur sa tête, remonta suivre le rebord périlleux du roc. Toute la paroi était à présent assombrie, le soleil ayant décliné derrière elle. Mais il devait luire non loin en une échancrure profonde. Pierre voyait grandir devant lui une tache lumineuse. Il fit quelques pas encore, tourna le flanc sombre du rocher. *Devant lui se dressait une haute montagne isolée que le soleil rouge embrasait et faisait brûler comme un feu clair.*

> Pierre, d'un coup d'épaule, se débarrassa du canot, se défit de son sac, se laissa tomber comme à genoux devant la montagne (Roy, 1978b : 100).

L'accumulation des inversions montre qu'il s'agit d'un moment particulièrement intense pour Pierre. Les trois premières mettent en valeur souvenirs et sentiments : le présent se trouve rattaché au passé, focalisé par la flamme de la bougie qui surgit dans son esprit et symbolise l'amitié des deux hommes. Une image conduit à l'autre : celle de la bougie à celle des raquettes et l'idée de l'amitié à celle de l'amour que l'artiste avait ressenti pour Nina. Le souvenir mène à la nostalgie, comparée dans l'élément inversant à « un chaud vent d'été », en raison de sa douceur effleurant celui qui en ressent les effets. Or, la saison est précisément l'été. Les années révolues et les instants présents sont donc inextricablement mêlés. Les inversions du sujet accroissent d'une part la cohérence et d'une autre la vivacité des impressions ressenties aussi bien par Pierre que par le lecteur.

Dans la phrase introduite par l'élément inversant « au même moment », qui fait rompre le flot de souvenirs et de nostalgie, l'auteure met l'accent sur la pérennité du caractère de Pierre en choisissant d'accumuler des déterminants du sujet. Les trois adjectifs épithètes (« son inépuisable, invincible et toujours ardente confiance ») montrent la constance et la détermination qui permettent au peintre de survivre dans l'adversité. Le passé est aussi relié au présent et au futur par l'élément suivant, le complément de nom « envers ce qui allait poindre, se produire à l'instant même peut-être ». Ainsi, le lecteur se trouve prévenu de l'imminence d'un événement d'une importance particulière. Dans ce cas également, donc, l'inversion consolide la cohérence du passage.

Les phrases qui suivent intensifient l'impression d'attente : l'apparition de la montagne est annoncée par une « tache lumineuse », sorte de halo qui présage une vision mystique. Cependant, pour produire son plein effet, aussi bien sur Pierre que sur le lecteur, la montagne ne peut surgir que tout d'un coup, au détour d'un rocher. Encore une fois, c'est l'inversion du sujet (« Devant lui se dressait ») qui est utilisée par l'auteure pour accentuer de façon dramatique la vision qui se montre aux yeux éblouis du peintre, dans toute la gloire du soleil couchant. Il s'agit bien ici d'une véritable révélation qui fait songer à celle du buisson ardent et l'artiste va devenir « passionnément épris » (Roy, 1978b : 102) de cette montagne merveilleuse. L'inversion permet de présenter le sommet d'une façon spéciale : d'abord de rendre sa vision plus soudaine, mais aussi de produire des effets de lumière, accentuant son caractère surnaturel, alors que le pic lui-même est décrit très simplement et succinctement à l'aide de deux épithètes encadrant le substantif, « haute montagne isolée ». Ce qui la met en valeur ici, c'est le halo lumineux qui l'entoure. La peinture plus précise ne viendra qu'au début du chapitre suivant où la montagne sera personnalisée et singularisée.

Apparue dans le texte aux yeux de Pierre ainsi qu'à ceux du lecteur à l'aide d'une inversion du sujet, c'est également ainsi que la montagne va se soustraire à leur regard, au début de la mauvaise saison : *« Puis, un matin, ne brilla plus dans le haut de la montagne son joyau de glace. Ce jour-même accoururent vers elle d'épais nuages »* (Roy, 1978b : 115). La postposition du sujet avec un verbe négatif qu'on trouve dans la première phrase de cette citation est extrêmement rare. De fait, Atkinson (1973) n'en donne aucun exemple. L'emploi de la négation, cependant, accentue la rupture avec l'état précédent, la cohésion et la cohérence étant déjà assurées par l'adverbe de temps « puis » qui sert d'élément inversant. Le second élément inversant « un matin » fournit un indice de temps plus spécifique : la disparition du sommet dans les nuages a eu lieu du jour au lendemain. La seconde inversion introduite par le démonstratif anaphorique « ce » indique la soudaineté de cette éclipse, renforcée par le choix du verbe « accoururent » qui personnalise aussi les nuages. Et Pierre, après avoir vécu une période enchanteresse aux côtés de celle qu'il avait nommée « la Resplendissante » (Roy, 1978b : 109) et qui avait stimulé en lui la création artistique, se trouve replongé dans la pénible réalité de l'existence au sein des étendues désolées de l'Ungava.

Remarquons aussi l'importance des inversions du sujet sur le plan rythmique. Dans la première phrase, les deux éléments inversants forment un tout, la voix s'arrêtant cependant légèrement entre les deux : « Puis, / un matin, / ne brilla plus / dans le haut de la montagne / son joyau de glace ». Dans la seconde phrase, on trouve un rythme ternaire : « Ce jour-même, / accoururent vers elle / d'épais nuages ». Ainsi, sur le plan du style, l'épisode du contact du peintre avec cette montagne enchantée se trouve encadré par des inversions du sujet.

Le livre renferme de multiples autres exemples de ce procédé, souvent à des moments significatifs dans la vie de Pierre. Nous n'en citerons plus que deux. Ainsi, c'est par lui que l'auteure signale la mort du caribou à la fin d'une longue poursuite, alors que l'artiste s'effondre d'épuisement : *« Alors, un peu plus loin, croula aussi la masse noire du caribou »* (Roy, 1978b : 119). Le triomphe de l'homme sur la bête va assurer sa subsistance, mais elle marque également sa victoire sur lui-même. Enfin, lorsque Pierre Cadorai, à la veille de sa mort dans une misérable chambre d'hôtel à Paris, revoit dans son délire sa montagne bien-aimée, sa vision est aussi présentée à l'aide d'une inversion : *« Tout à coup le parcourut un frémissement si heureux qu'il se dressa dans l'attente de l'image qui forçait la brume, s'avançait vers lui telle une personne aimée. La montagne resplendissante lui réapparaissait »* (Roy, 1978b : 220-221).

Nous ne nous livrerons pas à l'analyse de ces deux derniers exemples, ayant amplement démontré que les inversions du sujet jouent un rôle stylistique important dans *La montagne secrète*.

Cet été qui chantait

Par contre, nous examinerons encore quelques cas d'inversions du sujet dans *Cet été qui chantait* (Roy, 1979b). En effet, ils présentent un caractère quelque peu différent dans cet ouvrage, sorte d'hymne à la nature où toutes les créatures, batraciens, oiseaux, comme animaux domestiques et êtres humains, sont unies. Au moment de sa parution, le livre a été quelque peu décrié par les critiques qui l'ont qualifié de « mièvre » et y ont vu la preuve du déclin du talent de Gabrielle Roy (voir, par exemple, Lahalle, 1974). Cependant, comme l'a montré Ricard (1975), il se dégage des nouvelles de ce livre autobiographique une atmosphère de paix et de bonheur mitigée de mélancolie et même de détresse qui en font une œuvre bien plus profonde qu'il ne paraît de prime abord. Les notations de sensations visuelles et auditives y sont particulièrement nombreuses, accentuant l'impression de vie produite sur le narrataire qui, grâce à l'art de l'écrivaine, devient véritable spectateur et auditeur. Ces notations sont de fait souvent transmises dans des phrases renfermant des inversions du sujet.

C'est au fil des saisons que la romancière évoque les paysages qu'elle observe de sa maison de Charlevoix, au bord du Saint-Laurent dont elle aperçoit l'autre rive et les îles avec plus ou moins de netteté, selon les conditions de visibilité :

> *Vient l'été engourdi, exhalant sa buée de chaleur, et les îles disparaissent tout à fait* (Roy, 1979b : 193).

> *Arrivèrent les jours piquants de l'automne.* Dans la maison, bêtes et gens se rapprochent du feu. Et c'est alors bizarrement que se rapproche aussi de nous la rive opposée [...]. *De même se rapprochent les îlots qui sont à proximité de la rive sud* » (Roy, 1979b : 194).

> *Puis surviennent les brumes glaciales. Alors disparaît le contour des îles du côté de Montmagny.* Tout comme des oiseaux qui nous auraient quittés pour l'hiver (Roy, 1979b : 197).

La monotonie qu'aurait pu engendrer l'utilisation répétée de l'inversion est évitée du fait que ces phrases se trouvent à des pages différentes et aussi par le choix de verbes synonymes antéposés (« Vient l'été », « Arrivèrent les jours piquants », « Puis surviennent les brumes glaciales »). Ce qui importe plus, c'est que le procédé de l'inversion du sujet permet à l'auteure de moduler le mouvement de la phrase en créant dans le passage introduit par « Vient l'été » une impression de langueur et en accentuant la relation de cohérence entre les trois phénomènes : le premier, l'arrivée de l'été, entraîne le deuxième, « la buée de chaleur », qui est la cause du troisième, la disparition des îles.

Dans le passage qui décrit l'arrivée de l'automne, on trouve trois inversions dont la première sert simplement à marquer la rupture avec la saison précédente. La répétition à trois reprises du verbe « se rapprocher », dont deux fois à l'aide de l'antéposition du verbe, insiste sur l'union étroite de la nature, des animaux et des humains qui ont tous la réaction instinctive de se serrer les uns près des autres pour se protéger du froid. Cette symbiose des êtres vivants et de leur milieu naturel est encore soulignée dans le dernier de ces trois brefs extraits qui comprend deux inversions. En effet, l'apparition des brumes de l'hiver fait fuir aussi bien les oiseaux que les îles...

Les nouvelles de *Cet été qui chantait* sont également caractérisées par de nombreuses notations de sons. La toute première se trouve déjà contenue dans le titre qui joue sur le double sens du verbe *chanter*, mais c'est souvent aussi par l'inversion du sujet que l'auteure fait surgir aux oreilles de son narrataire ravi les bruits et les chants de la nature. Ainsi dans le passage suivant :

> Tout d'un coup le vent a franchi la route et donne le signal à mes pins. Rien n'est plus soyeux que leur masse de fines aiguilles dans lesquelles le vent creuse remous après remous. *Au fond de ces remous naît le son le plus curieux à naître jamais d'un arbre* ; c'est, perdu dans leur profondeur, comme le passage d'un petit train de campagne, très au loin, peut-être seulement dans le souvenir. Ensuite la musique se communique à mon bois de trembles emmêlés à des bouleaux blancs. Ils sont une trentaine à vivre ensemble au sommet d'un ravin. Dans ce groupe jeune encore, le vent évoque le ruissellement clair d'un frais ruisseau. *Ruisselle, ruisselle, un jeune ruisseau ne cesse de ruisseler au fond de mon bois de trembles et de bouleaux.*
>
> *À la fin se joignent tous les instruments pour reprendre le thème de l'été triomphant* (Roy, 1979b : 50-51).

Dans ce passage encore, l'inversion du sujet sert, d'une part, à rendre plus actuelle, plus immédiate, l'apparition d'un son et, de l'autre, à relier les bruits à l'arrière-plan sonore. Cohésion et cohérence sont ici particulièrement marquées : les motifs sonores se répondent les uns aux autres, comme joués par les instruments d'un véritable orchestre qui terminerait en tutti la symphonie à la gloire de l'été. Remarquons également l'inversion absolue du verbe « ruisselle » répété en harmonie imitative au début de la phrase, puis à nouveau à la place normale dans l'ordre des mots.

Les exemples d'inversion du sujet rendant plus immédiats les sons et les spectacles de la nature abondent dans les nouvelles de ce recueil. Nous n'en citerons plus qu'un, particulièrement suggestif, qui montre encore avec quelle adresse Gabrielle Roy manie le procédé :

> Tout d'abord, au ras du sol, sur la pelouse fraîchement tondue, elles [les lucioles] brillent à brefs éclats tout comme le phare dont les feux intermittents signalent aux bateaux le passage à la pointe de l'Île aux Coudres.

S'éteignent, se rallument sans trêve sur l'herbe noire d'innombrables phares minuscules comme pour guider dans la nuit d'invisibles voyageurs. Ce pourrait être vous, ce pourrait être moi, qui avons souvent à chercher notre chemin (Roy, 1979b : 174).

L'inversion absolue en tête de phrase et la juxtaposition des deux verbes antonymes reproduisent à merveille l'intermittence des jets lumineux que lancent les insectes magiques. Cette inversion sert également de lien entre la comparaison avec le phare, qui devient une métaphore insistant sur l'unité du monde de la nature et des êtres humains. La métaphore s'étend même au narrataire (« vous ») et à la narratrice (« moi ») qui, par leur besoin d'être guidés lors de leur voyage sur terre, se trouvent englobés dans cette symbiose. L'importance de ce passage a d'ailleurs déjà été soulignée par Juéry (1981), qui n'a néanmoins pas porté attention aux procédés stylistiques employés.

D'une façon plus générale, dans les quatre ouvrages où nous avons puisé nos exemples d'inversions facultatives du sujet, cette technique sert surtout à présenter d'une façon particulièrement frappante des renseignements d'ordre visuel, auditif ou affectif, qui se trouvent assez souvent combinés. Il semble certain que Gabrielle Roy employait ce procédé dans le but précis de produire un certain effet sur son lecteur, ce lecteur qu'elle s'imaginait la « lisant dans la solitude de sa petite chambre » (Lewis, 1984 : 259). De cette petite chambre, grâce à l'art de la romancière, il se trouve transporté au cœur même du Saint-Henri besogneux de Florentine Lacasse, dans le Montréal anonyme d'Alexandre Chenevert, dans la solitude des immenses étendues de l'Ungava que parcourait Pierre Cadorai ou dans le décor champêtre de Charlevoix. Le procédé permet au lecteur de percevoir avec netteté les détails du paysage, mais aussi de saisir sur le vif des émotions ressenties fortement par les personnages. De plus, comme nous l'avons montré, les éléments inversants jouent un rôle sur le plan de la cohésion et de la cohérence en servant de charnières entre le moment présent et le moment passé, ou entre l'ici et l'ailleurs, ou encore en renforçant l'unité de la vision de l'auteure. N'en déplaise aux critiques qui ne se sont pas donné la peine d'analyser de près ses écrits, parmi les nombreuses cordes à l'arc d'un écrivain, c'en est une que Gabrielle Roy a utilisée avec une adresse indiscutable.

RÉFÉRENCES

Atkinson, James C. (1973). *The Two Forms of Subject Inversion in Modern French.* La Haye : Mouton.

Halliday, Michael A. K. et Ruqaiya Hasan (1976). *Cohesion in English.* Londres : Longman.

Hoey, Michael (1991). *Patterns of Lexis in Text.* Oxford : Oxford University Press.

Juéry, Renée (1981). « Interprétation de quelques formes des discours de Gabrielle Roy », *Voix et images*, 6 (2) : 293-317.

Lahalle, Bruno (1974). « Gabrielle Roy : les portes de la vie », *Travaux de linguistique et de littérature de l'Université de Strasbourg*, 12 (2) : 197-229.

Le Bidois, Robert (1952). *L'inversion du sujet dans la prose contemporaine (1900-1950).* Paris : D'Artrey.

Lewis, Paula Gilbert (1984). *The Literary Vision of Gabrielle Roy : An Analysis of Her Works.* Birmingham (Alabama) : Summa.

Morency, Jean (1986). *Un roman du regard :* La montagne secrète *de Gabrielle Roy.* Québec : Centre de recherche en littérature québécoise, Université Laval.

Ricard, François (1975). *Gabrielle Roy.* Montréal : Fides.

Romney, Claude (1991). « L'inversion du sujet : son utilisation par Gabrielle Roy dans la description de l'espace », Actes du 10ᵉ colloque du C. E. F. C. O., *À la mesure du pays.* Saskatoon : Centre d'études franco-canadiennes de l'Ouest, 181-190.

Roy, Gabrielle (1978a) [1945]. *Bonheur d'occasion.* Montréal : Stanké.

Roy, Gabrielle (1978b) [1961]. *La montagne secrète.* Montréal : Stanké.

Roy, Gabrielle (1979c) [1970]. *La rivière sans repos.* Montréal : Stanké.

Roy, Gabrielle (1979a) [1954]. *Alexandre Chenevert.* Montréal : Stanké.

Roy, Gabrielle (1979b [1972]. *Cet été qui chantait.* Montréal : Stanké.

Roy, Gabrielle (1980a) [1950]. *La Petite Poule d'Eau.* Montréal : Stanké.

Roy, Gabrielle (1980b [1955]. *Rue Deschambault.* Montréal : Stanké.

Roy, Gabrielle (1984) [1979 et 1982]. *De quoi t'ennuies-tu, Éveline ?* suivi de *Ély ! Ély ! Ély !* Montréal : Boréal.

Roy, Gabrielle (1985) [1966]. *La route d'Altamont.* Montréal : Stanké.

Roy, Gabrielle (1988) [1984]. *La détresse et l'enchantement.* Montréal : Boréal.

Les collaboratrices et collaborateurs

Estelle Dansereau, B. A., M. A., Ph.D. (Alberta), diplômée d'études supérieures en littérature comparée, enseigne la littérature québécoise à l'Université de Calgary où, de plus, elle coordonne le Programme de littérature comparée. Ses recherches portent sur les formes narratives courtes et la poésie et ses publications les plus récentes concernent *Un jardin au bout du monde* de Gabrielle Roy. Avec Barbara Belyea, elle a dirigé la publication de *Driving Home : A Dialogue between Writers and Readers* (Wilfrid Laurier University Press, 1984).

Paul Dubé, B. A. (Saint-Boniface), M. A., Ph.D. (Alberta), enseigne la littérature québécoise et canadienne d'expression française au Département des langues romanes de l'Université de l'Alberta. Il privilégie dans ses recherches la francophonie hors Québec et a publié, entre autres, des articles sur Gabrielle Roy, Ronald Lavallée, Marguerite Primeau et Marie Moser. Il a aussi coédité deux volumes consacrés à la francophonie de l'Ouest et a participé à la fondation de la revue *Francophonies d'Amérique*.

Jo-Anne Elder, B. A. (Trent), M. A. et Ph.D. (Sherbrooke), enseigne la littérature québécoise et canadienne ainsi que la traduction au Département des langues romanes de l'Université Saint-Thomas à Fredericton. Elle a signé de nombreux articles, entre autres, sur Margaret Laurence, Alice Munro, Gabrielle Roy et Anne Hébert.

Madeleine Frédéric, licenciée en philologie romane et docteur en philosophie et lettres (Bruxelles), est chef de travaux et maître de conférences à l'Université Libre de Bruxelles. Après des recherches sur la littérature française menées sous l'angle de la linguistique et de la stylistique, elle s'est orientée vers la littérature québécoise et acadienne. Tout récemment, elle a organisé deux colloques dont elle a édité les actes : *Entre l'histoire et le roman : la littérature personnelle* et *Montréal mégapole littéraire* (Bruxelles, Publications du Centre d'Études canadiennes, 1992).

Andrew Gann, diplômé des universités Brown et de Toronto où il a obtenu son Ph.D., est professeur au Département de français de l'Université Mount Allison, à Sackville (Nouveau-Brunswick). Il a signé de nombreuses publications sur Théophile Gautier et est l'un des éditeurs de la *Correspondance générale* de cet écrivain, dont le tome IX va bientôt être publié chez Droz. Ses autres recherches concernent Antonine Maillet et Jacques Godbout.

Lucie Guillemette, B. A., M. A. (Université du Québec à Trois-Rivières), Ph.D. (Toronto), est actuellement professeure au Département de français de l'Université du Québec à Trois-Rivières. Elle s'intéresse particulièrement aux problèmes de l'espace littéraire dans un corpus romanesque polarisé par l'américanité des récits.

Cynthia Hahn, B. A. (Rosary College), M. A. (Purdue), Ph.D. (Université de l'Illinois à Urbana-Champaign), enseigne au Département des langues et littératures étrangères de Lake Forest College (Illinois). Elle est spécialiste de littérature des pays francophones, en particulier québécoise, acadienne, africaine et antillaise, et s'intéresse également à l'autobiographie du XXe siècle et à la nouvelle.

Pierre-Yves Mocquais, licencié-ès-lettres, maître-ès-lettres modernes, D. E. A. (Université de Franche-Comté, France), Ph. D. (Western Ontario), est directeur du Département de français à l'Université de Regina. Il est l'auteur d'une quarantaine d'articles et de communications et prépare actuellement l'édition critique de *Neige noire* d'Hubert Aquin, à paraître sous peu chez Leméac.

Claude Romney, licenciée-ès-lettres, diplômée d'Études supérieures (Sorbonne), agrégée de l'Université (France), docteur de Troisième cycle (Paris VIII), fait partie du Département de français, italien et espagnol de l'Université de Calgary. Spécialiste de littérature de jeunesse, de traduction et de linguistique appliquée, elle a publié de nombreux articles dans ces domaines. Ses recherches les plus récentes portent sur les lectures que font pour leur plaisir les enfants inscrits aux programmes d'immersion en français ainsi que sur le style de Gabrielle Roy.

Lori Saint-Martin, professeure au Département d'études littéraires de l'Université du Québec à Montréal. Elle a publié un essai, *Malaise et Révolte des femmes dans la littérature québécoise depuis 1945* (prix Blais-McGill), un recueil de nouvelles, *Lettre imaginaire à la femme de mon amant* (prix Edgar-L'Espérance), et en collaboration avec Paul Gagné, *Ana Historique*, la traduction française d'un roman de Daphne Marlatt. Elle vient de faire paraître une anthologie de la critique au féminin : *L'Autre lecture. La critique au féminin et les textes québécois*, tome 1 (XYZ éditeur).

Vincent L. Schonberger, M. Ed. (O. I. S. E.), Ph.D. (Ottawa), est professeur au Département des langues de l'Université Lakehead. Sa thèse de doctorat a porté sur *Les deux pôles de la création artistique chez Gabrielle Roy*. Il est également l'auteur d'articles sur l'enseignement des langues secondes ainsi que sur les techniques narratives dans le roman québécois.

Table des matières

• Cap-Saint-Ignace
• Sainte-Marie (Beauce)
Québec, Canada
1995